研|究|解|决|问|题|中|的|问|题

聊 城 发 展 研 究 院
Institute of Liaocheng Development

RESEARCH REPOERT ON LIAOCHENG'S
ECONOMIC DEVELOPMENT(2020-2021)

聊城经济发展研究报告
（2020-2021）

主　编 / 王志刚　马中东
副主编 / 杨宏力　梁树广　宁朝山

经济管理出版社
ECONOMY & MANAGEMENT PUBLISHING HOUSE

图书在版编目（CIP）数据

聊城经济发展研究报告. 2020-2021/王志刚，马中东主编. —北京：经济管理出版社，2021.4

ISBN 978-7-5096-7890-9

Ⅰ. ①聊… Ⅱ. ①王… ②马… Ⅲ. ①区域经济发展—研究报告—聊城—2020-2021 Ⅳ. ①F127.523

中国版本图书馆 CIP 数据核字（2021）第 056928 号

组稿编辑：张　昕
责任编辑：张　昕　杜羽茜　詹　静　亢文琴
责任印制：赵亚荣
责任校对：陈晓霞

出版发行：经济管理出版社
　　　　　（北京市海淀区北蜂窝 8 号中雅大厦 A 座 11 层　100038）
网　　址：www.E-mp.com.cn
电　　话：（010）51915602
印　　刷：唐山昊达印刷有限公司
经　　销：新华书店
开　　本：720mm×1000mm /16
印　　张：17.5
字　　数：287 千字
版　　次：2021 年 4 月第 1 版　　2021 年 4 月第 1 次印刷
书　　号：ISBN 978-7-5096-7890-9
定　　价：128.00 元

编撰指导委员会

序　言

《聊城经济发展研究报告（2020-2021）》是聊城发展研究院、聊城质量发展研究中心对当前经济形势进行研判以及近两年来课题研究成果的积累和结晶，是聊城发展研究院组织编纂的第五本区域发展蓝皮书。

聊城发展研究院（以下简称"研究院"）成立于 2011 年 1 月 12 日，是聊城市委、市政府决定并依托聊城大学成立的产学研智库，其宗旨是服务于地方经济发展、推动聊城大学学科建设、促进产学研结合新机制的建立，借助聊城大学的智力平台，整合无边界的智力资源，为区域经济社会发展献力献策。研究院的指导精神是：坚持"务实创新、执着追求、解决问题、团结和谐"；工作宗旨是：面向需求、实现结合、勇于创新、服务发展；核心理念是：研究解决问题中的问题；研究路径是：理论与实践结合，产学研结合，专家、行家和实干家结合。研究院自成立以来，主要围绕服务政府决策咨询、区域经济发展、企业管理研究、人力资源培训四个方面开展了一系列工作。在课题研究过程中，研究院认识到，从全省经济发展的角度，甚至在全国的视野下对聊城市经济发展有个系统的认识，成为聊城经济课题研究的基础工作。

聊城质量发展研究中心（以下简称"中心"）成立于 2016 年 1 月 16 日，是中国检验检疫学会的学术研究机构，由中国检验检疫学会和聊城市人民政府、山东省质量技术监督局、山东出入境检验检疫局依托聊城大学共同建设，主要提供宏观质量分析、质量政策建议、产业质量发展分析、质量培训等质量发展领域的相关服务，助推企业转型升级和区域经济发展。中心成立后，按照学校要求与聊城发展研究院采取"两块牌子、一个机构，两位一体"的运行模式。

2021 年，恰逢聊城发展研究院成立十周年和聊城质量发展研究中心成立五周年，为此，研究院依托聊城大学并组织无边界研究人员策划编写了《聊城经济发展研究报告（2020-2021）》，作为周年纪念礼物以回报这些年来社会各界对聊城发展研究院和聊城质量发展研究中心的支持。

中共十九届四中全会指出："我国国家治理一切工作和活动都依照中国特色社会主义制度展开，我国国家治理体系和治理能力是中国特色社会主义制度及其执行能力的集中体现。"中共十九届五中全会坚持把扩大内需作为战略基点，对构建以国内大循环为主体、国际国内双循环相互促进的新发展格局做出重要战略部署。提高各个区域的经济治理能力是双循环新发展格局的重要保障和实现路径。当前，各个地区都在完善治理体系，提高治理能力，聊城市也在经济、社会治理方面进行探索，逐步形成了一些经验和路径。为此，我们以聊城发展研究院和聊城质量研究中心的研究人员为基础，整合无边界资源，围绕聊城市经济领域治理现状、经验、路径和对策编写了以治理为主题的《聊城经济发展研究报告（2020-2021）》经济蓝皮书。

为编写本书，聊城发展研究院和聊城质量研究中心成立了咨询委员会和编委会，编写工作得到聊城市委、市政府和聊城大学校领导的大力支持，并先后多次组织召开编写工作会议，邀请市委、市政府政研室、市经信委、市统计局领导和有关县市领导来研究院（中心）座谈，解决编写过程中遇到的学术问题和资料信息等问题。在咨询委员会和编委会的指导下，主编、副主编和撰稿人反复研究，邀请政府人员、行家、专家确定本书写作的指导原则、基本框架及突出重点；初稿完成后，又会集相关领域专家、行家召开会议进行了集中统稿，会后专家们分工审稿，并分别提出了具体的修改意见，对书稿质量的提高起到了关键作用。同时，本书也是山东省产业升级与经济协同发展软科学基地与聊城发展研究院的项目成果。

全书分为四篇：宏观经济形势篇、治理理论篇、治理实践篇和专题研究篇。其中，宏观经济形势篇回顾和总结了 2020 年世界、山东省、聊城市的宏观经济发展形势并对 2021 年经济发展形势进行了展望；治理理论篇主要探讨政府与市场的关系、政府治理理论、服务型政府、治理能力现代化，以及数字经济发展及其治理等方面的内容；治理实践篇主要分析聊城市产业链治理、"放管服"改革、聊城市科技创新体系、乡村经济治理、高新区体制机制改革等相关问题；专题研究篇对研究院（中心）近两年来研究成果进行了系统总结，也是在课题研究成果基础上的进一步阐述，体现了研究院（中心）研究工作"以问题为导向，以整合无边界智力资源为路径，以服务于区域经济发展、发挥智库职能为宗旨"的特点，主要包括聊城市企业公司治理、MBA 建设、聊城市旅游业高质量发展、莘县农产品质量竞争力提升、聊城市地方债务与金融稳定和聊城市国资国企治理。

在撰写过程中，我们按照无边界整合智力资源的要求，邀请专业人士为蓝皮书撰稿。宏观经济形势篇，我们邀请到国务院发展研究中心原副主任侯云春指导聊城发展研究院宏观经济课题组撰写报告；山东省经济形势与展望，我们邀请到山东省宏观经济研究院撰写报告。治理理论篇，我们邀请了中国社会科学院武力教授指导。治理实践篇，我们邀请了聊城市部门机关、聊城大学、聊城市委党校治理相关负责人作为执笔人，将其研究成果作为展示并借此分析聊城市经济发展情况。

国家层面和省级层面的经济发展蓝皮书的出版发行已经非常成熟，中国社会科学院以及其他研究机构，每年从不同角度对经济运行以及热点问题进行分析总结，并提出对策建议。地级市层面的蓝皮书还不太常见，地级市的经济范围较小，研究内容较为具体，提出的对策建议针对性较强，因此第三方研究机构面临较大的研究难度。聊城发展研究院和聊城市质量发展研究中心作为服务于区域经济的产学研结合平台，有责任对聊城经济发展进行分析和研究，并尝试探索聊城经济发展的规律和特点，预测经济发展趋势，提出合理化建议。这是研究院编写聊城经济蓝皮书的初衷和目的。当然，在编写过程中会遇到新的问题，存在一些不足，请读者多提宝贵意见，以便今后不断完善提升。

《聊城经济发展研究报告（2020-2021）》编写委员会

2021 年 2 月

目　录

第一篇　宏观经济形势篇

第二篇 治理理论篇

第三篇　治理实践篇

第四篇 专题研究篇

第一篇　宏观经济
形势篇

第一章　2020 年世界经济发展形势分析及 2021 年展望

一　2020 年世界经济形势概况

2020 年，百年不遇的新冠肺炎疫情重创全球经济。国际货币基金组织（IMF）2020 年 10 月发布的《全球经济展望》预计，2020 年全球经济将萎缩 4.4%，相当于 2009 年跌幅的 7 倍，为 20 世纪 30 年代大萧条以来最严重的衰退。疫情将导致 20 世纪 90 年代以来全球减贫成果付诸东流，并加剧不平等现象。同时，全球经济发展分化和不确定性较为明显，新冠肺炎疫情导致发达经济体与新兴经济体和发展中经济体（不包括中国）面临不同的收入前景，这一趋势预计将进一步加剧。在主要经济体中，中国一枝独秀，经济增长率为 2.3%。国际力量对比深刻调整，当今世界正经历百年未有之大变局。

（一）主要经济体增速全面放缓，通胀疲软和消费信心不足并存

2020 年，为了限制疫情的发展，美国、欧洲、英国、日本等主要经济体

在 2～4 月陆续开始采取包括封锁、停工停产、限制旅游等措施在内的疫情防控政策。受此影响，全球制造业、服务业及贸易活动几乎陷入停滞，各主要经济体第二季度经济陷入严重萎缩。其中，美国第二季度 GDP 环比下降 32.9%，同比下降 9.6%，超过 2008 年金融危机时的降幅；欧元区第二季度 GDP 环比下降 12.1%，同比下降 15%；英国第二季度 GDP 环比下降 20.4%，同比下降 21.7%，创下有史以来最严重的衰退；日本第二季度 GDP 环比下降 27.8%，同比下降 10.3%，创下有记录以来最大单季降幅。然而较早控制住疫情的中国在第一季度 GDP 同比下降 6.8% 之后，第二季度便反弹至 3.2%。

随着第二季度末疫情逐渐得到控制，各国开始重启经济，在宽松的货币政策及积极财政政策的助推下，全球经济在第三季度呈现"V"型反弹。但 10 月国外疫情再次反扑，多国限制措施再次封城，进一步升级，第四季度复苏势头放缓。

1. 制造业投资和产出持续低迷

从私人部门投资看，美国企业投资连续下滑，欧元区工业增加值和工业生产指数均处于下调阶段。从制造业 PMI 看，美国 12 月 Markit 综合 PMI 为 52.7%，其中，制造业 PMI 为 52.4%；欧元区 12 月制造业 PMI 为 46.3%，连续 11 个月低于荣枯线；日韩贸易争端升级拖累日本 12 月制造业 PMI 降至 48.4%；印度、巴西的制造业 PMI 自下半年开始有所回升，12 月印度和巴西 Markit 制造业 PMI 分别为 52.7% 和 50.2%；俄罗斯、南非则表现不佳，11 月俄罗斯 Markit 制造业 PMI 为 45.6%，10 月南非 Markit 综合 PMI 为 49.4%。

2. 通胀疲软，消费信心略微回升但仍处低位

从通胀看，美国 11 月核心 PCE 价格指数年率为 1.6%，显著低于 2% 的调控目标；欧元区 12 月核心通胀同比仅增加 1.4%，持续疲软，短时间难以实现欧洲央行通胀目标；除印度外，金砖国家通胀基本低于央行通胀目标，11 月，印度消费物价指数同比上涨 5.54%，较上月 4.62% 的水平明显上升，高于央行通胀目标；俄罗斯 12 月 CPI 同比上涨 3%，低于央行 4% 的通胀目标；巴西 11 月消费物价指数同比上涨 3.12%，低于 4.5% 的通胀目标；南非 11 月通胀率为 3.6%，连续三个月放缓，居 2010 年 12 月以来最低。各国消费信心一度出现明显下降，近期虽然有所回升但仍处相对低位。

（二）金融市场荣中隐危，整体表现和实体经济显著背离

1. 2020 年全球金融市场整体呈现股债"双牛"态势

美国标普 500 指数全年上涨 28.3%，创历史新高；市盈率达到 30.91，已经高于 2008 年金融危机之前 27.55 的市盈率。日本日经 225 指数和印度 BSE-SENSEX 指数分别上涨 20.9% 和 16.4%，备受"脱欧"不确定性困扰的英国和遭受暴力事件影响的中国香港也分别上涨 11.0% 和 10.5%。另外，在股市涨势较好的同时，债市表现也可圈可点。

2. 2020 年发达经济体和新兴经济体经济下行压力普遍加大

经济下行难以为股债的"双优"表现提供有效支撑，反差背后可能隐含着较大的泡沫和金融风险。这主要表现在：一是债市收益率走低，负利率债券余额居高。作为主要避险工具的美国国债收益率走低，其中美国 30 年国债收益率一度跌至 1.907%，创历史新低。英美等经济体国债收益率在较长时期内维持"倒挂"。二是新兴市场国家货币汇率波动加剧，一度出现大幅贬值。例如，2020 年 7 月和 8 月，俄罗斯卢布相对美元贬值 5.5%，印度卢比贬值 3.8%，巴西雷亚尔贬值 7.1%，南非兰特贬值 7.3%。这既说明投资者对这些国家的经济前景信心不足，也可能是竞争性货币贬值的信号。

（三）全球经济治理分歧加剧，经贸纷争此起彼伏

1. 经济治理理念分歧明显扩大

"二战"以来，虽然发达经济体和新兴经济体之间在具体的经贸规则领域同样存在矛盾，但各方对推进全球贸易投资自由化、充分发挥市场在资源配置中的作用以做大全球经济"蛋糕"的全球经济治理理念是基本认同的，这为 20 世纪末以来全球化的深入发展创造了良好的条件。然而，近期发达经济体和新兴经济体在全球经济治理的一些原则性理念上的分歧持续加大，如美国等少数发达经济体认为，给予大多数发展中国家差别待遇违反所谓的"公平"原则，包括在气候变化中反对"共同而有差别"的承担责任原则，在世界贸易组织（World Trade Organization，WTO）改革中反对给予大多数新兴经济体优惠待遇，并明确提出应运用所谓的"对等"原则要求其他国家经贸规则向美国看齐，等等。

2. 经贸冲突不断升级

当前，各国在经贸规则理念上的差异已经体现为直接的经贸冲突，近年来，美国主动挑起各类经贸争端，迄今已经和中国、欧盟、印度等主要经济体发起了多场贸易冲突，且冲突多呈现持续波动的态势，并正在向其他经济体蔓延。

3. 各国经贸联系显著减弱

全球货物贸易增速明显放缓。全球主要经济体出口均有所下滑，2020年中国出口增速为0.5%（按美元计），2020年1~11月美国、日本、韩国出口增速分别为-1.1%、-4.5%和-10.6%，1~10月欧盟出口增速为-3.6%，其中，前三大经济体德国、英国、法国出口增速分别为-4.9%、-2.8%和-1.8%。

（四）产业链分工发展受阻，全球化进程面临严重波折和逆流

全球产业链分工萎缩迹象明显。全球产业链分工合作最重要的一个特征是产品的生产由多个国家共同完成，即产品的价值由多个生产它的国家共同获得，一国出口产品的价值中既包含了本国的增加值，也包含了生产中投入的国外中间品。为此，联合国贸易和发展会议将"参与全球价值链的贸易总额"定义为一个经济体出口产品中来自其他经济体的增加值加上其他经济体出口中来自该经济体的增加值。2000~2010年，各经济体参与全球价值链的贸易总额年均增速普遍在9%以上，而2010~2020年，其年均增速则全部在4%以下。与此同时，无论是发达国家还是发展中国家，2011~2020年，出口中本国增加值的比例普遍有所上升，全球价值链在各国之间的分工呈现弱化态势，而在各国的国内部分则日益强化。

二　2020年世界主要经济体经济形势发展特征

（一）美国经济遭受重创，但整体表现仍好于多数发达国家

从2020年前三季度累计情况看，美国GDP同比下降3.8%，大幅好于欧元区7.4%和英国11%的降幅，也好于日本5.9%和加拿大5.4%的降幅。受新冠疫情影响，美国经济出现萎缩。

投资大概率维持萎缩态势。2020年以来，美国已有45家资产超过10亿

美元的企业申请破产，旅游、能源、零售领域的企业受到严重冲击，经营困难限制了企业扩大再生产的能力，疫情的反复也减弱了企业做出投资决策的动力。摩根士丹利报告显示，疫情以来，美国企业通过美联储出台的一系列贷款工具已获得逾 2000 亿美元款项，但大多数企业表示将在全球疫情和经济形势明朗后再做出投资决策。

出口增长困难重重。2020 年 7 月，美国货物和服务贸易逆差增至 636 亿美元，创 2008 年 7 月以来新高，美国与墨西哥、新加坡的货物贸易逆差创历史新高；2020 年以来，美国对北美、欧洲、亚太、非洲等地区货物贸易持续维持逆差，主要领域的货物出口几乎全部下降。

2020 年，美国失业率将上升至 9.3%，较此前上调了 5.8 个百分点。物价方面，2020 年，美国通货膨胀率或仅为 0.8%，较美联储设定的 2% 通胀目标有较大差距；剔除食品和能源价格后的核心通胀率也低至 1%，较此前预计的 1.9% 有大幅下降。

（二）欧洲经济或"二次探底"，复苏之路崎岖漫长

欧洲疫情暴发早于美国，各国政府为防控疫情采取的社会隔离措施也普遍严于美国。欧洲也出台了规模超过金融危机时期的宽松货币政策和财政刺激政策，但受限于欧盟和欧元区的成员集体决策机制，政策力度不及美国，出手速度也慢于美国。这些因素导致欧洲经济在疫情中的收缩幅度超出美国。受新冠肺炎疫情影响，欧盟 2020 年面临着"历史性衰退"，欧盟经济将萎缩 7.5%，欧元区经济将萎缩 7.75%；失业率也预计将从 2019 年的 6.7% 上升到 2020 年的 9%，这还不包括那些工时被压缩的员工。

德国基尔世界经济研究所（IFW）预计，欧元区经济复苏步伐将明显放缓，特别是西班牙和法国，如果不能控制疫情，有可能进入二次衰退。欧委会预测，受疫情带来负面经济影响最为严重的欧盟成员国是希腊，预计 2020 年其经济将萎缩 9.75%。意大利、西班牙和葡萄牙也是受疫情打击严重的国家，相比之下，卢森堡、马耳他和奥地利受到的影响相对较小，而受影响相对最小的波兰，预计 2020 年经济也将萎缩 4.25%。

（三）日本经济发展遭受重创，经济恢复动力不足

2020 年，在新冠疫情的冲击下，日本经济出现了大幅度的下滑。日本

第二季度 GDP 环比下降 27.8%，同比下降 10.3%，创下有记录以来最大单季降幅。然而较早控制住疫情的中国在第一季度 GDP 同比下降 6.8% 之后，第二季度便反弹至 3.2%。不过，日本 2020 年的出口和投资也有可圈可点之处。2020 年 7 月以来，日本对中国出口一直呈正增长；2020 年前三个季度，中日贸易额接近 2300 亿美元，比 2019 年同期仅略有下降。从消费领先指标来看，日本消费者信心指数仍徘徊于低位，显示消费需求前景仍然疲弱。

按照 IMF 预测，2020 全年，日本经济将负增长 5.3%；2020 年 10 月，日本央行发布的经济展望报告显示，2020 财年（截至 2021 年 3 月）日本实际经济增长预期为-5.5%。可见，疫情对日本经济影响很大。

（四）东盟经济遭疫情重击，但复苏势头强于欧美

据 IMF 2020 年 10 月公布的《全球经济展望》，东盟新兴经济体 GDP（以印度尼西亚、马来西亚、菲律宾、泰国和越南为统计口径）2020 年预期下滑 4.3%，表现好于欧美，2021 年预期增长 6.2%，复苏势头也好于欧美。总体而言，东南亚疫情没有欧美发达国家以及印度和巴西等南亚、拉美国家严重。东盟国家多为外向型经济体，除本地疫情外，其 2020 年经济波动很大程度上受外部环境影响，经济波动与发达国家基本同步，除越南外，经济下滑幅度与欧洲相当。但基于其经济内生动力较大，预计疫情过后东盟复苏动力将明显强于欧美。

（五）金砖国家（不包括中国）恢复元气任重道远

作为发展中大国的代表，金砖国家分处世界不同大洲，发展条件不同，发展水平不一，产业结构各异，在此次疫情中的表现也有所差异。疫情防控方面，除中国外，其他金砖国家都乏善可陈。印度、巴西、俄罗斯累计确诊病例分居全球第二到第四，南非位居第 17，但其总人口感染率并不亚于印度。

经济表现方面，IMF 最新发布的《全球经济展望》预计，除中国外，其他金砖国家 2020 年经济均将大幅萎缩，2021 年虽将恢复正增长，但与东盟新兴经济体不同，金砖国家 2021 年 GDP 增幅预计均不足以抵消 2020 年的下降幅度（见表 1-1）。

表 1-1　全球前十大经济体 2019 年、2020 年 GDP 增长率

经济体	美国	中国	日本	德国	印度	英国	法国	意大利	巴西	加拿大
2019 年 GDP（万亿美元）	21.37	14.34	5.08	3.85	2.88	2.83	2.72	2.0	1.84	1.74
2019 年增长率（%）	2.2	6.1	0.6	0.7	4.2	1.5	1.5	0.3	1.1	1.7
2020 年增长率（%）	-3.3	2.3	-4.8	5.0	-7.0	-9.9	-8.2	-8.9	-4.1	-5.0

资料来源：Wind、IMF 和世界各国公开数据。

三　中国经济发展的优势挑战及 2020 年经济运行分析

（一）中国经济发展的优势

1. 经济实力不断增强

2020 年是中国"十三五"规划的收官之年，在此期间，中国的经济实力、科技实力、综合国力跃上了新的台阶，经济运行总体平稳，经济结构持续优化。2020 年中国国内生产总值突破 100 万亿元，达 101.6 万亿元；脱贫攻坚成果举世瞩目，5575 万农村贫困人口实现脱贫；粮食年产量连续五年稳定在 1.3 万亿斤以上。韧性强、回旋余地广、潜力足、弹性空间大，是中国经济长远发展的优势。

2. 工业体系完备

现代化工业体系可以分为 39 大类，525 个小类，中国是世界上唯一一个联合国认证，具备完善 39 大类工业体系的国家和地区，排在之后的是美国、俄罗斯、欧盟、日本，220 多种工业产品的产量居全球第一。2010 年，中国工业总产值首次超过美国，2015 年，中国工业总产值超过美国和日本的总和。这为中国加快建设制造强国奠定了雄厚的物质基础和科技基础。

3. 超大市场规模优势明显

目前，中国中等收入群体已达 4 亿多人，随着城镇化率不断提高、农村贫困人口逐年减少以及居民收入稳步增加，中国消费增长的基础越来越稳固。从经济总量看，2020 年中国 GDP 稳居世界第二位；同时，中国经济增速保持在预期目标区间，且明显高于全球增速，对世界经济增长的贡献率达 30% 左右。从人力资本看，中国拥有近 9 亿劳动力人口，虽然人口老龄化的加速，

削弱了人口红利，但人口素质提升带来的"人才红利"，将成为中国经济高质量发展的有力支撑。

4. 在第四次工业革命中逐步取得突破

目前，世界普遍呼吁的第四次工业革命正在萌芽，随时将在人类社会掀起又一次科技浪潮。在目前众多前沿科技中，有几项科技被认为最有可能掀起第四次工业革命，一项是核聚变技术，另一项就是量子计算机，此外还有5G和人工智能。非常令人振奋的是，中国这几项技术的水平在世界都处于并跑地位甚至领跑地位。

5. 疫情控制得力，在世界主要经济体中率先实现经济恢复

2020年，以习近平同志为核心的党中央统揽全局、领航定向，驾驭"中国号"经济巨轮破浪前行。中国率先控制疫情，率先复工复产，率先实现经济增长由负转正，成为疫情以来全球唯一实现经济正增长的主要经济体。根据国家统计局最新统计结果，2020年前11个月，中国民间投资增长0.2%，前10个月，全国规模以上工业企业利润总额增长0.7%，规模以上服务业企业营收增长0.3%。继GDP、投资、外贸、消费等主要经济指标增速相继转正后，一个个新增"转正"数据陆续出现，印证了中国经济复苏基础更牢、信心更足。

6. 制度优势显著，治理效能提升

制度具有根本性、全局性、稳定性和长期性，是党和国家各项事业发展的重要保障。习近平总书记指出："照抄照搬他国的政治制度行不通，会水土不服，会画虎不成反类犬，甚至会把国家前途命运葬送掉。只有扎根本国土壤、汲取充沛养分的制度，才最可靠、也最管用。"中华人民共和国成立70多年来的实践充分证明，中国特色社会主义政治制度具有强大生命力，中国特色社会主义政治发展道路是符合中国国情、保证人民当家作主的正确道路。

（二）中国经济发展面临的挑战

1. 人均产值仍处于发展中国家水平

中国虽然GDP总量居世界第二，自改革开放以来创造了人类历史上最伟大的发展奇迹，但是不得不指出，当前中国人均产值仍处于发展中国家水平，距离发达国家仍有很大差距。2020年，中国人均GDP突破1万美元，迈上了一个新台阶。但是距离发达国家的人均 GDP 3 万美元还有很长的路要走，中国仍处于并将长期处于社会主义初级阶段，仍是世界上最大的发展中国家。

2. 工业大而不强，亟须进一步调整结构，提高竞争力

工业是支撑经济增长的主要力量，工业化是实现现代化不可逾越的历史阶段，虽然中国已经成为工业体系最完备的国家，世界都在使用"中国造"，但是仍然"大而不强"，中国制造业创新能力不强、关键领域核心技术受制于人的局面没有从根本上改变，许多产业仍处于全球价值链中低端。关键核心技术受制于人，以企业为主体的创新体系不完善，产业共性技术的研发和产业化主体缺失等问题突出。在 2020 年世界 500 强企业榜单中，中国企业（含香港、台湾地区）达到了 133 家，首次超过美国，但是，从上榜企业的行业和利润率看，上榜企业大多是垄断性行业，如中国石油、国家电网、工农建三大中国银行，相较于其他国家 500 强企业，利润率和竞争力还有待进一步提升。

3. 科技创新还存在一些薄弱环节和深层次问题

中国科技创新还存在一些薄弱环节和深层次问题，主要表现为：①科技基础仍然薄弱，科技创新能力特别是原创能力与发达国家相比还有很大差距，科技对经济增长的贡献率还不够高。②制约创新发展的思想观念和深层次体制机制障碍依然存在，创新体系整体效能不高。高层次领军人才和高技能人才十分缺乏，创新型企业家群体亟须发展壮大。③激励创新的环境亟待完善，政策措施落实力度需要进一步加强，创新资源开放共享水平有待提高，科学精神和创新文化需要进一步弘扬。

4. 国际环境面临深刻复杂变化

当前中国比历史上任何时候都更接近实现中华民族伟大复兴的"中国梦"，中国仍然处于重要战略机遇期。同时，国际环境日趋复杂，不稳定性和不确定性明显增加。新冠肺炎疫情影响广泛而深远，经济全球化遭遇逆流，世界进入动荡不安期。单边主义、多边主义、霸权主义对世界和平与发展构成威胁。我们必须深刻认识错综复杂的国际环境带来的新矛盾、新挑战，增强机遇意识和风险意识，立足自身国情，保持战略定力，办好自己的事；发扬斗争精神，树立底线思维，准确认识变局、科学应对变局、主动引领变局；善于在危机中育先机、于变局中开新局，善抓机遇，勇对挑战，趋利避害，奋勇前进。

（三）2020 年中国经济运行的十大看点

1. GDP 总量首次超过 100 万亿元人民币，中国成为全球主要经济体中唯一实现经济增长的国家

2021 年 1 月 18 日，国家统计局公布了 2020 年国民经济运行数据。初步核算，2020 年国内生产总值 101.6 万亿元，折合美元约 14.7 万亿美元。从经济规模来看，2020 年是 2010 年的 2.5 倍，是 2000 年的 10.1 倍，"十三五"时期经济总量翻番目标圆满完成，并且经济规模扩张速度仍然较快。从经济增量来看，2020 年国内生产总值比 2019 年增长了 2.95 万亿元。经济增长 2.3%，成为全球主要经济体中唯一实现经济增长的国家，经济规模占全球的比重有望提升到 17% 以上，彰显中国经济强大的活力和韧性。

2. 人均 GDP 连续两年超过 1 万美元，居民收入翻番目标如期实现

以 2019 年末我国总人口 14 亿计算，2020 年中国人均 GDP 达到 72570 元，连续两年超过 1 万美元。2020 年全年全国居民人均可支配收入 32189 元，比上年名义增长 4.7%，扣除价格因素实际增长 2.1%。城镇居民人均可支配收入 43834 元，比上年名义增长 3.5%，扣除价格因素实际增长 1.2%；农村居民人均可支配收入 17131 元，比上年名义增长 6.9%，扣除价格因素实际增长 3.8%。城乡居民人均收入比值为 2.56，比上年缩小 0.08。我国城乡居民人均收入比 2010 年翻一番的目标如期实现。同时，要认识到我国仍然是世界上最大的发展中国家，人均 GDP 仍低于世界平均水平，并且实际人均收入增速持续低于实际经济增速。

3. 第三产业比重上升到 54.5%，连续六年是经济增长最大动能

2020 年第三产业增加值 55.4 万亿元，占 GDP 的比重为 54.5%，比上年上升 0.2 个百分点，连续九年第三产业增加值超过了第二产业。第三产业增加值增长 2.1%，对经济增长的贡献率为 48.4%，连续六年是经济增长最大动能。疫情对服务业的影响较大，第三产业能够保持较好的增长势头实属不易。我国经济结构转型不断推进，服务业增长较快、质量提升。特别是高技术服务业发展迅速，1~11 月规模以上高技术服务业、科技服务业、战略性新兴服务业营业收入增速分别达到 12%、11%、8.6%。

4. 工业生产恢复较好，高技术制造业增加值增长 7.1%

2020 年，规模以上工业增加值比上年增长 2.8%，其中制造业增长 3.4%，

快于经济增速。第二季度之后工业生产迅速恢复，已经达到了正常水平，第四季度工业增加值增速上升到7.1%，其中12月份增速达到7.3%。工业结构持续优化升级，2020年装备制造业增加值增长6.6%，高于全部规模以上工业平均水平3.8个百分点，对全部规模以上工业增长的贡献率达到了70.6%。规模以上高技术制造业增加值比上年增加7.1%，快于全部规模以上工业4.3个百分点。

5. 消费规模略有下降，最终消费支出占GDP的比重仍然达到54.3%

受疫情的影响，2020年消费增长放缓，全年社会零售品零售总额39.2万亿元，同比增长-3.9%。虽然疫情导致消费增速放缓，但最终消费支出占GDP的比重仍然达到54.3%，高于资本形成总额11.2个百分点，消费仍然是经济稳定运行的压舱石。随着疫情进一步得到有效控制，消费需求的动力也将进一步恢复。

6. 投资增速稳步回升，高技术产业投资增速达到10.6%

2020年固定资产投资（不含农户）51.9万亿元，比上年增长2.9%。其中，基础设施投资增长0.9%，制造业投资同比增长-2.2%，房地产开发投资增长7.0%。从三次产业投资来看，第二产业投资增长0.1%，第三产业投资增长3.6%，第三产业投资增速显著快于第二产业。投资结构调整优化，高技术产业投资增长10.6%，其中，高技术制造业和高技术服务业投资分别增长11.5%和9.1%。高技术制造业中，医药制造业、计算机及办公设备制造业投资分别大幅增长28.4%、22.4%；高技术服务业中，电子商务服务业、信息服务业投资分别大幅增长20.2%、15.2%。资本形成总额近45万亿元，占GDP的比重为43.1%。

7. 进出口贸易逆势增长1.5%，连续七年是全球最大出口国

2020年中国货物贸易进出口总值46462.6亿美元，同比增长1.5%，继续保持全球货物贸易第一大国地位。其中，出口25906.5亿美元，同比增长3.6%；进口20556.1亿美元，同比增长-1.1%。在全球贸易大幅萎缩的情况下，中国全年进出口总值、出口总值双双增长并创历史新高，中国出口占全球的比重有望上升到14%左右，连续七年成为全球最大出口国。贸易顺差5350.3亿美元，比上年扩大27.1%，净出口对经济增长的贡献率达到约15%。

8. CPI 同比上涨 2.5%，物价水平总体稳定

2020 年居民消费价格上涨 2.5%，低于上年 2.9% 的涨幅，也低于 3.5% 的年度控制目标。CPI 全年走势前高后低，主要是受到猪肉价格波动的影响。前期由于非洲猪瘟疫情导致生猪存栏量减少，以及新冠肺炎疫情影响物资运输，第一季度猪肉价格大幅走高，同比涨幅曾高达 135%，显著抬升了 CPI 涨幅。第二季度之后猪肉生产供给逐渐提升，猪肉价格也随之下降，第四季度同比涨幅跌到负值，对 CPI 形成下拉影响。剔除食品和能源以外的核心 CPI 波动相对较小，整体保持低通胀状态。

9. 就业状况整体稳定，城镇新增就业 1186 万人，远高于预期目标

2020 年城镇新增就业 1186 万人，显著高于 900 万人以上的预期目标，完成全年目标的 131.8%。年均城镇调查失业率为 5.6%，低于 6% 左右的预期目标。12 月全国城镇调查失业率为 5.2%，与上年同期基本持平，失业率已经恢复到疫情之前水平。稳就业、保就业作为"六稳""六保"宏观调控的首要目标，坚持实施就业优先政策取得了积极成效。"十三五"时期，城镇新增就业累计超过了 6000 万人，确保了经济转型时期的就业形势总体稳定。

10. 832 个贫困县全部摘帽，决战脱贫攻坚达成目标

2020 年末，现行标准下农村贫困人口全部脱贫，832 个贫困县全部摘帽，绝对贫困现象历史性消除。贫困地区农民居民收入较快增长，2020 年贫困人口较多的广西、四川、贵州、云南、甘肃、宁夏、新疆七个省份农村居民人均可支配收入名义增速均高于全国农村居民增速 0.2~1.7 个百分点。"十三五"规划主要目标任务已经完成，国内生产总值、人均收入都完成了翻番目标，三大攻坚战取得重大突破，经济结构持续优化，经济实力、科技实力、综合国力进一步提升。

四　2021 年及"十四五"时期国际国内经济形势展望

疫情扰动了全球经济运行的周期，2020 年全球经济大幅衰退，2021 年将在低基数及疫苗研发取得重大进展各国（地区）重启经济的背景下加速恢复。美国总统拜登上台施政后，一方面从单边主义重回多边主义，削减关税；另一方面将在美国国内积极抗疫，推行财政刺激计划，有利于推动美国和全球经济恢复。展望 2021 年，虽然全球尚未摆脱疫情影响，但随着新冠疫苗加速落地，疫情的影响将边际减弱。短期内全球经济仍受疫情影响，但明年有望改善，复苏力度仍取决于全球疫情的发展形势。

（一）国际经济形势展望

1. 2021 年国际经济形势展望

2021 年世界经济的机会和风险并存。考虑到中美贸易前景和各国央行货币政策宽松效应对 2020 年世界经济走势预期有所改善，在经济环境不发生更为剧烈变化的情况下，全年经济增速将有所回暖，预计 2021 年世界经济将在中高速增长、低利率和低通胀环境下运行。

2020 年各国采取的逆周期调节措施，对世界经济下行压力起到了一定的对冲作用，当前全球经济触底企稳的迹象显现。例如，全球货币政策延续宽松，负利率政策变得更加普遍，国际资本流入增多，有助于改善流动性和企业融资，从而提振经济。与疲软的制造业和贸易相比，全球范围内的服务业尚维持良好表现，发达经济体的劳动力市场依然活跃，有助于继续支撑经济增长。IMF 预计，2021 年全球经济有望恢复到疫情前 2019 年的产出水平。经济合作与发展组织（OECD）12 月初发布的展望报告则预计，2020 年全球经济将萎缩 4.5%，2021 年将增长 5.0%（见表 1-2）。

表 1-2　2019~2021 年全球主要经济体的经济增速（预测）

	经济体	2019 年（%）	2020 年（预测）（%）	2021 年（预测）（%）
世界银行 （2020 年 6 月）	全球	2.4	-5.2	4.2
	发达经济体	1.6	-7.0	3.9
	发展中经济体	3.5	-2.5	4.6
IMF （2020 年 10 月）	全球	2.8	-4.4	5.2
	发达经济体	1.7	-5.8	3.9
	发展中经济体	3.7	-3.3	6.0
经济合作与发展组织 （2020 年 9 月）	全球	2.6	-4.5	5.0
	G20	2.9	-4.1	5.7

资料来源：世界银行、IMF、经济合作与发展组织。

（1）美国。展望2021年，美国经济复苏形势很大程度上将取决于疫情控制情况。2020年10月以来，美国境内和海外新冠确诊病例数再度攀升，使未来数月经济复苏面临挑战。来自疫苗研发方面的积极消息虽然有益于经济中期增长，但重大挑战和不确定性仍然存在。目前一般预计，2021年美国经济将增长3.1%左右（OECD/IMF）。

（2）欧洲。展望2021年，欧洲经济反弹有几大利好加持。首先，欧洲已具备开始大规模接种新冠疫苗的条件。其次，欧洲的外部环境预期也会明显改善。美国政府换届显然将修复美欧关系，双方的贸易争端也有望得到化解。此外，为阻止欧洲经济前景恶化，欧洲央行已经明确表示，年内将研究出台进一步支持经济和通胀上行的宽松货币政策。欧元区融资条件有望在更长时间内保持宽松。

IMF、OECD等预计，2021年欧元区经济有望增长5.2%，但显然无法弥补其2020年约8%的萎缩。乐观预计，欧元区最早要到2022年下半年之后才能恢复到其疫情前的经济水平。2008年金融危机后，欧元区经济复苏一度被欧债危机中断，共花了六年多时间才恢复到危机前的水平，而美国花了三年。德国、英国、法国、意大利主要经济体2021年增长率预计分别约为4.2%、5.9%、6.0%、5.2%（IMF）。

（3）新兴市场和发展中国家。2021年，新兴市场和发展中国家的经济形势将趋于稳定，增长有所恢复。新兴市场和发展中国家可能从宽松的货币环境中获益，在低利率环境下全球资金有望再配置新兴市场，助力其经济增速回升。

IMF预计，2021年，印度经济可能迎来复苏，增长率将加速至8.8%，这主要是由于受到货币政策放松、企业所得税税率下调、政府支持农村消费计划等政策滞后效应的支撑。2021年，俄罗斯经济力争稳定增长，增长率达到2%~3%，但这在很大程度上仍取决于国际市场油价走势。2021年，巴西经济也将有所恢复，政府已经推出的一系列改革措施将有助于改善营商环境，预测经济增长率为2.8%。

新兴市场和发展中国家经济仍将保持缓慢增长，各国应抓住机会进行结构性改革，以实现基础广泛的增长，同时还必须防范金融风险积累，强化防御冲击能力，加强宏观审慎监管以维护金融稳定。

2."十四五"时期国际经济形势展望

本次疫情暴发之前全球经济正趋于下行,因此,我们认为全球经济在 2021 年短暂反弹后仍将持续下行,但在 2023 年之后逐步复苏。"十四五"期间,全球经济整体呈现"V"型增长。其正反两方面的理由是:

人口老龄化加剧主要从供给、需求两个方面对经济产生负面影响:一是人口老龄化趋势下,适龄劳动力供给下降,导致社会生产能力不足,经济增速下降。二是人口老龄化将使得整体社会需求下行,新增就业人口减少,新增人口提供公共服务和基础设施需求减少,新增人口居住需求减少将分别导致制造业投资、基建投资和房地产投资放缓,削弱经济增长动力。

贫富差距与经济增长存在显著负相关关系,短期来看,贫富差距拉大将大幅抑制消费,长期来看,将进一步降低劳动生产率,使得经济潜在增速放缓,劳动生产率和经济增长受到负面影响。据 IMF 测算,若将全球人群收入做五等分,收入在前 20 的最高收入人群的富裕程度每增加 1 个百分点将使一国未来五年 GDP 增长降低 0.08 个百分点,而收入在后 20 的最低收入人群的富裕程度每增加 1 个百分点能使 GDP 增长提高 0.38 个百分点。贫富差距加大将对经济增长带来负面影响。

贸易摩擦重塑产业链分工格局,打破原有比较优势分工,经济效益大幅降低。2001~2015 年是全球自由贸易的黄金时期,以 WTO 体系为代表的全球贸易体系推动全球贸易量快速攀升。伴随全球贫富差距拉大、全球化各部门受益程度不均、民粹主义单边主义崛起,以美国为代表的部分国家违反经济规律,将经济贸易问题政治化,试图通过限制出口、加征关税等手段将产业链转移回本国,造成全球经济效益的大幅下降。

2023 年后全球经济复苏的理由是:从创新周期来看,"十四五"期间,世界经济将从创新周期的萧条期过渡到回升期,新的底层技术革新将带动全球经济复苏。经济长波周期又称创新,是指 50~60 年的经济长波周期,通常以名义 GDP 增速为判断指标。18 世纪以来,全球经历了五轮长波周期,每一轮的主导创新技术分别为纺织工业和蒸汽机技术(63 年),钢铁和铁路技术(47 年),电气和重化工业技术(56 年),汽车和计算机技术(43 年),信息技术(仍在进行)。创新周期可划分为四个阶段:繁荣、衰退、萧条和复苏,当前,最被学者广泛认可的是雅克布·范杜因的划分(见表 1-3)。参考这一划分,全球经济在 2004 年前后进入衰退期,在 2014 年前后进入萧条期，历史经验表明，萧条期约为 8~9 年，则全球创新周期将在 2023 年前后进入回升期，经济增长将主要由新的信息技术如 5G、人工智能等带动。

表1-3 雅克布·范杜因的长波周期

	繁荣	衰退	萧条	复苏	标志性技术
第一波	1782~1802 年（20 年）	1815~1825 年（10 年）	1825~1836 年（11 年）	1836~1845 年（9 年）	纺织机、蒸汽机
第二波	1845~1866 年（21 年）	1866~1873 年（7 年）	1873~1883 年（10 年）	1883~1892 年（9 年）	钢铁、铁路
第三波	1892~1913 年（21 年）	1920~1929 年（9 年）	1929~1937 年（8 年）	1937~1948 年（11 年）	电气、化学、汽车
第四波	1948~1966 年（18 年）	1966~1973 年（7 年）	1973~1982 年（9 年）	1982~1991 年（9 年）	汽车、计算机
第五波	1991~2004 年（13 年）	2004~2014 年（10 年）	2014~2023 年（9 年）	2023 年及以后	信息技术

（1）美国。美国贫富差距拉大、社会割裂情况加剧将导致民粹主义进一步升温，预计经济增长将持续回落，"十四五"期间美国实际经济增速预计在 1.6%~2% 波动。贸易摩擦难以在短时间内结束，预计投资出口需求将进一步走弱。从三大需求看，全球贸易摩擦对美国经济的负面影响将进一步显现，并严重打击投资信心，美国出口、投资均将走弱。消费当前支撑美国经济但可持续性有限，伴随美国股市高位波动、经济下行压力加大，预测"十四五"期间美国失业率将回升，经济呈现低速增长的趋势。

（2）欧盟。全球贸易摩擦升级，以德国为代表的欧盟"火车头"经济失速，叠加欧盟内部结构性矛盾影响，预计"十四五"期间欧盟经济增速将维持在 1.6% 水平波动。2019 年以来，欧盟经济基本陷入停滞，与 2011 年欧债危机不同，本轮欧盟经济下滑主要由于德法等欧洲经济"火车头"失速造成。德国制造业凭借其先进的技术与精良的产品在全球贸易中占据重要地位，当前德国经济主要以出口为导向，2019 年，德国进出口总额占 GDP 比重达 70.8%。在全球贸易摩擦升级的背景下，德国经济下行压力加大。此外，欧盟固有的结构性矛盾、人口老龄化、高度福利社会等问题将在货币政策有效性下降的条件下进一步暴露，叠加英国"脱欧"对欧盟经济的冲击，预计"十四五"期间欧盟经济难以出现亮眼表现。

（3）日本。日本人口老龄化问题将在"十四五"期间进一步加剧，同时受全球经济下行压力及贸易摩擦影响，且长期超宽松货币政策有效性有限，预计"十四五"期间日本经济增速在 0.5%~1%。一方面，日本人口老龄化问题在"十四五"期间将进一步加重，劳动力市场短缺，潜在生产率进一步下降。另一方面，日本长期实施超宽松货币政策，货币政策有效性及空间均有限，逆周期调节经济工具箱受限。

（4）金砖四国。全球贸易体系重构，金砖四国内部经济将延续分化，"十四五"期间印度经济增长率将持续领先俄罗斯、南非和巴西。具体来看，受到全球供应链转移至本国、高科技人才红利，以及与美国关系紧密受到各类资助等因素影响，未来五年内预计印度经济增长率将维持 7% 的水平。俄罗斯方面，由于俄罗斯巨大的领土范围内有巨量的矿产、天然气和石油，天然资源的开采出口仍是俄罗斯最主要的经济支柱。伴随未来全球经济趋势性下滑以及贸易摩擦加剧，预计俄罗斯经济难以出现大幅改善或提升，"十四五"期间预计俄罗斯实际 GDP 增速整体维持在 1.7% 的水平。巴西及南非面临的情况与俄罗斯类似，"十四五"期间两国的经济增长率预计分别为 2.2% 和 1.8%。

（5）"一带一路"沿线国家。"一带一路"沿线国家经济出现分化，西亚、中亚地区经济受地缘政治影响波动性较大，东南亚地区经济增速或将领先，其中泰国、越南经济增速预计为 3.5% 和 6.5%。一方面，中西亚地区作为连接亚非欧三大洲的战略中枢、石油资源丰富的生产输出重地，在地缘政治和资源政治中占据举足轻重的地位，以美国为首的西方发达国家长期对该地区进行干预与操控，通过支持部分国家或直接以参战国方式参与中西亚地区矛盾冲突，导致中西亚地区政体不稳、地缘冲突时有发生，因此该地区经济增长波动性也较大。在全球民粹主义、现实主义抬头的情况下，"十四五"期间"一带一路"中西亚地区经济波动或将加大。另一方面，东南亚地区受益于全球产业链转移重塑，泰国、越南等国家投资或将上行，并推动东南亚地区经济发展。

（二）国内经济形势展望

1. 2021年国内经济形势展望：经济增速强劲反弹

随着对新冠疫情的有效控制、国内需求的改善以及潜在的中美冲突缓和，中国经济增长有望在2021年大幅反弹。国家统计局初步统计，2020年中国国内生产总值（GDP）增长2.3%，2021年则可能出现超过8%甚至高达9%的强劲反弹。全年走势可能前高后低。

受2020年基数影响，2021年季度经济增速将呈前高后低态势。第一季度经济增速可能高达两位数，第二季度之后逐渐回落，第四季度有望回归到正常增长水平，全年经济增速预计将在9%左右，2020年和2021年两年平均经济增长5.6%左右。经济结构继续改善，预计消费对经济增长的拉动作用将在60%以上，投资对经济增长的拉动作用有所下降。消费增速有望回升到13%，线下消费将显著改善；投资增速加快到8%，制造业投资将达两位数；出口增速略有加快到6%，"补缺效应"带动出口增势不减；CPI涨幅在1.5%左右，通胀水平较为温和；PPI上升到2%，时隔两年回升到正增长区间；M2增速下降到9%，货币政策顺周期回归；财政赤字率回落到3%，财政政策顺势回归但力度不减。

2. "十四五"时期国内经济形势展望：迈向"5"时代的中速增长

"十四五"时期到2035年，中国经济的发展将以高质量为主题。预计"十四五"期间中国实际增长率将下行至5%～6%，实际增长率中枢约为5.5%。理由如下：

一是中国作为追赶型经济体增速换挡的客观规律。历史经验证明，经济起飞较晚但后续高速追赶的经济体，在经过高速增长期后进行增速换挡，收敛至中速增长，最后收敛至低速增长，德国、日本、韩国、中国台湾等国家和地区均经历过经济增速平台的切换。二是中国人口红利逐渐消失，人口危机渐近。从总量看，2013年中国15～64岁劳动年龄人口达到峰值10.06亿人，2018年降至9.94亿人。从结构看，2010年中国15～64岁劳动年龄人口占总人口的比重为74.5%，达到历史最高点；人口抚养比（非劳动年龄人口与劳动年龄人口之比）为34.2%，达到历史低点。三是新旧动能转换、新的经济增长点培育仍需时间，传统基建和房地产对增长的贡献减弱。房地产方面，人口结构的变化带来主力购房人群的减少，房地产市场的增长受限；前期货币放水带来房价高企、居民杠杆率攀升，政策整体偏紧，房住不炒成调控主基调。基建方面，房地产增长减弱，带动土地财政收入增长下滑，举债终身追责导致基建资源来源受限。

参考文献

第四次工业革命，https：//baike.baidu.com/item/% E7% AC% AC% E5% 9B% 9B% E6% AC% A1% E5% B7% A5% E4% B8% 9A% E9% 9D% A9% E5% 91% BD/2983084? fr = aladdin。

国际货币基金组织（IMF）：《世界经济展望》，2020 年 10 月。

田轩：《人民日报新论：继续激发经济持续发展的内生动力》，《人民网》，2020 年 10 月 26 日。

新华财经年报：《2020 年全球经济形势分析及 2021 年展望》，2020 年 12 月 21 日。

交通银行金融研究中心（BFRC）：《数说中国经济：回顾 2020，展望 2021》，2021 年 1 月 18 日。

粤开证券：《大变局与再平衡："十四五"的世界与中国经济》，2020 年 12 月 9 日。

【聊城大学商学院（质量学院）：高建刚】

第二章　2020 年山东省经济发展形势分析及 2021 年展望

2020 年是山东省经济社会发展极为不平凡的一年。面对严峻复杂的国际国内宏观经济发展形势和艰巨繁重的改革发展稳定任务，特别是新冠肺炎疫情的严重冲击，山东省上下以习近平新时代中国特色社会主义思想为指导，坚决贯彻习近平总书记关于统筹推进疫情防控和经济社会发展工作的重要指示精神，科学把握新发展阶段，坚定贯彻新发展理念，服务融入新发展格局，在危机中育新机，于变局中开新局，扎实做好"六稳"工作、全面落实"六保"任务，大力推进八大发展战略，加快实施九大改革攻坚行动，确保全省经济运行逆势而上、持续回暖。当前，山东省综合实力稳步提升，发展动力活力进一步增强，呈现全面恢复、稳步回升、逐渐向好态势，为确保如期保质完成"十三五"各项任务目标提供了坚实支撑。

一　当前山东省经济运行的主要特征

2020 年以来，山东省统筹疫情防控和经济社会发展取得明显成效，经济正逐步摆脱疫情影响，有序步入正常轨道。第一季度，山东省生产总值下降 5.8%，上半年降幅收窄至 -0.2%，前三季度增速回升至 1.9%，全年实现生产总值 73129 亿元，较上年增长 3.6%，分别高于全国 1.0、1.4、1.2 和 1.3 个百分点，极为有力地稳住了经济发展的基本盘。

（一）重点经济领域企稳向好

受新冠肺炎疫情冲击，山东省供需双侧经济增长支撑要素均受到不同程度的影响，但经济社会持续向好的趋势没有改变，经济运行主要指标持续恢复性增长，经济逐步恢复常态。

工业持续向好。全年规模以上工业增加值增速上升至5.0%，高于全国2.2个百分点，比前三季度、上半年和第一季度分别回升2.1、5.1和10.8个百分点，增速持续走高。单月增速实现10个月连续正增长，自8月以来始终维持在9%以上，其中9月增长10.1%，达到年内最高增速。

服务业稳步回升。重点服务行业积极落实复工复产政策，推动全年服务业增加值同比增长3.9%，高于全国1.8个百分点，占比超过绝对半数达到53.6%，对经济增长的贡献率达到55.1%，成为推动经济实现快速恢复性增长的主导力量；规模以上服务业营业收入第一季度下降9.6%，但降幅逐月收窄，在10月实现累计增速由负转正，1~11月同比增长2.6%，增速比1~10月加快2.3个百分点，增长优势进一步扩大。

投资支撑有力。固定资产投资全年累计增速不断提高，上半年触底反弹、增势迅猛，由1~2月的-11.9%到第一季度的-4.1%，再到1~5月增速由负转正达到0.2%；下半年稳步向好但增幅逐步放缓，全年同比增长3.6%，较前三季度回升0.9个百分点；全省省市县三级重点建设项目实现应开尽开，新增开工专项债项目1781个，交通基础设施投资发挥出龙头作用，全年增长19%。

消费实现回补。第一季度，消费市场出现"断崖式"下跌，社会消费品零售总额下降15.2%。随着政策举措相继出台，消费市场在年初降至冰点后持续回暖，从上半年的-9.5%到前三季度的-4.5%，累计降幅不断缩窄，最终全年社会消费品零售总额达到29248.0亿元，与上年持平。从单月增速来看，7月实现增速转正，增长2.7%；第四季度的月度增速均保持在10%以上，且呈逐月攀升态势，12月增长12.4%，增速创年内新高。

外贸回升提速。外贸进出口第一季度下降3.6%，第二季度降幅收窄至2.7%，第三季度增长18.2%，前三季度累计增长4.2%，全年增速升至7.5%，高于全国5.6个百分点。自8月以来，单月增速维持在20%左右，其中8月和9月分别增长21.0%、24.6%，连续两个月创历史新高。外贸发展呈爆发式增长，全年出口增长17.3%，其中，12月增长36.7%，连续四个月保持35%以上增速，实际利用外资增速达到20%以上，好于全国平均水平。

（二）结构布局加速优化

受疫情影响，全年投资、消费均受到不同程度的影响，但从产业结构、投资结构、消费结构、外贸结构等多个维度看，结构优化取得积极成效，质量效益逐步提升，山东经济结构重的特征正在加快改善。

产业结构方面：山东省2020年三次产业增加值占GDP比重分别为7.3：39.1：53.6，与上年同期相比，第一产业持平，第三产业比重提高0.8个百分点，第二产业比重下降0.8个百分点，产业结构转型升级持续推进。工业转型升级加力提速，11月末，工业技改投资项目个数累计过万，达到10722个，同比增长11.7%，全年工业技改投资增速为17.6%，高于工业投资9.5个百分点，有力地推动了传统产业"有中生新"；规模以上工业装备制造业增加值同比增长12.6%，高于规模以上工业7.6个百分点，增加值占比为25.8%，成为山东省工业增长的首要拉动力量。新兴产业引领服务业触底回升，1~11月，高技术服务业营业收入同比增长11.7%，高于规模以上服务业9.1个百分点，拉动规模以上服务业增长3.0个百分点；现代服务业保持较快增长，全年增速为5.9%，对经济增长的贡献率达40.6%，拉动经济增长1.4个百分点，在经济复苏中发挥了主要支撑作用。

投资结构方面：服务业投资总体平稳，全年同比增长0.7%，占比达到66.4%，较第一季度下降4.0个百分点，但全年占比基本稳定在68.0%，主导地位稳固；"四新"经济投资全年始终保持增长态势，增速由第一季度的6.4%提升至前三季度的15.8%，全年增速达到18.7%，占全部投资的比重也由第一季度的43.7%增长到前三季度的48.6%，全年占比为51.3%，为新经济的发展提供助力；高耗能行业投资持续减弱，第一季度高耗能行业投资下降15.8%，占全部投资的比重同比降低1.3个百分点。

消费结构方面：疫情暴发以来，线上消费成为整个消费市场的最大亮点。实物商品网上零售额延续年初以来的增长势头，增长17.5%，高于全国2.7个百分点，在社会消费品零售总额中的占比达到13.8%，较上年同期提高了4.2个百分点，上拉社会消费品零售总额2.0个百分点。疫情强化了居民的公共卫生和健康意识，上半年医疗用品类消费增速始终保持在较高的增长水平，限额以上中西药品类商品的零售额增长13.3%，增速高于限额以上零售额21.4个百分点。疫情催生出休闲娱乐消费热，限额以上体育娱乐用品类增长9.3%，照相器材类增长1.5倍。疫情未改升级趋势，升级消费增势强劲，限额以上能效等级1级、2级商品零售额增速达到80.8%，除3月和4月分别为37.9%、47.1%外，其余月份增速基本维持在60%以上，11月同比增长

170%，为年内最高增速。智能家用电器和音响器材增长160%，各月增速维持在140%以上，其中最高增速为10月的190%，消费需求向品质化、智能化迈进。

外贸结构方面：国际市场加快拓展，全年山东省对"一带一路"沿线国家进出口增长9.1%，占全省的30.0%，全年各月占比保持稳定。开发区改革试点成效显现，1~8月，54家试点开发区进出口增长19.0%，占全省比重较改革前提高了10.4个百分点。一般贸易支撑作用明显，各月进出口占比维持在68%左右，全年占比为68.5%，高于上年1.3个百分点。民营企业持续发力，进出口比重由1~2月的67.4%逐月提升至前三季度的68.6%，全年占比达到69.4%，比上年提高4.2个百分点，成为外贸发展主力军。

（三）新旧动能转换增质提速

2020年是山东新旧动能转换"三年初见成效"之年，山东省纵深推进"三个坚决"，深耕"十强"现代优势产业集群，蹄疾步稳，开启高质量发展新征程。

创新驱动持续增强。1~11月，有效专利拥有量同比增长20.3%，万人有效发明专利拥有量达到11.94件，全年新获批国家级科技企业孵化器14家、国家众创空间50家，省级技术创新中心落地建设加力提速。青岛海洋科学与技术试点国家实验室、浪潮集团基础计算架构国家新一代人工智能开放创新平台、枣庄市国家可持续发展议程创新示范区、潍柴集团国家燃料电池技术创新中心等建设快速推进，"1313"基础研究平台体系逐步成型，创新创业共同体启动建设达到25家。

新兴产业提速推进。新一代信息制造业、新能源新材料产业增加值分别增长14.5%、19.6%，分别高于规模以上工业增加值增速9.5、14.6个百分点；以信息、生物、航空航天等产业为代表的高技术制造业增加值增长9.8%，高于规模以上工业4.8个百分点，其中，11月增长19.2%，高于规模以上工业9.3个百分点，连续4个月保持10%以上增速。传统产业改造升级加力，高端化工产业增加值接近两位数增长，行业占比超过45%；钢材深加工行业占比超过70%。

新兴产品和新兴业态增势强劲。服务器、半导体分立器件、集成电路圆片等高端智能产品产量分别增长35.3%、15.5%、38.3%，全年增速均维持在较高水平。跨境电商进出口增长 366.2%，其中，网购保税进口增长 22.5%，跨境直购出口增长 101.6%。新技术、新产业、新业态、新模式加速涌现，"四新"经济增加值近三年年均增长 20% 以上，占比突破 30%，充分发挥了引领经济发展的关键作用，成为缓冲疫情冲击影响、助推经济增长的重要力量。

（四）市场活力不断增强

市场主体实现快速增长。"放管服"改革持续深化，供给侧结构性改革深入推进，市场主体活力不断增强。全年新登记市场主体 221.4 万户，其中，新登记企业 79.5 万户，增长 11.7%，在稳就业、保民生等方面发挥了重要作用。尤其是在疫情期间，省里及时出台支持中小企业平稳健康发展 20 条，全力保障短缺原材料供应和市场对接，积极落实市场主体减税降费政策，全年预计达到 1850 亿元。

企业市场预期向好。1~11 月规模以上工业利润增长 13.1%，增幅比 1~10 月提高 4.1 个百分点，自 4 月开始连续 8 个月保持提升态势。12 月制造业 PMI 为 51.9%，连续 10 个月位于临界点以上；非制造业商务活动指数为 55.7%，位于较高景气区间，表明企业生产经营活动持续恢复向好。物流运输较为活跃，全年铁路货运量增长 10.5%，公路水路货运量增长 0.4%，在 3 月扭降为升后，始终保持平稳增长。

金融支持实体经济力度加大。信贷投放持续加力，年末金融机构本外币贷款余额增长 13.4%，比年初增加 11555.0 亿元；新增融资更多流向实体经济，企（事）业单位新增贷款占比为 62.7%。金融支撑能力明显增强，上半年金融业增加值增长 7.0%，比第一季度提高 1.1 个百分点；占 GDP 比重同比提高 0.6 个百分点，拉动经济增长 0.4 个百分点。2021 年以来，央行实行降低利率、扩大信贷规模、向实体经济倾斜等一系列宽松货币政策，企业融资压力逐步缓解，市场信心加快恢复。

（五）能源结构加快调整

新能源利用加快。新能源发电量累计增速保持稳定，全年增长 10.2%，占全省发电量的 14.3%，1~5 月达到年内最高 19.3%，之后累计增速逐步回落，稳定在 10% 左右。新能源发展支持力度增强。太阳能发电、风力发电、生物质能发电等新能源行业投资分别增长 70.0%、37.4% 和 21.5%。1~10

月，太阳能、风能、生物质能发电量分别增长 20.8%、18.6% 和 11.9%，较第一季度分别提高 1.8、13.4 和 11.7 个百分点。能源消费结构不断优化。全年规模以上工业煤炭消费量下降 10.4%，其中，前三季度下降 14.0%，降幅达到年内最大；前三季度累计减压煤炭消费 4354.9 万吨，已超额完成全年压煤任务。

（六）社会民生保障有力

就业、物价总体平稳。城镇新增就业人数增幅保持稳定，每月新增就业人数维持在 10 万人左右，全年城镇新增就业 122.7 万人，超额完成全年 110 万人的目标任务；高校毕业生总体就业率 91.1%。物价水平稳中有落，全年居民消费价格上涨 2.8%，较第一季度回落 2.8 个百分点，其中 10 月、11 月分别上涨 0.4%、-1.0%，12 月同比持平，总体涨势明显趋缓。居民收入稳步增长。全年居民人均可支配收入增长 4.1%，城镇居民人均可支配收入、农村居民人均可支配收入分别增长 3.3%、5.5%，城乡居民人均可支配收入差距缩小，比值为 2.33，比上一年同期收窄 0.05。社会事业不断改善。在同步推进疫情防控的过程中，山东省提出举全省之力办好的 20 项民生重点事项，涉及的 43 个具体任务如期完成，部分超额完成。年底全省参加养老保险、医疗保险人数分别超过 7500 万人、9600 万人。

二　山东省经济发展过程中值得注意的几个问题

当前，需要清醒地看到，新冠肺炎疫情仍在全球蔓延，世界经济依然低迷，山东省统筹疫情防控和经济社会发展的压力依然较大。同时，我国经济恢复基础尚不牢固，经济周期性问题与结构性矛盾相互交织，山东省又处于动能转换胶着期和深化改革攻坚期，一些关键领域的重点问题需要密切关注。

（一）内需恢复还需加力

消费拉动能力释放仍不够充分。2016~2018 年各季度累计增速稳定在 9% 左右，进入 2019 年后有所下降，但仍维持在 6.4% 以上（见表 2-1）。2020 以来，社会消费品零售总额已连续 6 个月负增长，在 7 月虽扭负为正，但前三季度累计增速仍为-4.5%，同比回落 11.2 个百分点。线下消费受到较强冲击，餐饮零售总额、商品零售总额年内累计增速均未回正，10月限额以上百货零售商场零售额增长0.3%，年内首度转正，但增速恢复缓慢；受第一季度疫情防控的影响，餐饮住宿消费、旅游休闲消费、文化娱乐消费等服务消费大幅减少，限额以上餐饮收入连续八个月负增长，进入冬季后，新一轮疫情防控继续影响服务消费的复苏；新兴消费业态蓬勃发展，但山东省实物商品网上零售额占限额以上零售额的比重始终维持在9%左右，10月占比下降至年初8.7%的水平，增长动力不足。居民消费能力下降，2016~2019年城镇居民人均消费支出增速始终在7.0%之上，2019年增速达到7.8%，全年四个季度累计增速分别为-7.7%、-4.9%、-1.5%和2.1%，消费支出虽由负转正，但与上年同期相比分别下降12.3、11.6、8.1和5.7个百分点。上半年八大类消费支出出现"4升4降"，其中居住支出、生活用品及服务支出、医疗保健支出、其他用品和服务支出未降反升，这表明居民消费观念发生了转变，更倾向于"刚需"等基本生活类支出，消费趋于保守。

表2-1　2016~2020年山东各季度累计增速　　　单位:%

时间	GDP	工业增加值	社会消费品零售总额	固定资产投资	进出口
2016年3月	7.3	6.7	9.8	10.6	-0.2
2016年6月	7.3	6.6	9.9	10.6	2.4
2016年9月	7.5	6.7	10.2	10.7	5.6
2016年12月	7.6	6.8	10.4	10.5	3.5
2017年3月	7.7	7.5	9.7	9.7	28.9
2017年6月	7.7	7.7	10.4	9.7	24.1
2017年9月	7.5	7.0	10.0	8.0	18.0
2017年12月	7.4	6.9	9.8	7.3	15.2
2018年3月	6.7	5.2	9.8	6.6	1.9
2018年6月	6.6	5.3	9.3	6.1	1.2
2018年9月	6.5	5.5	9.3	5.8	4.8
2018年12月	6.4	5.2	8.8	4.1	7.7

续表

时间	GDP	工业增加值	社会消费品零售总额	固定资产投资	进出口
2019年3月	5.5	2.3	6.7	-5.4	5.1
2019年6月	5.4	1.2	7.1	-6.7	9.2
2019年9月	5.4	0.0	6.7	-9.6	6.4
2019年12月	5.5	1.2	6.4	-8.4	5.8
2020年3月	-5.8	-5.8	-15.2	-4.1	-3.6
2020年6月	-0.2	-0.1	-9.5	1.3	-3.2
2020年9月	1.9	2.9	-4.5	2.7	4.2
2020年12月	3.6	5.0	0.0	3.6	7.5

投资空间压缩态势仍未扭转。2016年以来，投资增速逐步放缓，2019年开始，各月累计增速均为负值，2020年投资降幅逐月收窄，并于5月实现由负转正，但全年累计增速较广东、浙江分别落后3.6、1.8个百分点。近几年来，山东全省制造业加快推进新旧动能转换，工业技改稳步推行，但山东省产业"两个70%"长期形成的结构性影响依然存在，同时产业生态不完善、企业创新意识不强，制造业投资始终表现低迷，增长仍显乏力。2020年，制造业投资已连续八个月处于负增长状态，前三季度累计下降3.5%，占全部投资的23.7%，同比降低1.5个百分点，其中，高耗能制造业投资占比超过30%，高技术制造业投资占比仅为16.3%，制造业投资增长动力不足；31个制造业行业中，22个行业投资仍在下降，汽车制造业、纺织业等14个行业降幅超过20%，制造业投资回稳缺乏有力支撑。

（二）新旧动能接续不够有力

目前，山东省正处于深度调整期、瓶颈突破期、动能转换胶着期，是新旧动能转换由"量变"到"质变"压力最大的阶段，但旧动能"量大势弱"与新动能"势强力弱"并存，新的动能增长仍不足以弥补旧动能减弱带来的缺口，支撑要素尚不完备，增长潜力仍未完全释放。

新动能发展速度放缓。"四新"经济规模偏小、比重较低，还不能完全接续替代旧动能。高技术产业增加值增速从 2017 年的 10.9% 到 2018 年的 9.6%，再到 2019 年的 1.7%，逐年走低；全省"四新"经济增加值占 GDP 比重由 2016 年的 20.7% 到 2018 年的 24.5%，再到 2019 年的 28.0%、2020 年第三季度的 29.4%，占比增长幅度逐年放缓，说明山东正处于新旧动能胶着期的判断十分准确。

创新要素对新旧动能转换的支撑不足。关键核心技术受制于人的局面仍未根本改变，关键环节存在"卡脖子"风险，产业链供应链存在堵点，制约了新旧动能顺畅转换。2019 年，山东省高新技术企业数量为 1.1 万家，每万人口有效发明专利拥有量为 10.08 件，相较于广东省的 5 万家和 26.08 件，仍有不小差距，山东省创新整体实力仍不够强，成为制约新旧动能转换及创新驱动发展的薄弱环节。

（三）财政收支平衡压力加大

当前，山东省财政"减收增支"压力较大，收支矛盾更加凸显。

减税降费力度加大。经济下行叠加年初疫情的冲击，使得企业负担过重，市场活力不足。为了对冲疫情的影响，山东省进一步加大了减税降费力度，一系列税费优惠政策部署实施，财政收入大幅下降，1~11 月全省一般公共预算收入同比增长 0.9%，增幅首次转正；2020 年全省财政收入 6560 亿元，仅比上年增长 0.5%，其中税收收入下降 1.9%。

财政增收节支困难。目前国家加大了对地方政府举债融资行为的规范，财政增收面临较大困境。为保障做好"六稳"工作、落实"六保"任务，山东省支持经济发展的财政投入规模不断加大，1~11 月全省一般公共预算支出 9442 亿元，增长 0.1%；2020 年全省财政支出 11231 亿元，比上年增长 4.6%。收入与支出无论是在总量还是在增速上均存在差距，这也意味着在当前和今后一段时期，财政运行将持续处于"紧平衡"状态。

（四）实体经济增长乏力

目前，山东省产业发展尚未完全摆脱高投入、低产出的粗放发展模式，产业层次较低，产品附加值不足，特别是中小微企业规模小、创新能力弱，难以应对激烈的市场竞争，且疫情对企业的影响尚未完全消除。新旧动能转换加速推进，企业转型升级迫在眉睫，但企业创新风险高、投入大，特别是中小微企业创新资源有限，人才、技术、资金等方面均存在缺口，不创新就意味着被市场淘汰。融资难融资贵老生常谈，但问题尚未根本解决，特别是当前银行贷款更趋于谨慎保守，门槛高、审批慢、额度低、手续多仍然存在，个别银行存在改变授信方案增加放款条件的情况，一定程度上造成了变相抽贷，打乱了企业投资发展预期，加剧了中小企业经营风险，担保圈担保链断链风险加大，部分企业资金链趋紧。此外，政策落实"中梗阻"一直是企业反映突出的难题。

三　2021 年山东省经济发展环境判断

当前和今后一段时期，山东的发展仍然处于重要战略机遇期，但机遇和挑战都有新的发展变化，必须深刻认识新发展阶段的新特征、新要求，准确识变、科学应变、主动求变，在危机中育新机、于变局中开新局。

从国际看：世界正经历百年未有之大变局，新一轮科技革命和产业变革深入发展，同时国际环境日趋复杂，不稳定性、不确定性明显增加。2021 年世界经济总体呈现修复性增长态势，全球疫情有望逐步得到控制，推动世界经济恢复性复苏，需求进一步恢复，全球 GDP 规模有望回升到 2019 年的水平。

一是经济将逐步复苏。目前全球疫情防控取得进展，主要国家货币政策和财政纾困政策相继出台，同时在低基数效应下，明年经济有望恢复正增长。国际货币基金组织（IMF）和经济合作与发展组织（OECD）预测 2021 年全球经济分别增长 5.2% 和 4.2%。但各经济体疫情防控能力差距较大，同时支持实体经济复苏的财政扩张空间存在差异，致使发达经济体与新兴市场和发展中经济体（EMDE）（除中国外）复苏不均衡。自 2020 年以来，IMF 两次上调发达经济体增速预测值，两次下调新兴市场和发展中经济体的增速预期，表明 EMDE（除中国外）复苏程度差于发达经济体。OECD 在《2021 年全球经济展望报告》中指出，中国将起到"火车头"作用，为 2021 年全球经济增长贡献 1/3 以上，并预计增长 8%。

二是全球流动性加快。为应对疫情冲击，美联储多次降息进入"零利率"行列，并开启无限量化宽松（QE）模式。在美联储降息带动下，全球 60% 的经济体的央行将利率降至不到 1%，其中欧洲、日本、英国和澳大利亚的央行将利率降至创纪录低点。2020 年美联储、欧洲央行和日本央行的资产负债表扩张幅度均在 30% 以上，意味着向市场注入大量流动性，全球资产、信贷泡沫化趋势凸显。

三是全球产业链和价值链加速重组。疫情全球扩散造成的产业链、供应链断裂问题推动各国开始采取措施重构本国关键行业产业链，产业链更加多元化、本土化和区域化将是未来发展的必然趋势。

从国内看：我国已转向高质量发展阶段，制度优势明显，社会大局稳定，经济长期向好，以国内大循环为主体、国内国际双循环相互促进的新发展格局加速形成，继续发展具有多方面优势和条件。2020 年，我国国内生产总值站上百万亿元新台阶，经济总量实现历史性突破，成为全球唯一实现正增长的主要经济体，同时粮食产量再创新高、工业生产持续发力、贸易总额逆势上涨、现代服务再开新局、消费升级加速推进、国内投资稳步回升、就业情况远超目标、物价水平保持稳定、居民收入稳获增长。改革开放持续深入推进，营商环境进一步优化，市场主体数量实现了逆势增长，以开放共赢姿态加强国际合作，加快海南自由贸易港建设，成功签署区域全面经济伙伴关系协定（RCEP）及中欧投资协定，推动中美经贸关系逐步缓和。无论是质量还是数量、全面还是局部、广度还是深度，中国经济都正成为全球经济分量更重、含金量更高的领跑者。我国市场优势和内需潜力将不断激发，经济恢复向上的动能仍将持续，世界银行 2021 年 1 月 5 日发布报告，预测中国的经济增速在 2021 年将攀升至 7.9%。

从山东看：新时代现代化强省建设新征程已经开启，重大战略叠加优势明显，新旧动能转换初见成效，"一群两心三圈"区域协调发展格局正在形成，各种有利条件正加速聚集，趋势性关键性变化逐步显现，山东发展迎来"黄金期"，2021 年山东省经济总体向上向好态势不会改变，预计地区生产总值增长 6% 以上。

一是新发展格局带来新机遇。构建新发展格局明确"以国内大循环为主体"，并将"扩大内需"作为战略基点，山东户籍人口、常住人口"双过亿"，城镇化率逐年提高、居民收入持续增长，人均收入水平和中等收入群体比重高于全国平均水平，具有强大的超大规模市场和内需潜力。同时，推进国内国际双循环相互促进，可以深度融入"一带一路"、推进上海合作组织示范区建设、构建新亚欧大陆经济走廊、搭建日韩合作平台、开通 RCEP 航线，实现更加强劲的可持续发展。

二是重大国家战略带来新红利。山东省重大战略平台优势叠加，新旧动能转换综合试验区、中国（山东）自由贸易试验区、上合组织地方经贸合作示范区等国字号平台加快建设，赋予山东重大历史机遇。特别是山东省正在高标准谋划黄河流域生态保护和高质量发展，目前已经编制完成黄河流域生态保护和高质量发展规划，为发挥山东半岛城市群龙头作用，拓展发展新空间，厚植发展新优势，实现高质量发展，提供了前所未有的机遇。

三是新旧动能转换带来新动力。按照"一年全面起势、三年初见成效、五年取得突破"的总体部署，纵深推进"三个坚决"，"十强"产业加快壮大，产业生态"四梁八柱"逐步夯实，深耕"十强"现代优势产业集群，重点打造的70个"雁阵形"产业集群、105个龙头企业，培育的一批"领航型"企业、"链主"龙头企业和重点配套企业，为山东省加快形成新动能主导的经济发展新格局提供了不竭动力。

四是数字经济带来新支撑。山东省积极抢抓数字产业化、产业数字化的重大机遇，出台新基建三年行动方案，系统布局新型基础设施建设，强化5G、工业互联网、数据中心、物联网、人工智能等新型基础设施的创新集成和融合应用，为山东省高质量发展提供高水平服务支撑。同时，山东省作为制造业大省，产业体系完备，拥有全部41个工业大类，规模以上工业企业超2.6万家，100多种重点产品产量居全国前三位，数字产业化、产业数字化空间广阔。

四　做好山东省2021年工作的对策建议

2021年是"十四五"开局之年，也是我国现代化建设进程中具有特殊重要性的一年。做好山东经济社会发展工作，具有重大而深远的战略意义。应当坚定不移地以习近平新时代中国特色社会主义思想为指导，深入贯彻新发展理念，以推动高质量发展为主题，以深化供给侧结构性改革为主线，以改革创新为根本动力，围绕"七个走在前列""九个强省突破"，迈好融入新发展格局第一步，实现"十四五"高质量开局，献礼建党100周年。

（一）以更大力度推进新旧动能转换

围绕"坚定不移推动新旧动能转换，塑强现代产业新优势"，持续推进"腾笼换鸟、凤凰涅槃"，聚焦打造具有国际竞争力的"十强"现代优势产业集群，加快发展新动能主导的现代产业体系，全力推动新旧动能转换取得突破、塑成优势。

一是推动产业体系优化升级。兼顾存量变革和增量崛起，推动传统产业提档升级、强实力，推动新兴产业加速突破、上规模，积极构建以"十强"现代优势产业集群为主导的现代产业体系。聚焦"三个坚决"制定重点行业落后产能应对方案，实施传统产业智能化改造升级专项行动。集中优势资源，以关键共性技术、前沿引领技术、现代工程技术、颠覆性技术创新为突破口，着力增强领军企业自主研发和技术创新能力，带动提升产业集群的创新活力。

二是培育数字经济新动能。实施数字经济平台建设行动，强化平台对各行各业的赋能作用，助力数字经济与实体经济融合。打造跨越物理边界的"虚拟"产业园，支持建设数字产业链。规划重大引领性数字经济、引领性项目，建好智能制造产业城、重点企业全球数字研发中心、物联网创新中心等重大载体。全力推进"中国算谷"建设，加快形成"云数智"一体化生态系统，用数据驱动全价值链网络协同，激发数字要素流通新活力。

三是大力发展现代服务业。拓展高端服务业领域，推动优质资源向电子商务、金融、保险、科技服务等领域倾斜，在创意创新、绿色环保、共享经济、中高端消费等领域培育新的增长点。推动新兴现代服务业集群集聚发展，建设现代服务业产业集群，立足山东省优势特色，大力发展生产性服务业，打造全省生产服务型集聚地。跟踪在线教育、医疗、办公等领域前沿模式，积极培育新业态，推动生活性服务扩容、生产性服务业增效。

四是强化基础设施保障。突出"两新一重"，加快交通、能源、新基建、新型城镇化等领域重大基础设施项目建设。建设世界一流海洋港口，加密空中洲际直航航线，加强综合物流枢纽建设，推广多式联运，推进中欧班列常态化运营，优化高铁、高速、水运、民航、新基建等综合基础设施互联互通布局，构建立体高效的综合基础设施体系，促进各类要素自由流动，畅通国内国际双循环渠道。

五是深化产教融合。抢抓国家产教融合建设试点机遇，重点完善科教资源布局和重大平台载体布局，充实产教融合性企业储备。构建教育和新兴产业统筹融合发展格局，推动人才教育供给与新技术、新产业和新业态发展的需求对接，实现教育链、人才链与产业链、创新链有机衔接，将山东省的教育优势、人才优势转化为创新优势、竞争优势。加快打造统一的产教融合信息专业平台，充分运用"互联网+"构筑产业与教育交互服务体系。

（二）以更大力度提升产业链现代化水平

发挥"链长制"协调推动作用，聚力打好产业基础高级化、产业链现代化攻坚战，推动全产业链优化升级，畅通产业链省内循环，助力国内大循环。

一是补齐产业链短板。实施产业基础再造工程，加快推进基础再造项目落地，加大人才、金融和财政政策扶持力度，打牢基础零部件、基础工艺、关键基础材料等基础。聚焦关系产业安全的重点领域、关键节点、薄弱环节，开展关键核心技术攻关工程，构建自主可控、安全可靠的生产供应体系，确保关键时刻不"掉链子"。

二是锻造产业链长板。加强顶层设计、应用牵引、整机带动，强化共性技术供给，实施质量提升行动。聚焦优势产业领域，支持"领头雁"企业领航发展，推进重点项目攻关，实施产业链提升工程，增强产业链供应链韧性。突出优势领域"领航型"企业辐射带动作用，推动产业链市场化资源高效配置，提高全产业链全要素生产效率。

三是构建产业创新生态圈。依托"链主"企业，加大省内外产业创新资源整合力度，带动增强全产业链优势。启动中小企业专业化能力提升工程，支持龙头骨干企业牵头开展上下游对接、协同创新、配套合作，促进大中小企业共建产业链、互通供应链，培育良好产业生态。善于运用数字化手段、互联网思维，推动产业智能配套协作。

（三）以更大力度挖掘、释放内需潜力

投资和消费是拉动经济最有效、最直接的动力，坚持提振消费与扩大投资有效结合、相互促进，稳住经济持续向好的发展态势，为高质量发展打牢基础、增强后劲。

以稳投资促进稳增长。聚焦重点领域投资、推进重点项目建设，政策带动、合力攻坚。一是扩大有效投资。强化重点产业投资项目牵引作用，聚焦

"十强"现代优势产业集群，发力动能转换；实施产业基础再造和产业链提升工程，巩固传统优势，补齐发展短板；抓好 500 万以上技改项目和"四个一批"重点项目建设，支持"两新一重"领域，有效发挥基建托底经济的作用。二是提高资金使用效益，切实用好资金。用好地方专项债，严格落实"资金跟着项目走"的工作要求，优先配套与支持重点领域和重大项目，保障项目资金及时到位；推进专项债券管理流程再造，建立风险可控的专项债券管理新机制，促进专项债券发行使用的规范和高效运转；全面实施预算绩效管理，保障项目全生命周期的科学化、精细化。三是调动民间投资积极性。畅通体制机制，落实好激发民间投资活力的各项政策措施，完善向民间资本推介重点领域项目的长效机制；积极探索和推广 PPP 等融资模式，吸引民营资本参与"两新一重"项目建设；稳妥推进基础设施领域不动产投资信托基金（REITs）试点，紧抓国家启动基础设施 REITs 试点盘活基础设施存量资产的契机，充分调动民间投资积极性。

推动消费扩容提质。多维度培育消费市场，拓展消费空间，激发消费潜力。一是培育新兴消费市场。培育壮大各类消费新业态、新模式，加快互联网医疗、互联网教育、医养、家政、在线文娱、信息服务发展，以新业态、新模式带动新型消费；支持线上平台企业向线下发力，加快传统线下业态智能化改造和数字化转型，推动线上线下融合消费双向提速、有机融合；鼓励企业依托新型消费拓展国际市场，推动电子商务、数字服务等企业"走出去"，依托新型消费带动传统商品市场拓展对外贸易。二是建设区域消费中心。引导各市发挥比较优势，补短板、强弱项，打造城市特色品牌，做大城市消费流量，推动消费供给体系、需求结构、流通网络和发展环境提质升级；将济南、青岛、烟台等城市打造成为辐射带动能力强、资源整合有优势的消费中心城市。三是拓展农村消费市场。推动农村产业融合发展，支持打造品牌化、产业化农村产品和服务，破除农产品上行瓶颈；实施电子商务进农村综合示范工程，强化农产品交易市场功能，健全城乡商品冷链、仓储、物流的对接体系，畅通城乡双向流通渠道，破除城乡要素流动壁垒；推进自然教育和休闲农业旅游高质量发展，完善便民店、农贸市场、文明实践中心、家庭农场，发展具有乡土特色的新业态。

（四）以更大力度推进改革开放

巩固提升九大改革攻坚成果，深入落实打造对外开放新高地的政策措施，推动改革与开放相互促进。

一是推进要素市场化配置改革。增强土地管理灵活性。加大存量挖潜盘活力度，开展批而未供土地、闲散土地处置攻坚行动；制定土地利用计划管理实施细则，分级分类保障项目用地；健全土地供应长效机制，建设山东省土地市场动态监测系统。畅通劳动力流动渠道。深化城乡户籍制度改革；加强全省人力资源市场体系建设，规范人力资源市场活动；畅通人才评价渠道。发挥好资本要素市场作用。依托齐鲁股权交易中心、青岛蓝海股权交易中心等区域性股权市场，推动设立上市培育板，助力企业拓宽融资渠道；培育打造集银行、证券、保险、信托等核心金融牌照于一体的省级金融控股集团。激发技术供给活力。完善激励机制，创新评价方式，培育标志性科技成果；提升科技成果转化水平，推进赋予科研人员职务科技成果所有权或长期使用权试点。培育数据要素市场。建立健全法律法规，明确数据生产、聚合、占有、使用等过程中的产权归属；建设大数据平台，建立数据共享开放评估机制，研究制定政务数据共享开放评估指标；推动公共数据应用，围绕教育、医疗、养老、社会救助等领域打造应用场景。

二是推进国有企业改革。加大国有企业混合所有制改革力度。分层分类推动改革，聚焦国有资本投资公司、运营公司所出资企业和商业一类子企业；合理设计和优化股权结构，引进战略投资者持股，探索企业间交叉持股；深度转换经营机制，实施更加市场化的管控，开展经理层成员任期制和契约化管理、职业经理人制度试点工作，推行中长期激励制度。加快国有企业布局优化和结构调整。推动国有企业战略性重组、专业化整合；推动国有资本向重要领域集中，推动国有企业突出主责主业、发展实体经济，发挥国有经济战略支撑作用。加速转变监管方式。深化授权经营体制改革，制定国资委授权放权清单；建立国企改革述职问询制度、容错免责和末位淘汰制度。

三是推动民营经济高质量发展。保障政策落地见效。制定"金融政策操作指引"，加强宣传，促进政策红利充分释放；依托省中小企业公共服务平台，推进"百行进万企"对接活动；建立政策辅导制度，密切跟踪政策运行，打通政策落地"最后一公里"。优化民营经济发展环境。持续加大减税降费力度，减轻企业负担，提振市场信心；深化"放管服"改革，提升企业便利化水平、简化小微企业环评管理、打造透明稳定政策环境；建设数字化赋能服务，梯级培育数字化平台，推动民营企业抢抓工业互联网发展机遇；出台"专精特新"中小企业、瞪羚、独角兽企业等培育管理办法，建设优秀民营企业家团队，发挥企业家生力军作用。拓宽民营经济融资渠道。对接国家融资担保基金，完善省市县三级政府性融资担保体系，强化基金支撑；实施政府采购合同融资制度，减免抵押手续；开展民营和小微企业首贷培植行动；构建政银企合作机制，开展对接大会，加强信息互联互通。

四是推动开放向更高水平迈进。提升贸易投资便利化水平。推进开发区体制机制改革；围绕通关、退税、外汇开展流程再造；落实外商投资准入前国民待遇加负面清单管理制度；创新"负面清单"放权模式。畅通国际物流通道。整合"齐鲁号"欧亚班列，发展"多式联运"，建立中（鲁）韩、中（鲁）日欧亚国际物流通道统一服务平台，开启日韩陆海快线，畅通"东联日韩、西接欧亚"的国际物流大通道。创新境外园区发展模式。建设境外经贸合作区。实施境外经贸合作区高质量发展三年行动计划，拓展"合作区+"发展功能，提升产业聚集和出口带动效应。拓展经贸合作空间。融入"一带一路"建设，参与"丝路明珠"工程，发展"丝路电商"平台，加强与沿线国家基础设施建设和国际产能合作；不断提高自由贸易试验区发展水平，建立完善总体制度框架体系，形成更多可复制可推广的制度创新成果；建立与上合组织国家常态化互访交流机制，推进上合示范区"四大中心"建设，推动上合组织国家在山东设立经贸代表处；加深与日韩地方经贸合作，抢抓 RCEP（区域全面经济伙伴关系协定）签署机遇，实施《深化与日韩经贸合作先期行动计划》，深化产业经贸对接。

【山东宏观经济研究院：刘冰、赵祎煊、李莉】

第三章　2020 年聊城市经济发展形势分析及 2021 年展望

2020 年，聊城市面对突如其来的新冠肺炎疫情，以及经济下行压力和改革发展稳定的繁重任务，深入落实习近平总书记系列重要讲话精神，紧紧围绕"争创一流、走在前列，奋力实现在鲁西大地率先崛起"的奋斗目标，聚焦聚力"九大改革攻坚"，全力推进"新时代兴聊十大工程"建设，与京津冀协同发展、黄河流域生态保护和高质量发展、省会城市群经济圈等国家和省发展战略相衔接，围绕制造业强市战略，加快打造九大产业集群，聊城市经济运行总体平稳，稳中有进、进中提质。

一　2020 年聊城市经济发展取得的成绩

（一）经济稳中有进

衡量一个地区经济发展形势和综合实力的指标主要包括地区生产总值、财政收入、固定资产投资和人民收入等指标。2020 年，聊城市生产总值完成 2316.84 亿元，比上年增长 2.8%；公共财政预算收入完成 201.97 亿元，比上年增长 2.7%；规模以上工业增加值增长 3.4%，居民人均可支配收入增长 4.1%，固定资产投资增长 6.8%；社会消费品零售总额比上年下降 3.2%；本外币各项存贷款余额分别达到 4366.34 亿元和 2885.84 亿元，分别较年初增长 484.48 亿元和 240.49 亿元；城乡居民人均可支配收入分别达到 30036 元和 15718 元。在国际经济形势低迷、国内经济下行压力加大，以及新冠疫情冲击和中美贸易摩擦不断的错综复杂的形势下，聊城市经济保持平稳增长，综合实力进一步提高，主要经济指标好于预期，具体如图 3-1、图 3-2 所示。

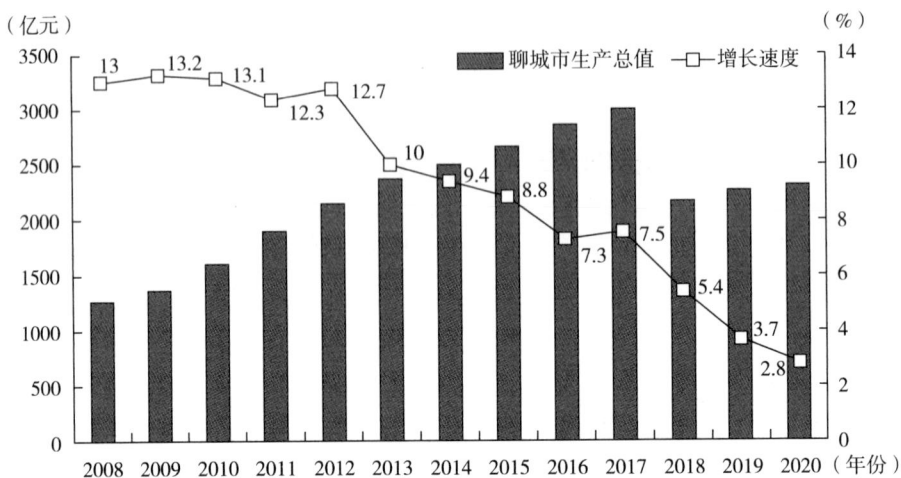

图 3-1　2008～2020 年聊城市生产总值及增长速度

资料来源：《2020 年聊城统计月报》、2009～2020 年《聊城统计年鉴》。

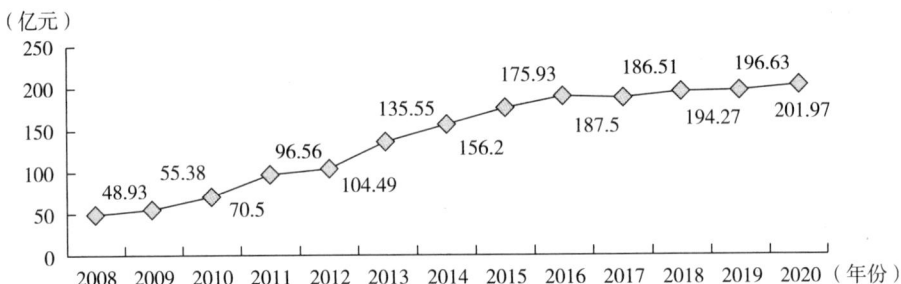

图 3-2　2008～2020 年聊城市公共预算收入

资料来源：《2020 年聊城统计月报》、2009～2020 年《聊城统计年鉴》。

（二）新旧动能转换初见成效

2020 年，聊城市紧紧围绕制造业强市战略，坚持项目为王、双招双引，通过新兴技术与传统产业融合、发展高新技术产业和"四新"经济实现新旧动能转换，聊城市经济正从速度规模型向创新质量型经济发展模式转变。着力打造九大特色产业集群，即新材料、高端装备制造、新能源汽车、医养健康四大新兴产业集群和有色金属及金属深加工、绿色化工、纺织服装、文化旅游、现代高效农业五大传统产业集群。着力提升传统动能，开展智能化技改三年行动，全年完成技改项目 200 个以上。着力促进制造业与新兴技术融合发展，加快企业上云发展，全年新增长上云企业 1000 家。着力发展"四新"经济，"四新"投资同比增长 49.7%，"四新"投资占比达到 48.1%，比上年提高 13.7 个百分点；高新技术产业产值占规模以上总产值的比重为 42.03%，比上年提高 9.8 个百分点。新旧动能转换项目不断涌现出一些质量和创新亮点，高新区晋升国家级高新区通过科技部评审。祥光铜业入选国际"双十佳"，技术和设备出口美国。中通客车建成全市首个国家级工业设计中心。质量品牌不断提升。建成全省首个国家级铜铝冶炼及加工产品质检中心。新增省级工业企业"质量标杆"六家，居全省第一位。日发纺机荣膺国家制造业"单项冠军示范企业"，金号家纺荣获第七届省长质量奖提名奖。

（三）产业结构升级取得一定成效

2020 年，聊城市以深化供给侧结构性改革为主线，统筹推进稳增长、促改革、调结构、惠民生、防风险、保稳定，深入实施"新时代兴聊十大工程"，聊城市产业结构、产业层次明显提升，转型升级取得明显成效。2020 年，第一产业增加值 333.26 亿元，增长 2.9%；第二产业增加值 795.59 亿元，增长 2.9%；第三产业增加值 1187.99 亿元，增长 2.6%。三大产业比例由 2019 年的 14.1∶35.7∶50.2 调整为 2020 年的 14.4∶34.3∶51.3，第二产业比重下降，第三产业比重继续提升，产业结构进一步优化，具体如图 3-3 所示。

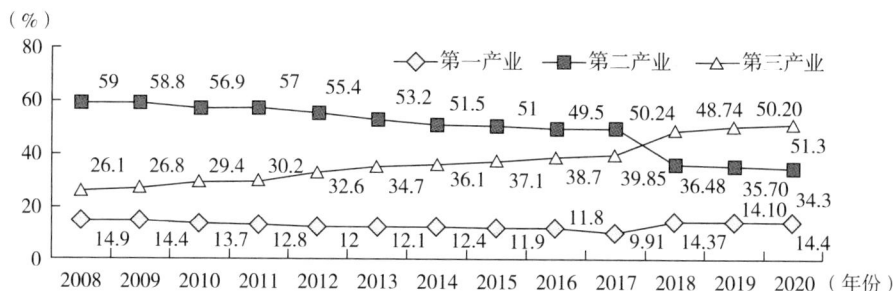

图 3-3　2008~2020 年聊城市三大产业比重

1. 有力推进乡村振兴，现代农业快速发展

2020 年，聊城市粮食总产稳定在 500 万吨以上，实现了"十八连丰"，建成高标准农田 267 万亩，创建美丽乡村示范村 98 个。新建省级农业"新六产"示范县、示范主体分别达到 3 个和 32 个。新增国家级农业龙头企业 2

家、省级 11 家，东阿县被评为国家现代农业产业园。"聊·胜一筹！"品牌农产品年销售额突破 100 亿元，新认证"三品一标"224 个，农产品质量检测合格率稳定在 98%。"耿店经验"成为全国乡村振兴模板，并且聊城市正推进"耿店经验"转化为创新实践。

2. 工业经济体系逐渐完善，发展质量持续提升

2020 年末，聊城市规模以上工业企业 1218 家，比年初新增 26 家，实现增加值比上年增长 3.4%，企业效益逐步改善，全年规模以上工业企业利润总额同比增长 39.6%。全国 41 个工业大类产品中，聊城有 29 个，多种工业产品产量或产能在全国占有重要地位。电解铝、钢球、轴承、化肥、阿胶、保持器、钢球、蜡染布、钢管、农用车、新能源客车、金属板材、冻鸡等 20 多种主要工业产品产量位居全国前列。有色金属、汽车装备、造纸、纺织、食品、化工、医药等优势产业已成集群之势。目前，聊城市有一批在全省乃至全国影响都比较大的企业和企业集团，如信发集团、祥光铜业、鲁西集团、时风集团、中通汽车集团、东阿阿胶、中色奥博特铜铝业公司、凤祥集团等。聊城市产业园区的建设成效明显，如信发循环经济产业园、祥光生态工业园、鲁西化工新材料产业园、时风新能源汽车产业园、中通新能源汽车产业园、临清轴承产业园等。

3. 疫情期间服务业稳步发展，个别行业发展步伐加快

2020 年，受疫情影响，聊城市的服务业受到一定冲击，其中餐饮、文旅、住宿、批发和零售行业受到影响较大，但总体稳定。聊城市服务业增加值占全市生产总值比重达到 51.3%，比上年增长 2.6%；批发和零售业、住宿和餐饮业出现了负增长，分别比上年下降 1.8%、7.5%，但是金融业和房地产业继续保持了高速增长，分别比上年增长 5%、9%。

（四）"双招双引"工作取得初步成效

"双招双引"是经济工作的生命线，是促进聊城市九大产业集群发展，加快对外开放步伐的重要举措，是聊城市加快推进高质量发展的必由之路。2020 年，聊城市"双招双引"工作坚持高质量发展理念，以推动新旧动能转换工程为着力点，充分借助网络平台，"云发布"招商项目 160 多个，变"面对面"洽谈为"屏对屏"对接，全力推进项目进展。2020 年 1～11 月，聊城招商引资到位资金 348.71 亿元，新签约亿元以上合同项目 377 个，实际利用外商直接投资2.08亿美元，同比增幅列全省首位，新批境外企业六家，完成实际对外投资额1.86亿美元，同比增长207.1%，居全省第二位。在"招才引智"方面，实施"水城优才计划"，引进国家高层次人才三人，入选省级重要人才重要工程51人，引进了泰山产业领军人等高端人才，为聊城市经济发展搭建了人才平台载体。

（五）新冠疫情期间居民生活稳定、收入稳步增长

2020年，城镇居民人均可支配收入30036元，比2019年增长2.8%，农民人均纯收入15718元，比上年增长6.1%，具体如图3-4所示。全市社会消费品零售总额为801.4亿元，比上年下降3.2%，按分区域看，城镇区域下降5%，乡村区域增长4.8%。按消费形态分，餐饮收入下降6.9%，商品零售下降4.8%。1~11月，聊城市实现网络零售额112.73亿元，同比增长15.8%，增幅列全省第二位；实现农村网络零售额62.5亿元，同比增长40.4%；农产品网络零售额实现29.5亿元，同比增长42.1%。

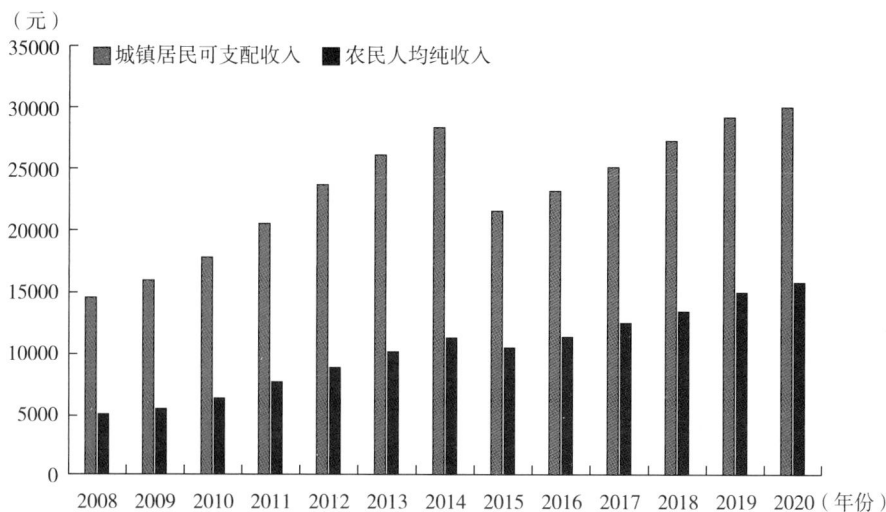

图3-4 2008~2020年聊城市城镇居民可支配收入和农民人均纯收入

（六）区域性交通地理位置优势逐渐凸显

2020年，聊城市委、市政府围绕把聊城建设成为区域性综合立体交通枢纽城市的目标，把交通基础设施建设列为"新时代兴聊十大工程"重要内容。

聊城市在基础设施投资方面取得了优异成绩，交通优势逐渐凸显。济郑、雄商两大高铁启动建设，聊城区域性综合交通枢纽地位正加速形成，未来将实现半小时到济南、80分钟到北京、三小时到上海的便捷出行。未来，聊城市的区位交通优势将逐渐凸显，将为聊城市经济发展拓展更大发展空间。

二 2020年聊城市经济发展中存在的问题与困难

聊城市在取得成绩的同时，经济发展过程中还存在不少问题与困难：经济总量与山东省其他地级市相比仍然偏小，经济下行压力依然较大；工业结构还不合理，产品技术含量和附加值低；新旧动能转换接续不畅，支持创新创业的体制机制还不健全；交通基础设施、高新人才、技术、制度等要素还处于低端水平，高新技术产业占比较低；节能减排压力较大，大气污染防治尚未摆脱被动局面；部分干部思想解放程度和作风转变力度不够大，担当作为、开拓进取的劲头不足；等等。

（一）经济发展的质量及创新驱动能力的水平亟须进一步提升

从表3-1可以看出，尽管2020年聊城市经济运行态势良好，但与其他地级市横向相比，还有较大差距。2020年，聊城市生产总值完成2318.84亿元，增长2.52%，低于山东省0.38个百分点；GDP、GDP增速和人均GDP分别在全省排名第14、第7、第16。在总量方面，聊城与前列城市相比差距还较大，但增速比较快，处于全省前列，人均GDP较低。由于土地、资源、环境等因素约束加剧，投资和出口拉动边际效益递减等各种因素叠加，受产能过剩和市场有效需求不足的影响，传统产业发展空间受挤压，新兴产业尚在培育中，工业面临转型升级的困境，工业经济对国民经济增长的支撑作用逐步减弱，新的经济增长点也还在培育过程中，聊城市经济处于增速趋缓的发展阶段。与其他先进地级市相比，聊城市经济发展的质量及创新驱动能力的水平还存在不小差距，转方式、调结构、经济下行的压力较大，加快发展的任务仍然十分艰巨。

表 3-1 2020 年山东 16 个地级市 GDP、GDP 增速、人均 GDP

城市	GDP（亿元）	GDP 增速（%）	2019 年末常住人口（万人）	人均 GDP（元）
青岛	12400.56	5.61	949.98	130535
济南	10140.91	7.39	890.87	113832
烟台	7816.42	2.13	713.8	109504
潍坊	5872.20	3.23	935.15	62794
临沂	4805.25	4.46	1066.71	45047
济宁	4494.31	2.84	835.6	53785
淄博	3673.54	0.85	469.7	78210
菏泽	3483.11	2.14	878.17	39663
德州	3078.99	1.88	574.85	53562
威海	3017.79	1.82	283.6	106410
东营	2981.19	2.23	217.97	136771
泰安	2766.50	3.86	563.5	49095
滨州	2508.11	2.07	392.3	63933
聊城	2318.84	2.52	609.83	37992
日照	2006.43	2.93	294.9	68038
枣庄	1733.00	2.31	393.3	44063

资料来源：山东省统计局、《2020 年聊城统计月报》。

（二）产品的结构、技术含量和附加值亟待进一步提升

2020 年，虽然聊城市第三产业比重超过第二产业，但是主导产业还是以重工业为主，如铜、铝、化工产业，这种产业特征与山东省产业结构类似。聊城市的这种产业结构主要存在以下几个问题：一是产业层次低、原材料加工业比重大。聊城市产业大多是传统制造业，大多是大投入大产出的产业，处于价值链的低端，对原材料依赖性较强，易受市场价格的影响，导致产业内企业生产经营状况受到外部的影响较大，具有较强的不稳定性。目前全市原材料加工业在整个工业经济结构中占比高达 60% 以上。主营业务收入前 10 位的信发集团、祥光集团、鲁西集团、中色奥博特、时风集团、三和纺织集团、聊城鑫鹏集团、泉林集团、中通汽车集团、阳谷电缆集团有五户是原材

料加工企业。二是产品结构不合理，技术含量、附加值低，多是"配角"的中间产品，高新技术产品少。全市对工业总量增长贡献较大的行业主要是农副食品加工、有色金属、黑色金属、纺织、汽车及机械、化工等传统产业，这些产业占工业经济总量的60%，而这些产业中的大部分产品还处于初级阶段，如信发的氧化铝、电解铝，祥光的电解铜，冠星的棉纱，三和纺织的蜡染布，鑫鹏集团的钢管，冠洲的板材，泉林的纸等都是初级产品，而几个深加工的企业，像时风的农用运输机械、中通汽车集团的客车、中色奥博特的铜管、鲁西集团的化工材料等产品技术含量也不高。三是能源消耗较大，易受原材料价格波动影响。聊城经济迅速增长的背后主要是能源的助推，而在能源消费结构中煤炭消费占比较大。信发集团、鲁西集团、祥光集团、中色奥博特、聊城鑫鹏集团等大企业都属于国家规定的高耗能产业，目前全市高耗能行业所占全部规模以上企业产值的比重达到30%以上，耗能占80%以上，随着国家推进节能减排、煤炭消费总量控制和生态环境保护力度的加大，对结构偏重、资源依赖度较高的企业发展形成较大压力，企业发展约束明显增强，仅每年秋冬季重污染天气响应停限产企业就多达900余户。四是组织结构不规范，聊城工业企业中家族制企业占有较大比重，用工制度不规范，人员流动性大。

（三）产业创新生态系统亟须进一步健全

聊城市主导产业大多是以产业集群形式聚集，这些产业的规模、成本优势比较明显，但是与互联网和现代科学技术融合度不高，智能化信息化发展不充分，研发力量比较薄弱，创新能力有待进一步提升。2020年，聊城市拥有国家级创新平台载体39家，省级创新平台载体195家，市级创新平台载体515家，市政府拨付资金2000万元启动建设聊城第一家新型研发机构——聊城产业技术研究院，653家规模以上工业企业建立研发机构，但是研发机构覆盖率为53.6%，整体偏低。近年来，聊城市研发经费支出、研发人员数量有所增加，但聊城市缺乏国内国际一流高校，两院院士、长江学者、杰出青年等高端科技人才规模远落后于国内一线城市。聊城市创新能力仍然偏弱，未形成健全的产业创新生态系统，大部分产品缺乏自主知识产权和核心技术，叫得响的品牌还不多，没有形成核心竞争力，大部分企业的研发机构和研发力量还不足，研发经费占销售收入的比重不高，高新技术企业的产品比重还非常低，创新成果不多。

（四）节能减排压力依然较大

环境污染与聊城市的产业结构不合理及创新能力不强有极大关系。2020年，聊城市不断淘汰落后产能，严格控制污染产业投资比重，关停并转电解铝产能 53 万吨、焦化产能 60 万吨、钢铁产能 514 万吨、化肥合成氨 25 万吨、"地条钢"企业 12 家、火电机组 23 台、散乱污企业 3300 多家。同时，聊城开展大气污染专项整治行动，实行重污染天气应急分级管控，供暖期间城区公交车免费乘坐。空气质量综合指数、PM2.5、PM10 浓度同比分别改善12.6%、8.6%、15.3%，优良天数达到 224 天。从山东省生态环境厅公布的16 个地级市环境质量排名来看，二氧化氮（NO_2）排放量、细颗粒物（PM2.5）、可吸入颗粒物（PM10）、二氧化硫（SO_2）排放排名指标稳步前进。总体来看，聊城近几年环境污染向着良好方向发展，但是节能减排压力依然比较大。

（五）防范金融风险的压力较大

2020 年，聊城市一直在优化经济发展环境、破解企业融资难融资贵问题，并成立了聊城市金融风险防控处置办公室，以化解县市区的金融风险，但是，聊城市企业担保圈、非法集资、企业逃废债行为、银行金融机构不诚信行为等问题依然存在，金融生态环境亟待进一步优化。

三　聊城市经济发展趋势与政策建议

（一）2021 年聊城市经济发展趋势

2021 年，世界经济形势处于深刻调整中，发展分化和不确定性较为明显，正处于百年未有之大变局之中，百年不遇的新冠肺炎疫情防控形势依然严峻，新信息技术革命和工业革命进程加速推进，"四新"经济正在不断涌现，且不断与传统产业相融合。国内经济也正在构建双循环新发展格局。在这种背景下，2021 年作为聊城市"十四五"的开局之年，其将面临错综复杂的因素，困难挑战因素叠加。聊城市经济正处于新旧动能转换、产业转型升级过程中，还面临艰巨任务。

在这种背景下，我们认为，2021年聊城市经济发展主要有以下六个发展趋势：一是在疫情防控常态化下发展经济，要在疫情防控中复工复产提振经济；二是创新将成为未来各行各业的发展动力，要在创新要素和创新生态系统上下功夫；三是经济发展将继续从速度规模型向质量效益型发展，高质量发展成为未来很长一段时间的发展主题；四是绿色发展已经成为经济发展主要趋势，也成为不可触碰的高压线，经济发展要向绿色转型发展；五是随着新信息革命和工业革命的进程加快，"四新"经济、战略性新兴产业将成为未来产业发展的主体，并且将不断与传统产业融合发展；六是新发展格局要求以国内循环为主，国际国内循环相互转换，深入挖掘国内市场消费潜力。

我们预计2021年聊城市经济发展速度、公共预算收入维持在5%的增长速度，居民消费价格涨幅控制在3%以内，居民人均可支配收入增长维持在5%以上，城镇登记失业率维持在5%以内。

（二）2021年聊城市经济发展建议

创新、资本、劳动力、制度等是促进经济发展的重要因素。为了促进2021年聊城市经济发展，现围绕以上几个要素提出以下发展建议：

1. 进一步优化营商环境，为市场主体创造最佳条件和环境

在当前经济形势复杂且不确定因素较多的情况下，要树立"企业是经济发展的主体和基础，市场主体强则经济强，有强企才有强市，政府要优化营商环境，做好服务"的理念。截至2020年底，聊城市已有市场主体10.39万户，其中，私营企业4.08万户，个体工商户6.31万户。这些市场主体是聊城经济活动的主要参与者、就业机会的主要提供者、技术进步的主要推动者，在聊城经济发展中发挥着十分重要的作用。经验告诉我们："政企不分干不成，政企不合干不好"，政企必须形成合力，良性互动，才能实现跨越赶超。为了保护和激发这些市场主体的活力，政府应不断优化营商环境，充分尊重市场主体，为市场主体营造良好的服务环境。第一，要突出市场主体和企业家的经济主体地位，把优秀企业家的创业激情和发展欲望作为政府工作的努力方向，营造新型"亲""清"政商关系，领导干部坦荡真诚、清白纯洁与企业家交往，企业与政府积极主动交流。第二，政府应从"干预"转向"服务"，健全对公务人员的考核监督机制，树立"店小二"的服务精神，精准服务，切实减少审批事项、审批时间、审批环节，进一步制定政务服务标准、提高服务效率、杜绝服务人员"吃拿卡要"行为、建立互联网反馈渠道等。第三，进一步提升干部的经济治理能力，主动服务，打破制约企业、产业快速发展的瓶颈，全力以赴为企业的爆发式增长创造最佳的条件和环境。

2. 坚持创新驱动经济发展战略，构建创新生态系统

创新是经济发展的第一动力，也是未来一段时期区域经济发展和企业市场竞争的主要动力源。但是，技术和制度要素很难在短期内形成一种动力，需要长期培育。当前聊城市经济正处于新旧动能转换期、速度规模型向质量效益型转换期、追赶型向领先型转换期，在这种背景下，聊城市经济发展必须坚持创新驱动战略，积极探索和实践主要依靠科技进步、劳动者素质和管理创新的"领先+聚集"的新发展模式和路径，在创新中领先，在领先中聚集各种要素，靠技术和规模在市场竞争中取胜。第一，加快传统产业与"四新"经济融合发展，汇聚形成经济发展新动能。以信息技术为主的第四次工业革命赋予当前经济发展一种新动能，传统产业与信息技术融合发展成为未来一段时期的主旋律。需要在保持原有产业优势的基础上，进一步通过新技术、人才、互联网等高新要素融合传统产业、延伸产业链，提高质量效益。目前，山东省各市都在大力实施新旧动能转换，新动能与旧动能是一个相对的概念。旧动能一般靠资源支撑，靠投资驱动，突出的特点是低效率、低质量、高耗能、高污染，比如我们常说的一些过剩、落后产能都属于旧动能。新动能是以知识、技术、信息、数据等新生产要素为支撑，聚焦新技术、新产业、新业态、新模式"四新"，推进产业智慧化、智慧产业化、跨界融合化、品牌高端化"四化"，由此汇聚形成的经济发展动能。传统产业的"有中生新"，新兴产业的"无中生有"，都属于新动能。在这个阶段，发展"四新"经济，通过"四新"经济帮助聊城打造一个高新产业板块，并使其成为聊城市一个新动能，有助于实现跨越式发展。第二，打造创新生态系统。不管保持旧动能优势还是发展新动能都需要要素、创新和制度支持，而且技术、人才、智能技术和互联网是一个创新生态系统。因此，需要进一步实施高新技术企业培育行动计划，充分发挥聊城产业技术研究院、聊城大学等科研机构的平台作用，利用产学研平台聚集创新要素，并利用"双招"双引活动，进一步吸引高层次人才、专家、青年人才回聊城创业就业。

3. 坚持制造业强市战略，进一步固链补链、延链强链

制造业是聊城市经济的主体，强力支撑聊城市经济发展。第一，发扬并保持传统制造业优势，克服劣势，走广东、浙江前十年的转型升级之路，尽快实现经济转型，是今后五年聊城市经济工作重点，也是转型升级、新旧动能转换的最后一个窗口期。聊城市部分传统制造业优势明显，有色冶金、化工、纺织、机械制造等行业在全国占据重要地位。但在环保压力和绿色发展的背景下，这些优势产业的优势不能充分发挥，同时，高新技术产业刚刚起步，还不足以支撑聊城经济全局。因此，必须坚持制造业强市战略，聚焦制造业十大重点产业，进一步巩固和加强产业链的优势，同时，招商引企补链延链，使产业链向研发设计、销售服务环节延伸，促进制造业产业链升级，构建现代化产业体系。第二，在双循环新发展格局下，充分发挥我国超大规模市场优势和内需潜力，构建"以我为主，内外兼顾"产业链治理体系。一方面，面向国内市场建设线上线下各类平台，根据不同领域的产业链供应链功能导向，统一规划和实施旨在稳定重要产业链供应链经济功能的平台网络架构。另一方面，面向国际市场和全球产业链供应链搭建开放式、协同化、网络化平台，形成基于创新链共享、供应链协同、数据链联动、产业链协作的融通发展模式，带动产业链上下游、产供销、大中小企业共同提升创新能力。第三，以聊城市制造业关键共性技术合作为突破口，着力促进产业链各环节市场主体之间协同创新。鼓励各类企业与国内外高校、科研院所合作进行应用研究和二次开发，着力攻克产业发展重点领域的共性技术、核心技术、关键技术与产业化瓶颈，以关键技术产业化带动产业链现代化水平提升。

4. 双招双引更多创新要素，促进经济高质量发展

资本、劳动力是经济发展的重要生产要素。随着聊城市进入高质量发展阶段，所需要的生产要素素质需进一步提升。靠内生要素促进经济发展只能实现常规发展，而要在省内争创一流，走在前列，需要通过"双招双引"项目和人才，为区域经济发展提供高素质的创新要素。要通过打造高质量"双招双引"平台、产学研合作平台，积极承接发达地区产业转移项目，探索研发、人才飞地经济模式，内外聚集创新要素。

5. 大力弘扬企业家精神，激发市场主体活力

经济发展的动力来源于市场主体，也就是企业活力，而企业成功的关键是企业家。因此，发展和壮大企业家队伍，发挥企业精神是激发经济活力的

重要路径。一要尊重企业的创新主体地位。企业是技术创新的主体，技术创新是企业的自主行为，对于亟待解决的技术难题、问题解决的途径以及创新的阻碍因素，企业最清楚，因此，政府在技术创新方面不可越俎代庖，不能按照政府的意愿和需要推动企业技术创新。政府的职责是搞好服务，为企业创新创造条件，同时，按照发展规划和市场需要引导企业进行技术创新。二要激发企业家精神。企业家是创新发展的探索者、组织者、引领者，企业家的重要功能是组织创新、技术创新、市场创新和理念创新。创业激情和发展欲望是企业家所具有的最重要特质，各级政府部门要想企业家之所想，急企业家之所急，多做换位思考，设身处地帮助企业家解决问题和困难。三要完善激励机制，充分调动企业家的积极性。对优秀企业家，不但要重视物质奖励，还要重视政治奖励、事业奖励与精神奖励，使他们充分得到社会的肯定，并感受到自我价值实现所带来的成就感。

【聊城大学商学院（质量学院）：梁树广】

第二篇　治理理论篇

第四章　中国改革与发展历程中的政府与市场关系

如何认识和对待社会发展中的政府与市场关系，始终是经济学和政治学中需要探索和解决的重大问题，也是世界各国政府一直在探索和实践的难题。2008年经济危机爆发后，政府与市场的关系再次成为政策辩论的核心。2012年，中共十八大报告提出了"经济体制改革的核心问题是处理好政府和市场的关系"这个命题，并强调"必须更加尊重市场规律，更好发挥政府作用"。2013年，中共十八届三中全会又出台了《中共中央关于全面深化改革若干重大问题的决定》，第一次提出市场要在资源配置中发挥决定性作用和更好发挥政府作用，使中国对经济运行中政府与市场关系的认识更加深入、更加明确，也为世界各国认识和解决这个难题提供了中国智慧和中国方案。

中国作为世界上最大的发展中国家，在以工业化、市场化、城市化为标志的经济现代化进程中历尽艰难曲折。1978年中共十一届三中全会以后，中国共产党在充分吸取过去经验教训的基础上，解放思想、实事求是，与时俱进，突破了中华人民共和国前30年形成的计划经济，实现了对传统社会主义理论带有根本性的突破和创新，终于懂得了必须依靠市场调节和政府调控并举的"双轮驱动"，明白了政府与市场的各自职能和边界并不是固定不变的，而是因时、因地、因事而随时调整的，从而可以避免经济发展过程中的"市场失灵"和"政府失灵"，使中国走上了社会主义市场经济发展道路并取得巨大成功。

一　计划经济的局限和历史作用（1978 年以前）

中国在 20 世纪 50 年代建立的公有制和计划经济体制，是典型的市场式微、政府作用独大的经济体制。这个体制的形成主要是由以下因素决定的：①保障国家安全的因素。中华人民共和国成立之前一百多年来挨打受欺的教训和朝鲜战争爆发后严峻的国际环境，都使得中国政府出于国家安全的需要，不得不选择优先快速发展重工业以建立强大的国防。②突破"贫困陷阱"的因素。半殖民地半封建社会时期的中国遗留下来的积贫积弱的以传统农业为主的产业结构和众多的人口，使得中国虽然通过土地改革实现了耕者有其田，但是由于人均生产资料严重不足，农民只要吃饱饭就没有剩余了。怎样突破这种低收入的"贫困陷阱"，实现工业化的起飞？显然靠市场的作用在短期内是难以实现的。③纠正"市场失灵"的因素。由于中国遗留下来的极度贫困，人民的温饱问题远没有解决，20 世纪 50 年代，中国每年都有约 1/10 的农民因青黄不接而挨饿。生活必需品短缺和需求弹性很小，加上城市失业问题严重、对外贸易受到封锁等，使得通过价格来调节供求关系以达到均衡的市场调节难以发挥作用。1953 年实行主要农产品"统购统销"，就是因为粮食供不应求引发波动，而市场不能解决这个供求矛盾。

按照马克思主义经典理论对计划经济的描述，计划经济应该建立在资本主义创造的，并且其已经不能容纳的生产社会化基础之上，是通过全社会成员共同占有生产资料，并在国家的统一计划下按照社会需要进行生产和消费。这种制度可以避免资本主义制度下因生产资料私有制、生产无政府状态和市场竞争所造成的浪费和"两极分化"，使社会生产力和社会公平都达到前所未有的高度。但是，由于中国经济落后，还是一个传统农业人口占很大比重的前工业化国家，因此当计划经济建立起来后，人们就发现要实现原来预期的计划经济的优越性，将是非常困难的。就中国来说，还处于工业化前期，传统农业和小生产者所占比重还很大，远没有达到生产的社会化程度。因此，计划经济赖以发挥优越性的关键——足够信息的及时获得和及时处理问题，就成为制订正确计划的最大难题。

1978年以前的计划经济体制虽然存在很多问题，但是这种体制也的确实现了部分预期目标，例如，确保投资达到了最大限度，并建立起独立的工业体系和强大的国防工业。根据发展经济学和"贫困陷阱"假说，一个国家经济起飞的重要条件之一是投资超过GDP的11%。中华人民共和国成立之前，中国经济最好的1931~1936年，资本积累率六年中有四年为负数，最高的1936年也仅为6.0%。[①] 然而中华人民共和国成立之后，中国在1978年以前的资本积累率远远高于11%，最低为1963~1965年的22.7%，最高为"四五"计划时期的33.27%，被认为最合理的"一五"计划时期则为24.2%。

由于中国的计划经济不是建立在资本主义经济高度发达的基础之上，它建立的目的不是要解决生产社会化与生产资料私人占有之间的矛盾，而主要是加快工业化步伐，这实际上成为中国计划经济的主要目标，即解决工业化的资金积累问题、优先发展重工业问题、高积累下的社会稳定问题等。计划经济的上述任务，在一定程度上使得计划经济本身的作用不是体现在能否准确地计算社会生产与需求之间的平衡和资源的最佳配置，而是表现为最大限度地动员社会资源，加速工业化步伐，实现赶超战略。从这个角度观察问题，计划经济本身所表现出的低水平和粗放型、随意性很大的管理，就显得不那么重要了，重要的是这种自上而下的行政性管理所具有的最大限度集中资源用于工业化的特性。这可以说是计划经济为什么能够在中国形成并持续了20年之久的主要原因。

简单地说，20世纪50年代形成的计划经济，在当时起码适应了中国追求高速工业化和建立独立工业体系的需要，它具有以下两个市场经济体制在短期内无能为力的作用：①在经济落后的条件下，保证了高积累和优先快速发展重工业，建立了比较完整的独立的工业体系和基础设施（最突出的是水利工程）。②在经济落后和高积累的情况下，保证了人民的基本生活和社会安定。还应该看到，20余年的计划经济体制，虽然管理水平很低，力不从心，但是毕竟提高了中国政府管理经济的能力，积累了丰富的计划管理经验教训。这一点对于改革开放以后中国政府的宏观经济调控、保障国民经济的持续快

---

① 巫宝三：《中国国民所得（1933年）》上册，中华书局1997年版，第20页。

速增长起到了一定作用。

二　政府"放权让利"，引入市场机制（1978~1991 年）

1978 年底，中国召开了中共十一届三中全会，拉开了波澜壮阔、令世界瞩目的经济改革的帷幕。由于在经济落后和严峻国际环境下为实现超常发展而建立起来的单一公有制和计划经济体制的弊病，与长期形成的经济结构失衡、人民生活水平长期徘徊不前交织在一起，因此加快经济发展就成为首要的突破固有观念最强大的武器，也是全党和全国人民改革的动力。改革不仅是从体制的薄弱环节开始的，而且也是从原有体制束缚最大的农业和生活最困难的农民开始的。以"家庭联产承包责任制"为主体的农村改革，不仅见效快、成效大，也为后来的改革起到了开辟道路和示范的作用，这种农村生产关系的深刻变革，实际上已经突破了单一公有制和计划经济。

在家庭联产承包责任制的发展过程中，随着农村多种经营的开展，出现了从事商品生产的专业户。这种专业户是在农村分工分业发展的基础上，以一家一户为单位，专门或主要从事某项专业生产或经营的经济实体，一开始就以商品生产者的面貌出现，讲求经济效益，充分利用零散的资金和劳动力，注意学习和掌握科学技术，发挥了农村各种能手的作用。他们生产的农副产品商品率一般达到 70% 以上，获得的收入普遍高于一般农户，年收入达千元甚至万元以上。随着规模的扩大，这种专业户开始雇工。与此同时，乡镇企业也如雨后春笋般迅速发展起来。专业户和乡镇企业的发展，加速了我国农村经济由自给半自给经济向商品经济转化的进程，农业产品的商品率迅速提高。

1978~1984 年的改革开放，特别是农村改革的巨大成功，不仅极大地鼓舞了党和人民的改革信心和热情，也为进一步扩大改革开放提供了物质基础，即通过经济调整和改革开放，我国的经济形势出现了中华人民共和国成立以来少有的最好时期，几乎每个人都是改革开放的受益者。国家和人民都迫切希望通过进一步改革开放促进经济发展、增加收入。于是，从 1984 年 10 月中共十二届三中全会开始，改革范围进一步扩大，改革重心由农村转入城市。

城市改革首先遇到的就是政府如何进行计划管理的问题。在计划经济体制下，计划是社会再生产和扩大再生产活动的核心。对于如何实现既搞活经济，又合理组织经济这个长期追求的目标，《中共中央关于经济体制改革的决定》提出，计划体制改革的目标是"建立自觉运用价值规律的计划体制"。

这一时期的经济改革，集中于政府的职能从全能型向效能型转变。由于改革计划经济体制首先是从过去束缚最多、危机最深的农业开始，而家庭联产承包责任制的巨大成效和乡镇企业的"异军突起"不仅从根本上改变了农村经济的微观机制，也为城市改革提供了榜样和示范。于是，在"让一部分人、一部分地区先富起来"的指导下，加上"放权让利"的制度和政策保障，中国共产党终于在20世纪80年代突破了单一的公有制和按劳分配这两方面的束缚，从而为建立新型的社会主义市场经济发展道路奠定了微观经济基础。

在这个阶段，单一公有制和计划经济条件下政府原有的经济职能主要是从两个方面逐渐转变的。第一，"放权让利"，给原有公有制经济自己活动的空间；允许非公有制经济和"三资"企业存在和发展。这个方面以农村改革最为突出，成效也最大，从1979年开始推行农业生产经营责任制（"大包干"）到1983年取消人民公社不过五年的时间。在城市，国营企业的改革推进虽然不快，但从简政放权到推行"承包制"，也扩大了企业的经营自主权和对利润的分享。这方面的改革调动了农民和企业的积极性，是20世纪80年代中国经济高速增长的动力之一。在公有制经济体制内改革的同时，政府还实行对外开放，鼓励城市待业人员自谋职业和支持农村"专业户"发展的政策。于是，在公有制外形成了一些极具活力的经济成分。第二，逐步放松对整个经济的行政控制，退出部分领域让市场机制替代调节。在这个方面，政府的指导思想经历了从"计划经济为主，市场调节为辅"的主从结构，到"计划管理与市场调节相结合"的版块结构，再到"政府调控市场、市场引导企业"的上下结构，最后又回到"计划经济与市场调节相结合"的含混提法。但是，上述指导思想依然反映出政府越来越多地将原来由自己直接管理的领域让渡给市场调节。

三 社会主义市场经济体制的确立（1992~2002年）

1992~2001年是中国基本确立社会主义经济体制的重要历史时期。这10年也是中国经济体制变动最大、社会主义市场经济确立的时期。在这个阶段，一方面，产品市场的价格基本放开由市场调节，资本市场、劳动力市场初具规模，市场经济框架基本形成；另一方面，政府方面的改革也有突破性进展，分税制改革奠定了划分中央与地方财权的制度基础，国企改革取得关键性成功，中国加入 WTO 之后开始转变政府职能。

1992 年初，邓小平在视察深圳、珠海经济特区时对社会主义的描述及对市场经济的解释，对于结束党和政府在计划与市场关系上的含混认识，重新确立市场化改革的方向起到了催化剂的作用。时任中共中央总书记的江泽民于 1992 年 6 月 9 日在中共中央党校的讲话中谈到社会主义市场经济与计划的关系，指出："社会主义经济从一开始就是有计划的。在人们的脑子里和认识上，一直是很清楚的，不会因为提法中不出现'有计划'三个字，就发生了是不是取消了计划性的疑问。"1992 年 9 月召开的中共十四大，根据改革开放以来的理论探索和实践，将中国特色社会主义理论发展到了一个新的高度，使中国的经济体制改革有了明确的目标，即建立社会主义市场经济体制。

中共十四大以后，经济体制改革进一步深入，改革在全面推进的基础上，重点由过去的以增量改革、产品市场改革为主，转向以存量改革、要素市场改革为主（即资金市场和劳动力市场），国有企业建立现代企业制度，建立资金市场和劳动力市场，以及转变政府职能成为 1992 年以后改革的三项主要工作。

1993 年 11 月，中共中央经过一年的酝酿，在党的十四届三中全会上通过了一个关于建立社会主义市场经济体制的具体设想，即《中共中央关于建立社会主义市场经济体制若干问题的决定》。文件指出：社会主义市场经济体制是同社会主义基本制度结合在一起的。建立社会主义市场经济体制，就是要使市场在国家宏观调控下对资源配置起基础性作用。为实现这个目标，今后应完成以下主要任务：①转换国有企业经营机制，建立现代企业制度；②培育和发展市场体系；③转变政府管理经济的职能，建立以间接手段为主的完善的宏观调控体系；④建立以按劳分配为主体，效率优先、兼顾公平的收入分配制度；⑤建立多层次的社会保障制度，以促进经济发展和社会稳定。文件还指出，计划到 20 世纪末，初步建立起社会主义市场经济体制。

1978~1991 年的改革，对于城市来说，主要是"增量"改革，即一方面通过"搞活"，让个体、私营和外资企业发展起来；另一方面则通过"放权让利""承包制"等各种形式调动国有企业的积极性，至于原来国有企业职工享受的医疗、住房、交通等福利，依然维持，同时城市居民在教育、医疗、交通、食品等方面享受的国家财政补贴也继续维持。但是，1992年确立市场经济改革目标以后，改革进入攻坚阶段，一方面政府改革了过去计划经济时期在食品、住房、医疗、教育等方面的国家补贴或包下来的制度，取消了国家对城市粮、油及副食的补贴；逐步停止了福利分房，实行住房商品化；积极推行医疗保险、"大病统筹"来替代过去的"公费医疗"；取消了教育基本由国家包下来，允许教育，特别是高等教育收费。另一方面，国家通过深化国有企事业改革，改变了过去"职工吃企业'大锅饭'，企业吃国家'大锅饭'"的不合理体制，同时伴随着大量企业破产、转制和实行"减员增效"，使得相当数量的职工下岗或失业。这都表明，从1978年开始的收入分配改革实际上进入了"存量改革"阶段。但是，在这个"存量改革"阶段，政府改变过去那种国家对国有企事业职工从生老病死"包下来"的办法和对城市居民的过度补贴是正确的做法，这不仅有利于调动职工的积极性，也有利于消除城乡之间的不公平。

这个时期关于市场经济建设还有两个重大推进：一是金融和银行业的改革，对资本市场的形成至关重要；二是加入WTO，对中国融入国际市场、与国际经济接轨至关重要。

市场经济体制逐步确立的过程，同时也是政府经济职能发生重大转变的过程。

一是政府通过实行"分税制"改革，实现了由过去长期形成的"行政性分权"向财政分权的转变。分税制是市场经济国家普遍实行的财税制度，1992年我国确定建立社会主义市场经济体制以后，长期以来困扰中央与地方关系的财权划分问题终于找到了改革目标，那就是由计划经济基础上的"行政性分权"转向市场经济基础上的"财政分权"。二是政府通过对国有经济实行比较彻底的调整和改革，包括国有商业银行的改革，攻克了传统计划经济体制的最后一个难关，建立起适应市场经济的现代企业制度和国有经济。三是面对在1997年以后，"买方市场"的出现和市场经济建立过程中出现的新问题，政府不断学习和掌握了运用财政、货币和产业政策等调控手段来解决"市场失灵"问题的方法。四是为加入WTO而与国际接轨。加入世界贸易组织的谈判过程，也促进了中国的市场化改革和政府经济职能转变。中国加入世贸组织以后，根据其原则做出了承诺，对与之有关的经济法律和规章进行了重大调整。1999~2005 年，中国政府制订、修订、废止了 2000 多项经济法律规章，建立起了符合 WTO 规则的法律体系。

四　改革的深化：政府转型与市场建设（2003~2012 年）

2001 年底，中国经过长达 15 年的谈判（从 1986 年正式提出"复关"申请算起），终于加入了世界贸易组织，从而为中国扫除了对外贸易障碍，对扩大"充分利用"国际市场和国际资源起到了关键作用。然而以"西部大开发"为龙头，随后跟进的"振兴东北老工业基地""中部崛起""东部率先发展"等，则导致了新一轮地方发展的"锦标赛"，而其中政府仍然是经济发展的主角。特别是 2008 年世界金融危机爆发后，政府注入 4 万亿元投资以"稳增长"，更是强化了政府投资的功能。与此同时，实行工业"反哺"农业、城市支持乡村，也强化了政府的经济地位和作用。

随着中国经济总量的迅速扩大和财政收入的大幅度增加，我国的投资能力也迅速提高，2002 年的投资总量第一次超过 4 万亿元人民币，这种能力不仅是改革开放前不可想象的，也是 20 世纪 90 年代中期以前不可望其项背的，而且资本市场的形成又为提高资本投资效率提供了条件，这就为我国投资科技含量高的新兴产业提供了资金上的支持。此外，我国政府的财力也越来越大，既能够承担起诸如三峡工程这样投资大的高效工程，也能够承担起诸如"退耕还林"、治理污染这样的"不赚钱"项目。

但是，在市场经济体制框架基本形成的条件下，怎样运用"政府之手"来弥补"市场失灵"，如维护市场秩序、保护公平竞争，缩小城乡之间、地区之间、阶层之间收入差距等，都要求政府本身通过改革，来解决政府在市场经济中的"越位""缺位"和"错位"问题。

我们以政府如何调控房地产市场问题为例。1998 年以后，为了扩大内需以及适应城市化和居民消费结构升级的需要，政府将房地产作为拉动经济的支柱产业，而由于财政体制改革没有及时跟进，地方政府出于增加财政收入的需要而转向"经营城市"，形成"土地财政"，从而使得政府对房地产的调控效果不佳。究其原因，这与政府职能转变滞后有很大关系。1994 年实行分税制以后，中央财政收入大幅度增加。按照当时分税制改革时的设想，中央收入比重 60%，支出比重 40%，地方收入比重 40%，支出比重 60%，其中的差额由中央转移支付解决。但是由于相应的政府职能转变没有及时跟进，地方政府的事权远远超过财权，而转移支付则限制过死，因此出现了前面所说的"经营城市"和"土地财政"（因为土地转让收入归地方财政）。就地方政府来说，以分税制为分水岭，其经济行为由"经营企业"为主转变为"经营城市"为主。这是因为"经营城市"和大力发展房地产业，对地方政府而言有五大好处：①卖地增加财政收入；②增加地方的 GDP；③技术门槛低，投资风险小，资本沉淀率低，节能减排好（没有高污染、高能耗）；④拉动第三产业，有利于产业结构调整；⑤有利于城市化和改善城市基础设施。因此，这个时期地方政府的"土地转让"收入持续大幅度增长，房地产价格在高收入者投机性购房和中低收入者"恐慌性"购房的双重推动下也持续升高，而中央政府为了"保增长"，对其始终没有出台真正的抑制政策。

五　市场起决定作用和更好发挥政府作用（2013~2020 年）

从 1978 年中共十一届三中全会算起，到 2012 年中共十八大召开，中国的改革开放已经历了 35 个年头，社会主义市场经济体制和市场经济体系已经基本建立起来。但是从政府与市场关系的处理来看，国家治理体系和治理能力现代化目标还没有实现，如何在资源配置中发挥市场机制基础性决定作用的同时，更好发挥政府作用，以实现经济和社会发展的"双轮驱动"且同时避免"双重失灵"，依然是中国改革和发展中需要完善的重大问题，甚至可以说是改革的核心问题。一方面，政府经济职能转变还没有实现，"越位""缺位""错位"问题还有很多，在消除市场失灵的宏观经济调控方面还存在很多问题，中央政府与地方政府的关系还没有完全理顺。中央政府的宏观调控问题、转移支付的有效使用问题、地方政府的财权与事权不一致问题、国有企业的垄断问题等，都还没有完全解决。另一方面，市场建设还任重道远，诚信缺失、秩序混乱、不公平竞争、价格扭曲等市场不成熟的表现随处可见，政府对企业违法行为有效监管和消除负外部性的能力还很弱，政府"缺位"与政府"越位""错位"同时存在。

与此同时，经过改革开放 35 年来经济的高速发展，中国的 GDP 已经由 1978 年的 3645 亿元增长到 2013 年的 56.88 万亿元；第一产业所占的比重已经下降到 10% 左右，城镇化率上升到 53.7%，人均收入已经超过 6500 美元，中国已经进入工业化后期阶段和世界中等收入国家的行列。目前，中国的经济增长速度在经历了 30 多年的年均 9.8% 的高速增长期后，开始回落到 7% 左右的"新常态"；资源约束、产能过剩、生态环境脆弱、劳动力供给出现"刘易斯拐点"、收入差距过大等，都有可能导致中国陷入拉美、东南亚等国家所出现的"中等收入陷阱"。经济发展进入新常态后，一方面，必须尽快完善市场机制和市场体系，充分发挥市场机制在资源配置中的决定性作用，"让一切劳动、知识、技术、管理、资本的活力竞相迸发，让一切创造社会财富的源泉充分涌流"；另一方面，必须更好地发挥政府的调控作用，力争实现就业可充分、企业可盈利、财政可增收、风险可控制、民生可改善、资源环境可持续，"让发展成果更多更公平惠及全体人民"。

（一）建设创新型国家需要发挥好政府对改革开放和发展的顶层设计

中华人民共和国成立以来，经过 60 多年的发展，到 2013 年中国已经进入工业化的后期，距离 2020 年基本实现工业化的目标已经为期不远了。此时中国虽然已成为工业大国，制造业规模已经位居世界第一，工业门类也是世界上最齐全的国家，并被称为"世界工厂"，但远不是工业强国。正如习近平同志所指出的："我国是制造大国和出口大国，但主要是低端产品和技术，科技含量高、质量高、附加值高的产品并不多。"[1] 2012 年以后，中国经济进入了"新常态"。中共十八届三中全会明确提出："经济体制改革是全面深化改革的重点，核心问题是处理好政府与市场的关系，使市场在资源配置中起决定性作用和更好发挥政府作用。"[2] 此后，中共十八届五中全会，十九大，十九届四中全会、五中全会对如何正确认识和对待政府与市场关系方面又有了创新和发展。

（二）在供给侧结构性改革中完善政府与市场的关系

2013 年以来，中国经济发展逐步进入新常态，"三期叠加"成为中国经济的阶段性特征，加之发达国家经济处于深度调整期，这些使得中国经济的

---

[1] 《习近平谈治国理政》第 2 卷，外文出版社 2017 年版，第 76 页。
[2] 中共中央文献研究室：《十八大以来重要文献选编》（上），中央文献出版社 2014 年版，第 513 页。

供给侧结构性矛盾成为 2020 年实现全面建成小康社会和 2035 年基本实现社会主义现代化的突出问题。正如习近平所指出的："我国一些行业和产业产能严重过剩，同时大量关键装备、核心技术、高端产品还依赖进口，国内庞大的市场没有掌握在我们自己手中。"① 一些地方政府出于 GDP、就业等方面的考虑，对一些本已失去竞争能力的工业企业进行输血，形成了一批"僵尸企业"，成为我国中低端"产能过剩"的重要原因。习近平指出："用改革的办法推进结构调整，减少无效和低端供给，扩大有效和中高端供给，增强供给结构对需求变化的适应性和灵活性，提高全要素生产率。"② 在工业供给侧结构性改革过程中，我国对政府与市场的关系进行了调整。

第一，积极转变政府职能，在市场机制的基础上，采取经济手段、法制手段，对钢铁、煤炭等行业的过剩产能进行了化解，对依靠政府补贴、银行贷款、资本市场融资或借债勉强维持运行的"僵尸企业"进行了积极稳妥的处置。以煤炭行业为例，全国煤矿数量由 2016 年初的 12000 多处减少到 2017 年底的 7000 处左右，2016 年和 2017 年已退出煤炭产能 4.93 亿吨/年。③ 第二，政府积极降低制造企业的成本，激发市场活力。中国政府全面推行了营改增试点，采取措施降低企业融资成本，降低企业制度性成本，为企业发展创造了良好的市场环境。④ 第三，新时期中国政府逐步摒弃选择性产业政策的直接干预，在市场起决定性作用的基础上构建了促进竞争和有利于创新的功能性产业政策体系，积极推进产业结构的转型升级。在政府与市场的共同推动下，我国在通信领域实现了从"2G 跟随""3G 突破"向"4G 同步""5G 引领"迈进。⑤ 智能制造、新材料等行业都取得了长足发展。

（三）建设创新型国家对政府与市场关系的新要求

中华人民共和国成立以来经过 60 多年的发展，特别是改革开放以来的快

① 《习近平谈治国理政》第 2 卷，外文出版社 2017 年版，第 353 页。
② 《习近平谈治国理政》第 2 卷，外文出版社 2017 年版，第 352 页。
③ 宋梅、郝旭光、朱亚旭：《我国煤炭产业供给侧结构性改革效果分析》，《中国煤炭》2018 年第 5 期。
④ 刘尚希、王志刚、程瑜、许文：《降成本：2018 年的调查与分析》，《财政研究》2018 年第 10 期。
⑤ 机械工业经济管理研究院：《中国装备制造业发展报告（2018）》，社会科学文献出版社 2018 年版。

速发展，中国在世界产业链中的地位正由中低端迅速向中高端攀升，在许多重要产业和科技领域，与世界发达国家的差距，已经由过去的"跟跑者"向"并跑者"和"领跑者"转变，中国已经成为他们的竞争者，这也使过去从国外购买和引进先进科技成果变得越来越困难，我国要完成从工业大国向工业强国的升级，就必须完成由技术模仿向自主创新的转变。中共十八大强调："科技创新是提高社会生产力和综合国力的战略支撑，必须摆在国家发展全局的核心位置。"[1] 中共十八届五中全会把创新发展理念作为五大新发展理念之首。习近平强调："科技创新作为提高社会生产力、提升国际竞争力、增强综合国力、保障国家安全的战略支撑，必须摆在国家发展全局的核心位置。"[2]

一方面，我国政府在战略性高技术领域进行超前部署，在重点领域取得了重要突破。习近平明确指出："我国社会主义制度能够集中力量办大事是我们成就事业的重要法宝。我国很多重大科技成果都是依靠这个法宝搞出来的，千万不能丢了！"[3] 中共十八大以来，在政府的推动下，载人航天、超级计算、高速铁路、航空母舰、大飞机等一批重大成果取得突破，有效带动了工业技术整体水平的提高。换句话说，中国正在市场经济的基础上重建"新型举国体制"，以便在重大科技创新中能够更好发挥政府作用。

另一方面，我国充分发挥市场作用，坚持科技创新与体制创新的"双轮驱动"，破除了阻碍科技创新的体制障碍。正如习近平所指出的："在供求关系日益复杂、产业结构优化升级的背景下，涌现出很多新技术、新产业、新产品，往往不是政府发现和培育出来的，而是'放'出来的，是市场竞争的结果。"[4] 我国通过制定新的《促进科技成果转化法》明确了创新主体科技成果转化的权利与义务，提高了科技人员成果转化的奖励比例，强化了企业转

---

[1]　中共中央文献研究室：《十八大以来治国理政新成就》（上），人民出版社 2017 年版，第 75 页。

[2]　中共中央文献研究室：《习近平关于科技创新论述摘编》，中央文献出版社 2016 年版，第 30 页。

[3]　中共中央文献研究室：《习近平关于科技创新论述摘编》，中央文献出版社 2016 年版，第 48 页。

[4]　中共中央文献研究室：《习近平关于科技创新论述摘编》，中央文献出版社 2016 年版，第 6 页。

化的主体地位。[①] 为促进中小企业技术研发，我国政府将科技型中小企业的研发费用加计扣除比例由 50% 提高到 75%，并且出台股权激励和技术入股所得实行递延纳税等优惠政策。[②]我国的创新创业环境得到进一步改善。

【中国社会科学院当代中国研究所、中国社会科学院大学：武力】

---

①②　宋梅、郝旭光、朱亚旭：《我国煤炭产业供给侧结构性改革效果分析》，《中国煤炭》2018年第 5 期。

第五章 政府治理理论演进

中共十九届四中全会通过了《中共中央关于坚持和完善中国特色社会主义制度推进国家治理体系和治理能力现代化若干重大问题的决定》，这是党中央在科学总结历次行政体制改革经验和30多年持续推动政府职能转变的基础上提出的一个重大战略规划。中共十九届五中全会指出，到2035年，基本实现国家治理体系和治理能力现代化，人民平等参与、平等发展权利得到充分保障，基本建成法治国家、法治政府、法治社会。本章主要对政府治理及地方政府治理的理论基础与实践创新进行概述。

一 治理与政府治理的概念

（一）治理的概念

治理的概念可以从狭义和广义两个角度进行解读。狭义的治理即统治、控制和管理。治理的概念最早起源于拉丁语和古希腊语，原意是操纵、引导和控制，指的是在特定范围内行使权威以增进公众的利益。治理原有的基本含义是国家和政府在公共事务领域中行使和运用权威。在政治学和行政学研究领域里，治理理论仍然是基于国家—社会两分法，虽然也开始强调社会本身的自组织能力，但是社会是作为参照系存在的，侧重点仍是国家和政府，基本目的则是在保持社会政治秩序的基础上更有效地使用政治权力以实现公共目标。广义的治理是狭义治理的延伸。在公共事务领域中，它要求国家和社会、政府和市场、政府和公民共同参与，结成合作、协商和伙伴关系，形成一个上下互动，至少是双向度或者多维度的管理过程，其目标是使公共利益最大化。

治理理论的主要创始人 Rosenu 指出，治理主要依赖于主体间的关联强度来实施，而且这种关联强度的依赖要超过对正式颁布的宪法和法律的依赖。更明确地讲，治理是只有被多数人接受才会生效的规则体系和游戏法则①。对于治理概念的分类和归纳，Rhodes（1996）对治理的概念进行了较为全面的归纳，体现在六个方面：基于最小限度政府的治理，基于公司治理的治理，基于新公共管理的治理，基于"善治"的治理，基于社会控制系统的治理，基于自组织网络的治理。Kersbergen 和 Waarden（2004）在此基础上整合和发展了治理概念的九种用法，包括"善治"、国际关系领域的无政府治理、自组织治理、基于市场与市场制度的经济治理、公司治理、新公共管理、网络治理和私域治理等。此外，Treib 等（2007）在政治范畴内进一步将治理细分为政治学领域的治理、政体领域的治理和政策领域的治理②。

（二）政府治理的概念

政府是一个国家政治生活的核心，也是以国家或地区为单位的公共生活的最主要的组织管理者，按照现代政治学的解释，政府是旨在维护公共秩序和组织集体行动的一整套国家公共权力机关的总称，是社会政治体系中最主要的行为主体，是社会政治秩序的主要维护者。无论是从治理的原有含义上看，还是从其引申含义上看，政府都是治理的最重要的主体。政府切实履行责任，保障社会利益，实现社会意志，才是道德的、合法的。政府治理还涉及两个问题：一个是决策问题，即治理什么的问题；另一个是保证决策被执行的问题。因而，政府治理不但关心这些目标，而且关心实现目标的途径或者工具的选择，因为第二个问题与政府治理工具密切相关。在这两个问题中，"政府治理什么"规定了政府职能范围的大小和政府行为的目标，而这一点是受时代、国情等客观条件所制约的，但不论在国家发展的什么阶段，政府都会根据当时职责的大小和政策目标选择治理工具。

政府治理是一种不同于行政型政府的新的政府管理模式，政府不再是高于社会之上的单一治理主体，而是众多权力主体之中的引导者和协调者。政

---

① 俞可平：《治理和善治引论》，《马克思主义与现实》1999 年第 5 期。
② Treib O., Bhr H. and Falkner G., "Modes of governance: Towards a conceptual clarification", *Journal of European Public Policy*, 2007, Vol. 14, No. 1, pp. 1-20.

府治理的组织结构进一步向网络化扁平式方向发展，具有较强的灵活性，政府治理行为更具民主性，给予公民和社会组织更多的参与机会和渠道。政府治理的目的在于运用公共权威维护社会和谐与稳定，实现政府与公民的良性互动与合作。

国内学者基于中国的现实特征对政府治理的概念进行了不同的解读。张成福（2000）认为，政府治理是人民行使属于社会的权力与政府切实履行社会契约责任的有机统一①；黄灵荣和申佳陶（2001）则认为，从政府管理到政府治理的过程中，法治是关键②；杨宏山（2003）认为，中国政府治理的目标有四个，即有限政府、民主政府、法治政府以及分权政府③。根据权利和义务相统一的原则，何增科（2014）将政府治理定义为政府联合多方社会主体和经济主体力量对公共事务的合作管理，以及社会对政府与公权力的约束规则和行为的有机统一体，其目的是在良好地维护公共秩序的前提下，最大限度地增进公共利益，切实保障社会中所有公民的自由权利和法律权利得到落实④。王浦劬（2014）认为，政府治理是指在中国共产党领导下，国家行政体制和治权体系遵循人民民主专政的国体的客观规定，保持党和人民群众根本利益的一致性，巩固国家安全和维护社会秩序，制定多种科学合理的制度规则、满足基本公共服务需求，实现并发展公共利益，具体包括政府自身的治理优化、政府对经济活动的治理和政府对社会公共事务的治理。⑤

二　政府治理的特征

（一）政府治理的一般特征

政府治理的特征来源于政府任职官员所掌握的自由裁量权和政府所肩负

---

① 张成福：《责任政府论》，《中国人民大学学报》2000 年第 2 期。
② 黄灵荣、申佳陶：《法治：政府治理的理性》，《理论与改革》，2001 年第 2 期。
③ 杨宏山：《自然垄断行业的政府管制创新》，《中国行政管理》，2003 年第 9 期。
④ 何增科：《政府治理现代化与政府治理改革》，《行政科学论坛》，2014 年第 2 期。
⑤ 王浦劬：《国家治理、政府治理和社会治理的基本含义及其相互关系辨析》，《社会学评论》，2014 年第 3 期。

的特殊性职责①。一方面，政府权力所受到的约束越少，政府官员的自由裁量权就越大。垄断性的权力使得政府扮演的角色从"援助之手"变成"攫取之手"②；另一方面，政府职责具有分布在多个维度、承载多项任务的特征且不容易被量化测度，致使政府在制定政策目标时需要考虑诸如社会公平和经济效率如何权衡、经济发展和环境保护如何取舍等问题③。与此同时，政府提供的服务大多是垄断性的，如何有效地激励政府官员是全世界各国面临的政府治理难题。政府治理主要在以下方面区别于公司治理：第一，政府面临着多维度的目标，相比之下，公司的目标非常明确，就是追求利润最大化或者企业价值最大化；第二，政府提供的社会服务多属于垄断供应，缺乏竞争，其工作绩效缺乏可以比较的参照，同时难以衡量和测度；第三，政府作为社会公众的代理人，面对的委托方包括各种各样的自然人和法人，并且这些委托方的目标各不相同；第四，政府的所有权相对于公司而言更加分散。因此，政府治理的难度远高于公司治理。④

（二）中国地方政府治理的特征

站在组织安排和制度设计的角度，中国的地方政府治理，其主要目的之一就是要尽量减少或者消除中央和地方政府层级之间的"摩擦"。在政府治理的执行过程中，根据层级的设置与安排，中央政府会安排多项任务和使命给地方政府，通过设计科学合理的激励机制，促使地方政府按中央政府的意愿完成任务。

在中国的制度背景下，政府官员握有的自由裁量权更具有特殊性：一是行政权力过大，二是受到的约束有限。中国自市场化改革以来，虽然计划手段被逐步弱化并取消了，但是政府仍然控制着大量重要的经济资源（如资本、土地、产业方针和财税政策等）。同时，中国长期以来流行的属地化分级管理

---

① 周黎安：《转型中的地方政府》，上海人民出版社2008年版。

② 陈抗等：《财政集权与地方政府行为变化——从援助之手到攫取之手》，《经济学》2002年第4期。

③ Holmstrom B. and Milgrom P., "Multitask principal-agent analyses: Incentive contracts, asset ownership, and job design" *The Journal of Law, Economics, and Organization*, 1991, Vol. 7, pp 24-52.

④ Tirole J., "The internal organization of government" *Oxford Economic Papers*, 1994, Vol. 46, No. 1, pp. 1-29.

模式也赋予了地方政府相当大的行政管理权力，地方政府受到的横向监督和行政制约非常有限，而主要依靠上级政府对其进行监督和制约，但是上级政府所能掌握的信息资源有限，垂直监督在执行上亦非常困难。

有学者认为，虽然行政分权与财政分权确实构成地方政府激励的重要来源，但是仅以此解释中国地方政府治理的特征与中国的现实还存在一定的出入。周黎安（2007）从政府官员的晋升激励角度提出了"竞争锦标赛"理论，在"事权"分权和"财权"分权的基础之上，对解释中国地方政府治理的特征提供重要的补充[1]。"事权"分权和"财权"分权更多地体现为政府整体，而对实际行使政府权力的各级官员来说，不仅地方 GDP、财政收入和行政权力非常重要，在官员体制中的升迁机遇也值得关心。在某些特定的条件下，晋升是地方官员的主要目标之一，因而晋升激励在地方政府治理中会发挥重要的作用[2]。

三　我国政府治理模式的演进与发展

我国的政府治理模式在中国共产党执政 70 多年的历程中，逐渐转变到统筹型政府治理上来，在这期间，我国政府治理由党政合一的一元化治理逐步转移到政府与市场、社会合作的多元化治理，从经验型治理和人治传统逐步转变为法治化的治理。从我国政府治理模式转变的过程中我们可以看到，我国政府自身的不断变革，看到政府职能的日益明晰化、科学化，从中我们也可以看到公共服务，社会公正与和谐、政府创新、官员廉洁等政府职能的转变与治理能力的提升。经过 70 多年的发展，特别是改革开放 40 多年来，中国正日益形成一种独特的政府治理模式，它既不同于西方国家政府再造运动下的治理改革，也不同于以往社会主义国家的政府治理。可以说在政府治理方面，正在形成一种中国政府治理模式，这种模式虽未成形，但正在成熟与完善之中，并且显露出自身的一些主要特征，这些特征表明中国的政府治理模式明显区别于西方治理模式。

---

[1]　周黎安：《中国地方官员的晋升锦标赛模式研究》，《经济研究》2007 年第 7 期。
[2]　朱英姿、许丹：《官员晋升压力、金融市场化与房价增长》，《金融研究》2013 年第 1 期。

（一）逐步推进的增量改革是中国政府治理变革的主要路径

增量改革是指通过制度建设与制度创新以及治理策略的应用而获得新增政治利益。增量改革的实质是在不损害或不剥夺人们已有合法权益的前提下，最大限度地增加新的社会利益总量，使人们在改革中获得较多的好处。它强调改革过程中的渐进性，通过逐步推进的方式和突破性的变革，在条件成熟时，形成突破性的发展，这种突破性改革是局部的或是间歇性的，而不是整体性和持续不断地重复。所以增量改革采取的策略是"以点带面"，即在一些地方做局部的试验性改革，取得经验和教训后，再从大范围推广，比如我国的经济特区、先富带动后富政策、政府机构改革等。

（二）从单一的"党政体制"逐步转变为以执政党为主导的多元治理结构

改革伊始，我国政府治理结构的主要特点是执政党领导人民政府作为治理的唯一主体，其他治理主体还没有被纳入治理结构之中，或者说当时社会和市场、公民的力量还处于主体意识的觉醒之中。随着改革的深入，国家与社会关系进一步调整，以放权为主要特征的改革造就了企业、社会组织、公民等治理主体的成熟，我国政府治理结构逐步从一元化转向多元化。在多元化的治理主体中，执政的中国共产党依然是主导力量，其作用和地位是其他治理主体无法比拟、取代或超越的。党通过其严密而庞大的组织，在社会的各个领域起主导作用，从而担负起治理的责任。执政党主导的多元治理是中国政府治理的典型特征。

（三）经验型治理和人治传统向法治思维和法治方式的渐进转变

虽然中国在改革过程中日益重视法治并且提出了依法治国的方略和建设法治国家的目标，在法治建设上也取得了突出成就，但对于一个有着几千年人治传统的国家，实现法治、建设法治国家是一个非常漫长的历史过程。在这个过程中，人治在不同程度上发挥着重要作用。在过去40年的转型过程中，我国政府逐渐树立起法治思维，过去凭经验治理的惯性和人治的影响虽然仍旧存在，但正在逐步淡化。"法治是治国理政的基本方式"成为执政党的基本理念，也成为政府的治理理念。在执政党的领导下，我国坚持法治国家、法治政府、法治社会一体推进。政府法治化水平不断提升，各级政府依法行政能力和水平不断提升，实现了法律对政府权力的有效控制，政府在机构、职能、权限、责任、程序等方面实现了法律化、规范化。

（四）"全能型"惯性和"压力型"体制的路径依赖

我国政府与社会、市场之间的权力边界日益清晰，政府职能定位日益科学准确，政府正朝着有限政府的方向发展。但是，由于理念、体制等方面的因素，全能主义并未在我国政府治理中消失，在某种程度上，我国政府治理存在着对全能主义和压力型体制的路径依赖。全能主义发端于一种政府管理体制，这种体制被称为"权威体制"，权威体制与有效政府治理之间存在内在矛盾。政府与市场、企业与官僚之间并没有形成明晰的分工格局，官僚过多地卷入企业的生产经营活动，行政手段直接参与和组织私人品的供给，行政机制替代了市场机制。政府与官僚过多介入经济的管理，产生了两个特有的现象——"行政发包制"和"压力型体制"。所谓行政发包制是指，上级政府把对公共事务的管理以项目制的方式"逐级发包"的包干制。所谓压力型体制是指，在政府治理的运行中，上级政府由于其权威体制，自上而下推行政策和行政命令，上级政府把各类事务一揽子交付给下级政府，下级政府为了完成上级政府的指标和任务就要想尽各种办法，从而形成了一种自上而下的压力。这导致我国的政府治理一直受"中央管辖权与地方治理权间的紧张和不兼容"的困扰，权力的层层向上集中、责任的层层下移、压力的层层递增，越向下权力越小、事务越多、压力越大。

四 大数据时代政府治理的创新与发展

以大数据和大数据处理技术为基础的新信息技术革命的兴起是人类历史上一场新的重大变革。大数据以其独有的特质正逐渐影响着人类的生活方式和思维方式，影响着经济社会的发展脉象以及政府的治理模式与治理能力。大数据时代信息自由流动，传统的以掌握信息资源为基础的政府权威受到了极大挑战，并且"多中心治理"趋势越来越明确，加上自媒体的普及，公众的政治参与愿望和要求越来越强烈，因此政府与公众的关系也正在发生巨大转变。

大数据对政府治理理念、政府治理方式和政府治理结构等都有显著影响。为适应大数据环境的变化，实现更优质、更客观的治理，政府应当把"循数"治理理念引入智慧政府治理过程中，挖掘大数据中有价值、可利用的关联数据，使收集数据成为日常行为、挖掘数据成为常态、分析数据成为常规、发布数据成为常务，确保治理过程的公平公正、治理结果的科学客观理性。政府决策是国家治理目标的直接体现，决策的科学化程度和实施效果直接影响目标的实现。在事前决策中，政府通过大数据和智能决策系统为科学决策提供动态系统的数据支撑；在决策执行过程中，政府通过大数据分析技术对各个环节进行实时的数据跟踪、检测和监督，及时发现问题，调整决策方案，提升决策的可行性以及执行效果；在事后决策信息反馈阶段，政府对政策执行的结果进行绩效评价，优化决策过程，进行决策纠偏，同时以数据作监督，做到决策的透明公开、可执行和可问责，杜绝政策制定和执行中的政策寻租、以权谋私、权力腐败等失范行为。大数据时代，信息技术的使用改变了政府信息的传递方式，实现了上下级数据信息的高速度、全方位和直接交互，减少了烦琐的信息传递中间层次和环节，提升了数据信息的传递效率，使政府组织结构渐趋扁平化。大数据背景下的智慧政府结构扁平化发展是在确保行政效率的前提下减少管理层次、拓宽管理幅度，这种迅速而准确的上传下达模式减少了信息在传递过程中的失真问题。

为适应大数据时代的政府治理要求，政府需要在以下几个方面进行创新：一是推进大数据外包发展。在运用大数据推进政府信息系统协同运行的过程中，要真正实现大数据的价值，还要借助社会中介组织、企业以及公众的力量，逐步建立"政府引导、社会推动、企业实施、公众参与"的工作格局。二是推动政府与社会之间的数据开放共享。从政府与社会的外部治理来看，公共数据开放及平台企业与政府之间的数据开放共享是数据时代提升政府治理水平必不可少的两大关键，也是实现多元协同治理体系的重要路径。通过政府与公民、企业之间的良好合作来管理公共事务，打破政府权威惯于自上而下地对社会公共事务实行单一向度管理的权力运行方式，是国家权力向社会回归的还政于民过程，也可以有效弥补社会资源配置中市场的失效和政府的失灵，促使公共利益聚合最大化、社会资源配置最优化。三是推动政府治理方式由主观经验决策向数据化决策转变，以及政府治理客体由模糊化识别向精准化识别转变。依靠数据的采集、比对和分析，依据治理客体个性化特征和自然地理、市场风险等因素精准选择合适的扶贫方式，有助于驱动治理资源由模糊化、粗放化运用向精准化、最优化运用转变。

【聊城大学商学院（质量学院）：李绍东】

第六章　公共治理视域下服务型政府建设研究

2004 年，中央政府正式确认"建设服务型政府"，此后在 2008 年、2013 年、2018 年进行的大规模行政体制改革，其核心都是通过转变政府职能、优化权力配置、深化党和国家机构改革，以建设服务型政府。中共十九大报告明确提出，要"转变政府职能，深化简政放权，创新监管方式，增强政府公信力和执行力，建设人民满意的服务型政府"。中共十九届四中全会再次强调建设服务型政府的"以人民为中心"的理念，要求一切行政机关必须"创新行政方式，提高行政效能，为人民服务、对人民负责、受人民监督"。为服务型政府建设指明了发展方向，提供了强劲动力。政府职能从全能型转向有限型、从管制型转向服务型，意味着政府角色的重新定位，以形成政府、市场和社会三者的良性互动，更好地为公众提供优质的公共产品和公共服务，满足他们多样性的需求。因此，基于公共治理理论视野研究建设服务型政府的思路，能够从新的视角为服务型政府建设研究提供坚实的理论基础和分析框架。

一　公共治理理论与服务型政府建设的耦合

公共治理模式的确立是适应社会剧烈变革的结果，它重塑了政府、市场与社会的关系，其特征表现为政府与社会、政府与公民、政府与市场对公共生活的合作管理①，因此，它与服务型政府所追求的民主、责任、法治等价值取向高度一致，有力地推动了人民满意的服务型政府的构建。

---

① 俞可平：《治理与善治》，社会科学文献出版社 2000 年版，第 8 页。

（一）追求以提供公共服务为核心的理念

改革开放以来，随着经济改革的不断深入，我国机构与行政体制改革也不断深化，政府改革的共识得以确立，政府权力的集中或分散、政府规模的大或小，未必是一个好政府的主要标志。一个良好的政府，应该是有效履行公共管理和公共服务职能的"强政府"。因此，转变政府职能、改变政府管理模式、构建服务型政府成为政府改革的目标。2006 年 10 月，中共十六届六中全会明确要求"建设服务型政府，强化社会管理和公共服务职能"，第一次将"服务型政府"写入执政党的指导性文件中。"服务型政府主要是针对传统计划经济条件下政府大包大揽和以计划指令、行政管制为主要手段的管制型政府而提出的一种新型的现代政府治理模式"。[①] 如果说传统制度安排是建立在以计划主导、政府主导、管制主导、对上负责的体制基础之上，其人力、物力、财力的分配以此为中心的话，那么构建服务型政府就要建立市场主导、公民主导、治理主导、对下负责的体制基础，整合政府部门和资源，重塑政府组织架构、再造政府工作流程，以满足人民对美好生活的需要为己任。

实际上，服务型政府是一种以公民为中心的政府，它强调"权利本位""社会本位"和"权力服务观"。习近平总书记在中共十九大报告中指出，要"转变政府职能，深化简政放权，创新监管方式，增强政府公信力和执行力，建设人民满意的服务型政府"。[②] 因此，服务型政府建设意味着政府施政理念的转变，适应现代公共治理追求民主性、公共性等的价值取向，树立以公共服务为核心的理念，不仅要根据社会发展需要抓好关系国计民生的大事，更要解决好群众最现实、最直接、最关心的事情，通过提供优质的公共产品和公共服务，增强民众的认同感和获得感，满足人民对美好生活的需要。

（二）强调公共服务供给内容的优化

公共治理理论兴起于对"市场失灵"和"政府失灵"的反思，通过引入社会力量来寻求治道变革，来重塑政府、市场和社会的关系，以实现"国家

---

① 燕继荣：《服务型政府建设：政府再造七项战略》，中国人民大学出版社 2009 年版，第 3 页。
② 习近平：《决胜全面建成小康社会 夺取新时代中国特色社会主义伟大胜利》，载《中共十九大报告辅导读本》，人民出版社 2017 年版，第 39 页。

与社会以及市场以新方式互动，以及以应对日益增长的社会及其政策议题或问题的复杂性、多样性和动态性"。① 这意味着，公共治理的内涵十分丰富，它既包括政府机制，也包括非正式的、非政府的机制②，强调横向协作、上下互动、共同协商、多方合作来实现共同的目标，以便提供更为优质的公共产品和公共服务，满足公众多样化的需求。公共治理的这一价值诉求和服务型政府契合紧密。服务型政府将公共服务职能上升为其核心职能，通过优化政府结构、创新政府机制、完善监管方式、规范政府行为、提高行政效能③，以不断满足人民对美好生活的需要。在公共服务框架内，必须不断对政府职能进行调整，尽快实现由管制型向服务型转变，以便对公众多样化的需求及时做出回应。

在市场经济条件下，政府提供公共服务的优先秩序受到经济发展水平、社会公共需求、政治精英的治理理念等因素的约束，并深刻影响政府的公共支出结构。不同种类的公共服务具有不同的特点，只有在充分认识这些特点的基础上，才能科学界定并划分政府、市场和社会在提供公共服务中各自的职责和作用。④ 中共十八届三中全会提出，"全面深化改革的重点是经济体制改革，其核心问题是处理好政府和市场的关系，使市场在资源配置中起决定性作用和更好发挥政府作用"。因此，要逐步扭转经济建设型政府定位，树立服务型政府理念，根据公民本位、社会自治、市场优先原则，凡是没有消极外部性的公民自主领域，一般生产性和竞争性的市场领域，政府原则上不得随意介入，并通过加强引导和强化监管，以保证公民权利的实现和市场的有序运行。

（三）主张公共服务供给主体的多元化

"治理是各种公共的或私人的个人和机构管理其共同事务的诸多方式的总和。它是使相互冲突的或不同的利益得以调和并且采取联合行动的持续的过

① 郁建兴：《治理与国家建构的张力》，《马克思主义与现实》2008年第1期。
② ［美］詹姆斯·N.罗西瑙：《没有政府的治理》，张胜军、刘小林译，江西人民出版社2001年版，第5页。
③ 薄贵利：《准确理解和深刻认识服务型政府建设》，《行政论坛》2012年第1期。
④ 郑晓燕：《中国公共服务供给主体多元发展研究》，上海人民出版社2012年版，第21页。

程。"① 在统治模式下，政府作为单一权威主体对社会公共事务进行管理，而治理模式强调治理主体的多元化，包括公共部门、私人部门、社会组织、公民个人等，它们在正式的制度安排和非正式的制度安排下，通过协作、合作等方式参与社会公共事务管理。"治理强调人际间、组织间、力量间、机制间的谈判和反思，而谈判和反思意味着参与治理力量的多元化和分散化"。② 这意味着，"政府并不是国家唯一的权力中心，各种公共的和私人的机构只要其行使的权力得到了公众的认可，就都可能成为在各个不同层面上的权力中心"。③

服务型政府的构建意味着政府职能从管制向服务转变，这种改革意味着政府要摒弃"经济主体"的经济发展型模式，不再通过大力发展国有事业以扩大财政收入、改善人民生活，而是将政府角色定位于"制度保障者、市场环境缔造者和公正仲裁者"④，通过提供良好的公共服务和管理，大力发展民间事业，为社会繁荣和个人发展创造条件、提供便利。公共事务多中心治理的理念，与服务型政府强调发挥市场、社会主体在公共服务中作用的要求高度契合，都主张公共服务供给主体的多元化，以满足民众多样化的需求。它们都主张打破政府一统天下的垄断局面，推进公共服务市场化和社会化，营造一个竞争性的公共服务市场。通过鼓励市场主体和社会组织参与公共服务的生产和供给，从而给政府造成竞争压力，努力构建政府与社会共同治理、共同服务的"伙伴关系"，促进公共服务整体水平的不断提升。

（四）重视公共服务供给方式的创新

公共治理对公共服务供给方式多样化的探索，与服务型政府推动政府服务方式的转变不谋而合。传统政府在公共服务供给方面实行政府主导模式，政府"替民做主"，对公共服务采取强行供给、强制消费的方式，损害了公民的选择权，引起公众的不满和反对。建设服务型政府，要求公共服务的方式从政府主导变为公民主导，公共服务供给的内容、种类、方式、评估等，都

① 俞可平：《治理与善治》，社会科学文献出版社 2000 年版，第 4 页。
② 郁建兴：《治理与国家建构的张力》，《马克思主义与现实》2008 年第 1 期。
③ 俞可平：《治理与善治》，社会科学文献出版社 2000 年版，第 3 页。
④ 周志忍：《新时期深化政府职能转变的几点思考》，《中国行政管理》2006 年第 10 期。

要以公民需求为导向，由公民来决定。也就是说，公共服务的供给方式，应建立在民主、协商、透明、高效、便捷等原则之上。[①]

同时，构建服务型政府，要求加强机构内部的管理，形成一套成熟的契约式管理的制度框架，建立合理的绩效管理体系。一套良好的制度安排，是解决执行中的政治与行政问题，降低执行中的交易费用的重要途径。这一套制度安排主要包括"授予执行机构决策的范围；执行机构做出决策所遵循的规则；执行机构内部治理的机构；立法和决策机构实施监控的性质和程度；资金和劳动力的分配和使用规则"[②] 等方面。政府的基本职能就是组织和执行公共产品的供给，但"供给"和"生产"并不等同。公共产品和公共服务既可以由私人部门承担，也可以由公共部门承担。社会中除少数核心的纯公共物品由政府直接提供外，在更多的公共服务领域，政府只应扮演"掌舵者"和"安排者"的角色，对那些在消费上具有非竞争性，但可以轻易做到排他的俱乐部产品[③]，其具体生产、经营和管理，则可以通过平等合作的契约方式，交给企业组织和非政府组织来承担，具体形式包括政府服务、政府间协议、政府出售、合同承包、特许经营、政府补助、凭单制、自由市场、志愿服务、自我服务等。[④]

二　公共治理视域下服务型政府构建的实践困境

当前，"服务型政府建设已经逐渐从宏观的政治理念，走向更为实践的地方治理阶段"。[⑤] 完善公共服务体系，推进基本公共服务均等化、可及性，满足人民日益增长的美好生活需要，是建设服务型政府的基本内容。在全面深化改革，推进国家治理体系和治理能力现代化的背景下，对照建设服务型政府的发展目标，综合服务型政府建设的实践经验，服务型政府建设急需解决的主要问题集中在理论深化、服务泛化、机制创新和参与不足等方面。

---

① 燕继荣：《服务型政府建设：政府再造七项战略》，中国人民大学出版社 2009 年版，第 29 页。

② ［新西兰］穆雷·霍恩：《公共管理的政治经济学：公共部门的制度安排》，汤大华、颜君烈译，中国青年出版社 2004 年版，第 26 页。

③ J. M. Buchanan, "An Economic Theory of Clubs", *New Series*, Vol. 32, 1965, pp. 1-14.

④ 杨宏山：《市政管理学》（第三版），中国人民大学出版社 2012 年版，第 47-49 页。

⑤ 仇叶：《基层服务型政府建设中的服务泛化问题及其解决》，《中国行政管理》2020 年第 11 期。

(一) 深化服务型政府建设的理论探讨不足

自 2004 年中央正式提出建设服务型政府以来，从理论到实践都有了很大进展。实现政府职能转变，协调发挥规制和服务职能，为公众提供更为优质的公共服务，满足他们日益增长的美好生活需要，是建设服务型政府的基本内容。一直以来，建设服务型政府都是学界研究的热点问题，学界对服务型政府的基本内涵、时代需求和建设路径进行了深入探讨，在宏观制度建构层面取得了较大成就。然而，理论是灰色的，实践之树常青。中国是一个大国，各地情况千差万别，地方政府在建设服务型政府探索的过程中，根据当地实际情况，因地制宜进行制度创新，服务型政府建设因而呈现出不同的形态，因此，服务型政府的理论探讨相对滞后于服务型政府的实践。

由于历史传统、改革背景、政治体制不同，西方国家的理论和中国的特定语境和现实情况并不相符。[①] 西方国家的政府改革主要解决的是福利国家的弊端，是由公共服务提供过多而引发的效率和质量低下问题，而中国的改革所要解决的是公共产品供给不足的问题。因此，如果将新公共管理和新公共服务理论简单套用和移植，势必会导致理论脱离实际。[②] 因此，需要批判借鉴并加以改造，根据中国的改革实践提出具有中国特色的改革理论。特别是中共十八大以来，服务型政府建设进入新的阶段，"人民满意" 成为服务型政府建设的目标定位，并进行了史无前例的精准扶贫战略，解决了区域性整体贫困问题，极大改善了贫困地区的基础设施和公共服务。然而，理论界对这一伟大创举中服务型政府建设的探讨并不深入，因此，需要结合中国改革实践，加大研究力度，创造性地提出中国特色服务型政府建设的路径选择。

(二) 基层服务型政府建设中存在服务泛化问题

地方公共服务供给的复杂性、科层体制压力的层层传导，以及 "政府主导型" 发展模式的路径依赖，使得基层服务型政府建设存在一种普遍倾向，即在抽象 "服务" 理念的引导下，混淆了 "服务" 与 "公共服务" 的差异，忽略了公共服务的边界与公共服务实现的复杂性，陷入 "服务泛化" 的困境。

[①] 梁波：《我国服务型政府建设中的重点难点问题》，《科学社会主义》2016 年第 5 期。
[②] 施雪华：《"服务型政府" 的基本涵义、理论基础和建构主体》，《社会科学》2010 年第 2 期。

所谓服务泛化是指，政府为社会提供的服务超出了公共服务与公共利益的范畴，将大量与公共利益无关的私人利益诉求纳入服务范围，导致服务越界与政府责任泛化。[①]

公共利益与私人利益之间并没有清晰的界限，并不存在完全脱离私人利益的公共利益，所有的公共利益都是建立在对私人利益进行整合的基础之上。但是，私人利益和公共利益并不等同，并且经常处于冲突之中。"有理性的，寻求自我利益的个人不会采取行动以实现他们共同的或集团的利益"。[②] 如果利益整合机制缺失，利益主体之间的竞争和冲突会导致对公共资源的过度消费，"个体理性导致的结果将是集体的非理性，产生'公地悲剧'"。[③] 需要政府充分发挥规制功能，建立具有强制能力的利益分配规范，实现公共服务的有效供给。

在建设基层服务型政府的过程中，随着通信技术的进步，以及公共服务平台的建设日臻完善，民众表达诉求的能力进一步提升，并能以主观满意度对政府服务进行评价。一方面，民众满意度评价作为政府行政考核指标的压力，重塑了政府行为模式，增强了政府提供服务的压力。这样做的后果是，民众可能会提出一些不合理的要求，并利用满意度评价迫使政府予以满足，从而损害了公共利益。另一方面，面对绩效考核压力，政府往往忽视私人利益与公共利益的差别和冲突，忽视公共利益的整体性和公共性，而被迫满足民众的私人利益，反而激励了民众个人谋利倾向，导致私人利益寻租空间不断增加，从根本上弱化了基层公共服务的供给能力。

（三）服务型政府的运行机制有待完善

服务型政府的运行机制就是对以高效提供公共服务为核心的各相关因素之间的动态联系的抽象，体现的是各要素之间相互衔接、有效耦合的关系，以实现服务型政府的结构和功能。服务型政府运行机制不完善，主要体现在决策机制、执行机制、监督机制的协同互动上。

政府决策过程实际上就是把社会上各种利益和要求输入政府系统之中并

[①] 仇叶：《基层服务型政府建设中的服务泛化问题及其解决》，《中国行政管理》2020 年第 11 期。

[②] ［美］曼瑟尔·奥尔森：《集体行动的逻辑》，陈郁等译，上海人民出版社 1995 年版，第 2 页。

[③] 杨宏山：《市政管理学》，中国人民大学出版社 2012 年版，第 45 页。

转化为政策输出。[①] 在服务型政府建设过程中，有关公共服务决策议程的"创始者"，主要是政治领袖和权力精英的倡议、突发性事件或危机事件、广泛的民意、大众传播媒介等。2003 年暴发的"非典"疫情成为中国构建服务型政府的关键节点，转变政府职能，为民众提供更为优质的公共服务成为共识。中共十八大以来，服务型政府建设更加注重顶层设计，有效提升了服务型政府决策的质量，但由于中央决策的指导思想、基本原则过于宏观，不能兼顾不同地方的具体需求，导致地方在执行服务型政府建设有关决策时，缺乏可操作性的实施手段。

服务型政府建设需要充足的物力和财力进行保障，受"经济发展型"模式的影响，在资源配置方面，经济性财政支出仍然是公共财政支出的大头，财政资金过多流向市场竞争领域，使得社会性服务支出不足，社会事业、福利保障、公共服务、民生改善资金不足，影响政府有效履行社会管理和公共服务职能。[②] 因此，需要树立公共财政理念，完善公共财政支出体系，完善资源配置体制机制建设。服务型政府建设的效果需要有效的绩效考核标准进行衡量，以及时总结经验，纠正偏差。目前，服务型政府建设缺乏统一的绩效衡量标准，虽然在一定程度上促进了地方的制度创新，但规范评价指标的缺失，会导致风险评估和纠错机制失灵，影响服务型政府建设的推进力度。另外，在基层服务型政府建设中，又存在不当的绩效评价标准，表现在以客户满意度作为评价服务的主要标准，助长了特定群体利益寻租倾向，弱化了政府利益整合能力，损害了公共利益。

（四）服务型政府建设中社会力量参与不足

改革就是对利益格局重新进行调整，在这个过程中，既得利益者会反对影响其收益的任何革新，因此，改革者需要极大的勇气和娴熟的技巧推动改革进程。强大的中央政府有能力对旧有的利益格局进行调整，推动改革开放的进行。在经济改革领域，中央政府推动了社会主义市场经济体制的确立，同时在行政改革领域，中央政府也是最主要的推手，"壮士断腕""刀刃向内""刮骨疗毒"无不体现出政府进行改革的决心和信心。同样，在服务型政

---

① 胡伟：《政府过程》，浙江人民出版社 1998 年版，第 236 页。
② 梁波：《我国服务型政府建设中的重点难点问题》，《科学社会主义》2016 年第 4 期。

府建设过程中，政府也在发挥主导作用。减少管制思维，树立服务意识，转变政府职能，所有这些都是在政府主导下进行的。这种政府主导的改革模式虽然能够有效控制改革的进程，维持社会的稳定有序，但政府掌握全部资源调配，承担全部改革责任模式也有其弊端。这种不足主要表现为，在服务型政府建设过程中，政府过多的主导会阻碍社会力量的参与。

建设服务型政府是为民众提供优质的公共服务，民众多样化的公共服务需求需要多元的供给主体来满足，政府、市场、社会协同联动，共同为公众提供公共服务。一方面，政府过多的主导，不仅会妨碍社会力量的成长，而且会降低社会力量参与的意愿，影响公共服务供给的数量和质量的提升。[1] 另一方面，社会力量参与不足还体现在公众诉求表达的制度化渠道不畅通。建设服务型政府不仅需要解决"为谁提供服务"，还要解决"提供什么服务"的问题。由于服务型政府是为人民服务、对人民负责、受人民监督的政府，[2]因此，服务型政府实际上就是民主的政府，要为人民提供优质的公共服务，满足他们日益增长的美好生活需要。对于需要什么样的服务，人民最有发言权，然而，公众参与服务型政府建设、表达诉求的制度化渠道并不畅通，导致政府对公众最需要的公共服务需求回应不足，影响公共服务供给的内容和质量。

三　公共治理视域下服务型政府建设的路径选择

中共十八届三中全会提出构建国家治理体系和治理能力现代化的战略决策，中国悄然进入"治理时代"。公共治理促使改革策略实现由"效率至上"向"公平至上"转变，政策的制定要以公平正义为导向，谋求促进地区经济、社会协调和可持续发展。随着公民需求日益复杂化和多样化，社会主要矛盾已经变成人民日益增长的美好生活需要同不平衡、不充分的发展之间的矛盾，需要建立多元治理主体的合作机制。为此，中共十九届四中全会提出，必须坚持一切行政机关为人民服务、对人民负责、受人民监督，创新行政方式，

① 曾令骞：《公共服务型政府建设问题及路径》，《人民论坛》2016 年第 7 期。
② 古洪能、吴玉宗：《地方服务型政府建设中公众诉求表达问题研究》，《行政论坛》2012 年第 1 期。

提高行政效能，建设人民满意的服务型政府。人民满意成为服务型政府建设评价标准，为此，新时代公共治理视角下服务型政府建设必须重塑政府间关系，深化行政体制改革，提升社会自治能力，建构多维联动机制、创新公共服务供给方式，以为公众提供公平、优质、高效、便捷的公共服务。

（一）重塑中央和地方关系，厘清公共服务供给的权限边界

在政府间关系中，中央政府和地方政府之间的关系最为重要。从理论上讲，地方政府是中央政府的派出机关，其权力来自中央政府的授权。中央政府是决策机关，依靠层级节制的管理链条，实现对地方政府的控制；地方政府是执行机关，只有操作层面的权力，对中央政府负责并报告工作。然而，在中国的政治体系中，中央和地方的关系呈现出权威与自治并存的复杂性，通过强制、谈判、互惠和互动机制，① 实现对社会公共事务的治理。

在一个中央集体领导体制和"分级规划和试验"相互交织的体系中②，中央主动协调宏观公共服务规划，同时，批准和授权跨省公共服务规划，以及批准城市公共服务规划和跨城市公共服务规划，这一过程常常并列进行，其目的是统一地区利益和国家目标。然而，在政治体系的实际运行中，受中央和地方政府之间的权力配置、责权划分体系、绩效评估指标和激励机制等因素的影响，地方政府有着较强的经济建设路径依赖，缺少向公众供给优质公共服务的自主性和创新性。因此，需要重塑中央和地方政府的关系，通过划分两者之间的责权体系，厘清各自公共服务供给的权限边界。涉及全国性的和跨区域的公共服务，中央政府应担负更多的责任；而对于关键的地方性公共服务，也需要通过合理的财政转移支付制度，以使地方政府提供公共服务的责任和财力相匹配，③ 增强地方政府公共服务供给积极性和主动性。另外，中央政府权力的下放要与地方政府提供公共服务的绩效考核联结起来。中央政府权力下放能够增加地方政府提供公共服务的自主性和灵活性，但需要明确的绩效考核和问责机制来确保公共服务提供的导向。因此，重塑中央

---

① 郑永年：《中国的"行为联邦制"》，邱道隆译，东方出版社2013年版，第28页。
② ［德］韩博天：《红天鹅：中国独特的治理和制度创新》，石磊译，中信出版集团2018年版，第141页。
③ 马丽：《服务型政府建设的挑战与途径：基于地方治理的视角》，《科学社会主义》2016年第1期。

政府与地方政府关系，构建权责匹配体系、绩效考核指标、激励约束机制，厘清各自公共服务供给的权限边界，有助于地方政府公共服务供给能力的提升，也有助于国家治理体系的构建和治理能力现代化的提升。

（二）深化行政改革，协同配置政府职能

在任何一个国家，政府治理模式都要随着社会经济环境的变迁而发生转变，当现行政府模式不能适应环境的变化，甚至发生矛盾陷入危机时，就需要推进行政改革，构建新的政府治理模式，以促进经济的发展和社会的进步。[①] 在经济追赶期，政府会大量对水利、交通、通信等基础设施建设进行投资，以推动经济追赶式增长；而到了发展中后期，为了响应人们对教育、医疗、养老等更高的福利要求，政府的公共服务支出会随之增长。这意味着，在不同的发展阶段，政府履行职能的侧重点是不一样的。政府的职能并非仅限于效率导向的经济增长，国民健康、机会均等、社会保障等公平导向的指标也应纳入政府的目标函数。[②]

在建设"人民满意的服务型政府"的背景下，需要政府强化公共服务职能，增强公共服务供给能力。然而，现代市场经济体制是在法治的环境中运行的，需要法治政府制定完备的产权法、契约和商业法[③]，创造公平竞争的市场环境，不仅要规范市场主体的行为，消除"市场失灵"的弊端，而且还要规制自身的行为，降低"政府失灵"的风险。[④] 因此，构建服务型政府，并非意味着政府职能要从管制完全转变为服务，这既不可能也不现实。事实上，管制和服务并不矛盾，"并不存在所谓'管制型'和'服务型'的截然对立，因为任何一个管制型政府都要为公众提供必要的公共服务，而我们所说的服务型政府同样也需要一定的管制功能，具体到政府管理方式上亦是如此"[⑤]。这表明，"管制"和"服务"不是一种替代关系，而应当是一种补充关系。因此，构建服务型政府，是在促进经济高质量发展的基础上，对政府的具体

---

① 麻宝斌：《当代中国行政改革》，社会科学文献出版社 2012 年版，第 64 页。
② ［美］乔恩·巴基哲等：《政府应该多大为好》，卓贤译，中国发展出版社 2018 年版，第 7 页。
③ ［美］弗朗西斯·福山：《信任：社会美德与创造经济繁荣》，郭华译，广西师范大学出版社 2019 年版，第 315 页。
④ 郑永年：《中国的当下与未来》，中信出版集团 2019 年版，第 103 页。
⑤ 刘雪华：《论服务型政府建设与政府职能转变》，《政治学研究》2008 年第 4 期。

职责进行位次关系的调整，将管制和服务有效结合，强化公共服务职能，[①] 以满足人民日益增长的美好生活需要。这既符合现代政府公共服务职责不断扩展的普遍趋势，也符合全面建成小康社会、建设社会主义现代化强国的实际情况。

（三）夯实基层社会治理基础，提升社会自治能力

中共十九届四中全会将服务型政府的评判标准确定为"人民满意"，具体要求是一切行政机关都要为人民服务、对人民负责、受人民监督，通过创新行政方式，提高行政效能，坚持和完善中国特色社会主义行政体制。在推进国家治理体系和治理能力现代化的进程中，必须构建职责明确、依法行政的政府治理体系，按照党和国家的决策部署推动经济社会发展、管理社会事务、服务人民群众。在新时代，建设服务型政府，实现对社会公共事务和内部自身事务的管理，必须"以人民为中心"，满足人民日益增长的美好生活需要。这就要求发挥人民的主体性，畅通民众参与的制度化渠道，增强民众参与的能力，实现政府治理和社会调节、居民自治良性互动，夯实基层社会治理基础，提升社会自治能力。

公民具有积极、能动的公民资格，他们已经不仅是"纳税人"和公共服务的消费者，更是社区公共事务管理的直接参与者，是社区的"治理者"。[②] "既然服务型政府是以公民本位理念为指导，以公民意愿为合法基础，以为公民服务为宗旨，那么公民参与在服务型政府建设中就不可或缺"[③]。因此，在建设服务型政府的过程中，公共管理者必须改变以往的工作思维方式，充分理解公共参与在管理过程中的重要性。[④] 这意味着，公共管理者需要打破传统的政治观念和相关思维，树立具有"社会化"的"服务"理念，避免将经济利益问题政治化，减少使用刚性的政治行政手段解决利益冲突，善于使用管理和服务职能，充分发挥法律、规则、程序等"形式"的作用，努力体现国

---

① 朱光磊：《政府职能转变研究论纲》，中国社会科学出版社 2018 年版，第 8 页。

② ［美］理查德·C. 博克斯：《公民治理：引领 21 世纪的美国社区》，孙柏瑛等译，北京：中国人民大学出版社 2013 年版，第 3 页。

③ 姜晓萍：《构建服务型政府进程中的公民参与》，《社会科学研究》2007 年第 4 期。

④ ［美］约翰·克莱顿·托马斯：《公共决策中的公民参与》，孙柏瑛等译，中国人民大学出版社 2005 年版，第 14 页。

家权力的公共性和普遍性。① 同时，通过大力发展运作良好的社会组织，完善公民参与服务型政府建设的参与机制，畅通参与的制度化通道，提高公民参与的能力，切实保障公民参与服务型政府建设的民主权利。②

（四）促进公共服务供给主体多元化，构建合作共赢的治理机制

保障全体居民均等化地享受优质的公共服务，是服务型政府建设的主要目标，也是完善公共服务体制的重要内容。实现公共服务供给主体多元发展，满足公众日益增长的美好生活需要，既是对国际社会公共服务改革浪潮的呼应，也是新时代深化行政改革的必然趋势。

改革开放以来，随着市场化改革的不断推进，许多公共服务领域引入市场化供给机制，对那些"俱乐部产品"，政府不再免费提供教育、医疗、住房等公共服务，而是向"使用者"收取费用。"使用者付费"提高了公共服务供给效率，但阻碍了低收入者获得公共服务的机会，引发了公平问题。③ 服务型政府建设就是要弥补这一缺陷，通过明确政府在公共服务供给中的主导地位，促进公共服务供给主体的多元化发展，以合作共治的模式为公众提供优质的公共服务。

在合作共赢的公共治理机制中，多元公共服务供给主体必须协调配合，协同高效。在这种模式下，政府的核心职责在于组织各种资源（尽管这些资源通常并不属于自己）去创造公共价值。也就是说，政府是否作为公共服务的直接供应者并不重要，重要的是政府必须作为一种公共价值的推动者，在具有现代政府特质的由多元组织、多级政府和多种部门组成的关系网中发挥作用。④ 因此，一方面，政府需要培育社会组织的健康发展，增强其承接公共服务的能力，与社会组织形成合作伙伴关系。通过税费减免、财政转移支付等多种形式，引导和鼓励民间组织广泛参与基本公共服务生产与供给，尽快把某些公益性、服务性、社会性的公共服务职能转给具备条件的民间组织。⑤

---

① 朱光磊：《政府职能转变研究论纲》，中国社会科学出版社 2018 年版，第 95-96 页。
② 张紧跟：《论府际视野下地方服务型政府建设》，《天津行政学院学报》2014 年第 3 期。
③ 杨宏山：《市政管理学（第四版）》，中国人民大学出版社 2018 年版，第 214 页。
④ ［美］斯蒂芬·戈德史密斯、威廉·D. 埃格斯：《网络化治理：公共部门的新形态》，孙迎春译，中国人民大学出版社 2008 年版，第 7 页。
⑤ 邓国胜：《政府与 NGO 的关系：改革的方向与路径》，《中国行政管理》2010 年第 4 期。

另一方面，为了提升公共服务供给的效率，政府要创造规则明晰、有序竞争的市场环境，通过放宽市场准入和投资限制，在合作共赢的基础上鼓励市场主体积极参与公共服务的提供。通过招标采购、合约出租、特许经营、政府参股等形式，将原由地方政府承担的部分公共职能由市场主体行使，[①] 建立公私部门合作伙伴关系。

（五）创新公共服务供给方式，增强政府公共服务供给能力

现代国家的宗旨就是保障人民的根本利益，提升公共服务供给的效率和质量，满足民众多样化的公共服务需求，是政府义不容辞的责任。

首先，政府应加强公共服务提供的战略管理能力，提升顶层设计的质量。提升公共服务的战略管理能力，就是政府既要宏观把控公共服务供给的种类、数量、质量，又要根据公共服务的分类，直接提供纯公共产品和公共服务，保障全体居民都能享受均等化的基础教育、公共交通、基本医疗等底线公共服务需求。

其次，强化政府责任意识，提高监管效率。随着行政改革的深化和服务型政府建设的推进，公共服务的市场化和社会化得到极大发展，其供给效率和质量得以提升。但是，利用市场主体和社会组织提供公共服务，并不是政府责任的"卸载"，把本应是自己"分内职责"的公共服务推向市场，而是实现公共服务"提供机制"的市场化。因此，"它要求持续而积极的介入，因为国家仍然承担全部责任，只不过把实际生产活动委托给民营部门"[②]。在这种情况下，为了使公共服务能够充分实现社会效益最大化，政府必须加大对私营部门和社会组织的规制和约束，通过制度化渠道提高监管效率，为民众提供更加优质的公共服务。

最后，打破"信息孤岛"，提升政府公共服务供给的自主性。在利用市场化模式提供公共服务的过程中，公共部门和私营部门形成委托—代理关系，"由于公共部门和私营部门的利益可能会背道而驰，因此，需要公开信息以确

---

① 张万宽：《发展公私伙伴关系对中国政府管理的挑战及对策研究》，《中国行政管理》2008 年第 1 期。

② ［美］E.S. 萨瓦斯：《民营化与公私部门的伙伴关系》，周志忍等译，中国人民大学出版社2006 年版，第 129 页。

保委托人和代理人的利益保持一致"①。然而，在合同承包中，私营伙伴在知识、信息、专业技术等方面处于明显的优势，他们实际上成为承包合同的真正设计者。② 由于信息不对称、技术水平不足等，政府评估公共服务绩效的能力不足，其独立性和公共性受损。因此，政府必须深化管理体制和运行机制的改革，提升技术技能，打破公共部门和私营部门信息不对称状态，提高成为"精明买主"的能力，提升政府在公共服务市场化中的自主性。

【聊城大学政治与公共管理学院：张西勇】

---

① 张西勇：《政府与社会资本合作（PPP）模式透明度研究》，《理论探讨》2018年第5期。
② ［美］唐纳德·凯特尔：《权力共享：公共治理与私人市场》，孙迎春译，北京大学出版社2009年版，第9页。

第七章 新时代政府治理现代化与
治理能力提升
——基于目标管理责任制的分析

经过改革开放 40 多年来的改革探索，我国在民主与法治建设方面取得了巨大的成就，为全面推进国家治理体系和治理能力现代化建设奠定了坚实的基础。为了能够充分保障中华民族伟大复兴的目标得到顺利实现，必须建立一套有效的决策-执行机制。从而使党的政策与政府规划得到忠实而有效的落实和执行。对此，中共十九届五中全会明确提出"完善上下贯通、执行有力的组织体系，确保党中央决策部署有效落实"。目标管理责任制作为我国政府治理的重要工作机制，在我国的政府治理体系中占据重要的地位，自形成以来就一直受到政府的高度重视，是推进党和国家的重大政策和规划的主要工作方式。在我国"十四五"规划开端之际，优化目标管理制的运作机制，使其在新时代政府治理现代化中继续发挥积极作用，保障"十四五"规划得以顺利推进具有重要的意义。

一 目标管理责任制对政府治理的积极作用

目标管理责任制是基于委托-代理的关系，上级对下级工作进行监管的激励约束机制。该机制通过将上级党政组织所确立的行政总目标逐次进行分解和细化，形成一套目标和指标体系，再按照指标体系对下级的执行情况进行考核奖惩，以此调动基层政府官员的工作积极性（王汉生、王一鸽，2009）。在信息不对称的委托-代理条件下，受制于交易成本的约束，上级政府无法对基层政府进行实时与全方位的监督，只能借助目标管理的方式对基层政府进行考核。经过几十年的发展完善，这种运作机制逐渐成为政府保障各项政策得以执行和落实的主要方法，并在各个领域发挥了不可替代的作用。

第一，提升了地方政府的政策执行力。作为我国压力型体制的一种控制性策略，目标管理责任制立足于目标控制和过程监督，表现出单向性和权威性特征，具有非常明显的"控制性取向"（杨宏山，2012）。一旦有重要的政策需要落实，各级政府部门通过设置类似于考评办、督查组之类的机构，专门负责监督下级政府或部门的执行情况，根据签订的目标责任书对下级政府的任务完成进度进行监督控制。这种机制在政策执行方面的优势主要在于强化了上级政府自上而下的控制力。目标管理责任制以量化指标的方式分解考核内容，并以问责机制推动考核目标的实现。一方面，清晰的量化指标便于管理和考核。以实绩进行量化考核，可以避免模糊考核带来的弊端，上级以实际统计出的数据为考核依据，从定量的角度反映目标完成的效率，这是一种从定性考核到定量考核的飞跃，当然在实际运作中也会混合考核（叶裕民，2000）。另一方面，通过指标数字的客观性弱化人为的不确定性，问责越来越走向精细化、可操作化。增强了各级政府官员的责任意识，能够促使各级官员在政府活动中改进行政效率，保障自上而下的政策意图能够快速高效地落实，并且能够优先完成上级政府认为当前最紧迫的工作任务，从而有效提升地方政府的执行力。

第二，降低了政府运作成本。在大型国家中，监督需要消耗大量的人力和物力，尤其是基层社会治理工作的复杂性，使得上级政府对基层政府进行完全监督几乎不可能实现。在这种情况下，通过在科层体制内部之间相互签订的契约合同，赋予了代理者一定的自主空间。王汉生和王一鸽（2009）认为，目标管理责任制权威形式区别于"命令-服从"模式，在具体执行的环节，强调更多的分权，在有利于发挥其能动性的同时，也使其担负了更多的责任。另外，目标责任制通过"责任-利益"机制将地方官员物质奖励、政治晋升等方面的利益和区域经济社会发展状况牢牢地捆绑在一起，极大地调动了各级政府部门的工作积极性，激发了地方党政干部的群体性竞争动力，使得地区之间的激烈竞争成为常态，特别是社会经济发展指标上的你追我赶（周黎安，2007）。

由此可见，虽然目标管理制作为压力型体制的重要组成部分，对各级地方政府官员形成了强有力的约束，同时，也为其提供了相当程度的自由空间，使其能够主动自觉地，甚至创造性地落实上级的政策。正因如此，目标管理责任制虽然存在诸多争议，但始终被政府高度重视，成为推动各项重要工作的首选工作方式。

二 目标管理体制对政府治理能力的制约

虽然以目标管理责任制为核心的体制对于破除传统行政体制中存在的惰性、标准模糊等弊端具有重要的意义，并且在我国经济发展和社会治理的过程中发挥了巨大效用，然而，作为工业时代的产物，高度强调理性化和标准化的科层制运作在现代社会的结构分化和多元化发展的情况下，其制度设计和运作机制逐渐体现出一些突出的问题，制约了政府治理能力的提升。

一是体系的封闭性运作导致社会参与不足。国家治理的本质在于多元参与，其进步之处在于在治理过程中充分吸收企业、社会组织以及公民的智慧和力量，在共同参与下达成共识，从而实现凝心聚力，推动公共事务的解决。然而，目标管理责任制的运作高度依赖政府的科层体系，其目标的制定、任务的分解、责任的承担均在政府内部实现，外界很难介入。这种机制运作虽然对于提高效率具有一定的作用，但由于将其他的社会力量排斥在外，从而使其在面对一些较为复杂的利益矛盾时，往往十分被动。尽管公共政策在制定过程中充分吸收了专家和群众的意见，但由于社会结构的复杂性，任何政策都不能对所有的利益诉求面面俱到的关照，而且在执行过程中仍然可能会造成新的利益矛盾和形成新的利益诉求。而对于这些新的利益矛盾和诉求，封闭的行政体系很难做出快速反应。

此外，目标责任制的整个实施过程中缺乏相应的反馈机制，通常意义上，下发文件，召开会议，传达布置，组织部署，执行落实，总结报告考核检查都是政府执行一项工作任务必然经历的几个阶段（季乃礼，2017）。从该工作机制的运行过程来看，从目标的制定到最后的考核都是在党政系统内部进行的，这种机制对于基层政府来说影响巨大，基层政府所扮演的角色更多是命令执行者，也谈不上对公众负责或回应基层公众需求。在缺乏群众参与的压力型体制下，即便是在目标考核中加入满意度的测评，对于一些涉及群众利益矛盾，以及处理起来较为棘手的事务，为避免快速推进工作所引发的矛盾冲突影响项目推进速度，基层政府有时通过妥协来暂时满足一些不合理的诉求，以确保在规定的时限内完成上级交付的任务。

二是缺乏协商导致执行中的形式主义。目标管理制度运作基本上是一个自上而下不断加压的过程。体现为上级政府部门根据签订的目标责任书对下级政府的任务完成进度进行监督控制。这种监督控制主要来自于党政体制内部的上级党政领导，通常采取口头汇报、书面验收和实地考察三种方式。压力型体制运行的基本过程是压力自上而下式的"层层发包"，即上级政府或部门为下级制定目标责任，完成目标责任的压力在条条之间、块块之间、党群部门之间层层分解。但问题在于由于上级政府拥有包括目标制定权、考核权、奖惩等权力，上下级之间的责任协定并不是一个平等协商的过程，下级政府没有与上级政府讨价还价的能力。此外，下级政府虽然没有讨价还价的能力，却可以利用信息不对称的优势进行变通。目标责任考核本质上是在"委托-代理"关系下，基于减少监督成本保证委托者的目标实现的方式。在过程中，因在目标层面受到上级压力的约束，在过程层面则较少受到约束和审核，下级政府组织和基层官员能够基于自身的信息优势，采取"忙而不动"等方式进行变通（倪星、原超，2014）。在权力、资源与责任不均衡的状态下，为了保证目标完成的效率，基层政府不得不采取"权宜之计"，以应付上级名目繁多的考核。

此外，责任的追究机制往往流于形式。不同于民事活动中的委托-代理关系，政府之间多是多重代理，由于代理的链条过长，中央的政策到乡镇的落实中间存在诸多层级。"责任-利益"机制的连带效应又使地方各级政府成为某种意义上的利益共同体，面对更上一级政府的定期考察和目标验收，出于共同的政治利益诉求，上级政府会主动选择与下级政府、基层政府进行合作配合，应对策略规避督察风险（周雪光，2008）。为了防止基层政府人员的作弊行为，加强对过程的控制，上级政府通过痕迹管理的方式增强对过程的监督，痕迹管理范式不同于传统政府治理中的经验式管理模式，其以文字、图片、视频等方式记录工作痕迹，具备传统政府治理中所欠缺的管理和技术性优势，强调政府治理效率、效能的提升，追求政府目标责任的达成（盛明科，2019）。运用痕迹管理虽然在一定时期内取得了成效，增强了对基层干部的监督执纪力度，但是未能从长远和根本上解决基层治理的诸多现实难题。

三是重复频繁的监督考核使得基层政府负担过重。中央的许多政策往往都会涉及多个部门，尤其是重大项目，需要集中多个部门的力量共同推进任务的展开，每个部门都会根据政策要求制定出本部门对应政策要求的具体指标，并拨付相应的项目专项资金，目标责任通常以量化指标的形式呈现，在压力型体制下，上级政府各个部门均向下级对应机构分派任务、设定指标，操作化较强的问责制成为每一级政府或部门头上的"达摩克利斯之剑"。

从规范的层面来看，问责、考核的全覆盖要求分离资源主体的相互配合和协作。然而，项目制以及财政资金的专项化却使资源分布多元化，进而导致基层治理出现"碎片化"。这种多部门独立支配的资源分散与基层政府对上整体负责的责任制并不匹配。就当前最为紧要的乡村振兴、扶贫攻坚、人居环境整治而言，虽然各有侧重点，但实质上是相互支撑、整体联动、协调推进的关系，然而，这些本来存在内在联系，应当统筹规划的工作，在实践中被不同的部门分割对待，单列指标。不少地市在制定具体考核办法时往往力求面面俱到，却没有体现出整体工作的规划性，不能突出每个阶段的重心。其结果往往使乡村的工作计划不得不随着监督考核的指标而转移，不仅导致基层干部工作精力分散，负担加重，而且由于缺乏规划难以进行有效的资源整合和利用，不可避免地造成重复性的建设和不必要的浪费。

三　新时代目标管理体制的改革与政府治理能力提升

虽然目标管理责任制存在诸多缺陷，但仍然是推进各项政策不可替代的治理方式，因此，针对当前目标管理责任制在运作中存在的信息不对称问题、形式主义的避责行为以及基层负担问题，需要结合新技术的发展进行系统优化，使其能够更好地发挥效用。

（一）以区块链技术消除信息不对称

当代政府治理变革的重要趋势之一就是新技术革命与政府治理的深度融合，数字化、网络化与智能化已然成为政府治理创新的基本主张、主要方式与重要标志。以大数据、人工智能、物联网等为代表的信息科技高速发展，不仅深刻改变了社会交往方式，也为提升社会治理效能提供了技术支撑。由智能革命所引领的第四次工业革命正在如火如荼地发展，这次革命中最重要的技术是智能技术和区块链技术。数字化、标准化和量化考核是我国目标管理责任制的基本特征，要有清晰的量化指标，明确责任主体的责任，才能便于管理和考核。传统互联网具有数据传递、资源共享和分散处理等基本功能，但由于信息的收集和提供主要来自基层政府，以及相关企业、银行等，但这些机构会因自身的利益诉求，难以保证效率甚至不能保证数据的正确性，并不能真正改变信息不对称的问题。因此，相关的考核很容易流于形式。同时，形式主义与官僚主义之所以能够存在，一个重要因素就是决策者和群众难以全面、及时地掌握真实的情况。

建立在区块链技术上的信息采集应用系统就避免了信息的减流、断流甚至失流等问题。区块链技术具备防篡改和去中心化的特点，其按照时间顺序将数据记录在分布式账本中，该账本对参与者是透明的，且经过加密保护，无人能够通过更改或伪造数据来作弊。在区块链分布式账本机制中，各个交易环节交叉验证，个体造假不被认可，且很容易就被发现，其背后的核心思想是在所有记录信息的"区块"上加盖时间戳，数据记录在系统中，不受人为干扰，并且无法更改或操纵。这较好地解决了信息不对称问题，造假者达到目的的概率几乎为零。而在传统的中心系统机制中，信息是由系统掌控者提供的，常常具有不及时、不完整、不归一，甚至是不正确等问题，即信息存在着不对称性（刘杰，2020）。

例如，在日常扶贫和救灾援助等过程中，民政部门、慈善基金会、红十字会等机构应用基于区块链技术的分配方案，不仅可以有效避免浪费与腐败现象，也可以保证扶贫救灾物资的公平分配。通过给每一笔交易盖上时间戳，任何时候都可以对账目进行溯源和实时审计，不仅可以防止欺诈行为，而且增强了捐助者对慈善机构的信任度。同时，监管机构也无须任何操作即可得到相关服务中的每笔记录，可以低成本地参与共享账本的记录与审查，在这个过程中能够减少非法收费和佣金形式寻租等行为，有效地避免出现形式主义。

此外，区块链的智能合约功能能够对既定的规则和合同条款进行编程，使整个交易过程实现信息化和自动化，即如果预先确定的条件得到了满足，"智能合约"就会自动地执行相关指令，实现高度智能化的流程处理与监控。这种技术应用在政务领域可以使政府运作过程更加透明快捷。这对于一些涉及民主参与的程序运作来说尤为重要，群众的参与内容成为履行智能合约不可或缺的条件，在目标管理责任的运作中，也可以防止下级政府和基层政府有意篡改数据信息的可能性，提高了考核的真实性。

（二）绩效评估的法治化与民主化

我国政府目标管理的奖惩方式主要是将利益与责任结合，奖励与惩罚结合。以职责为依据评价并制裁相关治理主体的履职行为，是压力型体制下责任予以落实的必要途径和重要保障。在当前的目标管理机制时，由于目标设置具有单向性和强制性，下级部门很少有讨价还价的余地，所以在面对一些超出自身能力的指标任务中，地方政府一般只能被动地接受中央分配的目标任务，可能会导致消极避责等情况的发生。压力型体制下各治理主体的职责界定合理清晰与否，直接关系到责任能否有效落实。为保证责任追究的公正性和实效性，应当严格规范。

促进目标管理责任制度的法治化，确保公共权力规范运行是目标管理责任制效能提升的关键。政府管理和政策执行过程既要符合科学流程，也要符合法定程序，目标管理责任制在运行中还应进一步重视建立健全法律制度。法治建设能够提高政府决策的科学化水平，有助于政府优化权责结构、职责界定，契合现代国家治理的基本特征。第一，科学合理的权责结构是政治体系内部治理的基础性框架，并塑造着政府上下层级的互动关系，因此直接关系到体制整体的运行状况、不同治理主体在一定权责结构下的相应定位，上下级政府应当根据自身的职责明确各自责任，规范权责配置，以权责对等为原则完善职能体系。第二，确保财权与事权之间的平衡，形式主义问题的频繁出现实际上是基层政府中的行动主体无法获得相匹配的整合性资源和配套授权而导致的，因此，需要矫治当前压力型体制上级权大责小、下级权小责大的纵向结构缺陷。尤其是对于职能部门而言，应当树立为基层服务意识，解决基层困难，保障基层治理资源，而不能仅仅以"属地管理"为借口把责任都转嫁给基层。

此外，还要促进目标管理责任制的民主化。党和国家的一切政策都是以为人民服务为宗旨，在推进国家治理体系现代化过程中，必须始终坚持以人民为中心的理念。也就是说，人民群众不应该仅是政策执行中的被动承受者，而应当积极主动参与从政策制定到执行中的各个环节。在缺乏群众参与的压力型体制下，即便是重视满意度，压力型体制必然会放大传统政务弊端。例如在公共服务方面，近年来在城市社区老旧小区改造工程中，资金多集中在外墙面的粉刷、保温层的处理以及小区环境绿化等方面，而房屋内部的水管以及电梯改造这些更为居民关注的需求却未能得以改造。其原因在于这些工程涉及不同群体的利益，作为执行者会选择风险最小的工作加以推进。在扶贫工作中也是如此，农村扶贫工作涉及党建、产业、移风易俗、人居环境等多个领域，然而根据相关研究的统计，项目资金大部分用于道路铺设、路灯等基础设施，而不是最亟须的产业扶持。

因此，在目标管理责任制的各个环节都应该形成吸收群众意见的通道，以实现对群众诉求的及时回馈，形成开放性的、互动性的目标设定与执行回馈机制，从而使国家提供的公共服务能够准确地对接人民群众的实际需求，避免形式主义所导致的资源浪费。

（三）促进运作机制的系统优化

进入新时代以来，社会结构和利益诉求的多元化所产生的治理需求已经日益超出科层制下的基层政府能力，在社会愈加复杂、不确定的时代背景下，对基层政府的应急能力、动员能力、灵活处理能力提出更高要求。而与之相对应的是，要求各治理主体相互配合和协作。因此，对于目标管理责任机制而言，必须通过系统运作，整合多元主体的治理资源，才能有效适应时代发展的客观需求。

基层政府正在面临的治理改革需求要求以人民群众的利益需求为导向，整合政府职能，打破部门壁垒，优化办事流程，为群众提供"一站式服务"的办事体验。然而，向上的权力集中和自上而下的科层链条使得基层的机构难以获得恰如其分的自主性并与社会组织形成有效协作（张毅、马冉等，2018）；部门竞争与职能整合之间的矛盾根深蒂固，分割的信息系统与多元化的 App 平台建设造成了行政资源的严重浪费。因此，应将基层社会治理结构纳入跨部门合作的治理过程中。需将分散的数据进行统筹管理，需要大量跨层级、跨地区、跨系统、跨部门、跨业务的协调工作。

从当前监督考核的系统运作来看，形式主义并不能看作是我们庞大体制中的"弊病"或者"顽疾"，而是政治体系在处理中央和基层两种治理逻辑的矛盾过程中所产生的自然表现（季乃礼、王岩泽，2020），要想改变形式主义问题，减轻基层负担，实现资源优化配置，必须以系统整合理念优化监督考核体系。已建立的监督体系主要包括党内监督、行政监督以及民主监督等，每一种监督考核都需要付出组织成本。也就是说，每次检查都需要组织相关的人员，在交通、接待以及材料准备方面耗费大量的人力物力。如何使这些资源发挥更加积极的作用？笔者认为，对政策落实的考核监督不能仅仅是单纯的检查，而是应当坚持督导、调研与解决问题相结合的原则，以问题为导向，以督导为手段，以解决问题为目的，形成三合一的工作机制。既要发挥监督检查的督促作用，又要在检查中发现问题，厘清制约因素，帮助基层解决问题，从而使监督工作落实与服务基层的职能实现有机融合。

参考文献

季乃礼、王岩泽：《基层政府中的"留痕形式主义"行为：一个解释框架》，《吉首大学学报（社会科学版）》2020 年第 4 期，第 97-106 页。

刘杰：《国家治理区块链技术在整治形式主义官僚主义领域的应用》，《前瞻》2020 年第 2 期，第 47 页。

倪星、原超：《经济发展、制度结构与腐败程度——基于 2006-2010 年 G 省 21 个地级市面板数据的分析》，《浙江大学学报（人文社会科学版）》2014 年第 4 期，第 134-145 页。

盛明科：《"痕迹主义"的产生机理与防治对策——以行政责任为视角》，《行政论坛》2019 年第 4 期，第 70 页。

王汉生、王一鸽：《目标管理责任制：农村基层政权的实践逻辑》，《社会学研究》2009 年第 2 期，第 61-92 页。

杨宏山：《政府绩效评估的适用领域与目标模式》，《中国人民大学学报》2012 年第 4 期，第 100-106 页。

叶裕民：《论改进和完善地方政府目标管理责任制》，《统计研究》2000 年第 6 期，第 35-39 页。

张毅、马冉等：《科层制嵌入视角下的跨部门合作与服务下沉：基于案例的比较研究》，《中国行政管理》2018 年第 12 期，第 47-52 页。

赵玉林、任莹、周悦：《指尖上的形式主义：压力型体制下的基层数字治理》，《电子政务》2020 年第 3 期，第 100-109 页。

周黎安：《中国地方官员的晋升锦标赛模式研究》，《经济研究》2007 年第 7 期，第 36-50 页。

周雪光：《基层政府间的"共谋现象"——一个政府行为的制度逻辑》，《社会学研究》2008 年 6 期，第 1-21 页。

【聊城大学政治与公共管理学院：孟宪艮】

第八章　数字经济发展及其
　　　　治理

　　中共十九届五中全会提出统筹中华民族伟大复兴战略全局和世界百年未有之大变局,数字经济作为新兴经济形态是"两局"的题中应有之义。就世界百年未有之大变局来讲,以数字经济为核心的第四次工业革命正是大变局的核心体现;从中华民族伟大复兴战略全局来看,在传统经济增长动能不断衰竭的情况下,数字经济作为新动能可为中华民族伟大复兴提供最主要的经济基础。为此,近年来,党中央、国务院高度重视发展数字经济,将其上升为国家战略并做出总体部署。自 2017 年我国政府工作报告首次提出数字经济后,数字经济这一名词常见诸于各级、各类相关政策文件中。2019 年地方政府工作报告中,有 27 个省份强调发展数字化和数字经济。中共十九届四中全会通过了《中共中央关于坚持和完善中国特色社会主义制度推进国家治理体系和治理能力现代化若干重大问题的决定》,提到要"健全劳动、资本、土地、知识、技术、管理、数据等生产要素由市场评价贡献、按贡献决定报酬的机制",首次提出"数据"成为生产要素之一参与分配。2020 年中共中央"十四五"规划建议 60 条中,其中第 15 条就是"加快数字化发展",提出推动产业数字化和数字产业化,推动实体经济与数字经济深度融合,打造具有国际竞争力的数字产业集群,加快数字社会、数字政府建设等。在总共 60 条的规划建议中,专门辟出一条阐述数字经济,并将数字经济放在前所未有的高度来阐述,足见中央对数字经济的重视。

　　与此同时,无论是从生产组织形式,还是从生产要素等方面来看,数字经济都是与农业经济、工业经济所不同的新兴经济形态,尤其是数字经济的数据化、智能化、平台化、生态化等特征,这些新技术、新业态、新模式的创新发展,重塑了经济社会形态,带来生产要素创新、生产力提升和生产关系变革,也给原有的治理规则造成了一系列的不适应,传统的治理理念、治理工具等均面临前所未有的挑战。在此背景之下，推进数字经济发展，亟须构建适应数字经济发展规律和趋势的治理体系，创新治理模式和治理机制，完善治理体系、提升治理能力，等等，让治理规则更加符合数字经济的发展阶段和特征，进而为经济发展的质量变革、效率变革、动力变革注入强劲动力。

一 数字经济内涵界定与特征

（一）数字经济的内涵

对数字经济的研究，最早可追溯至 20 世纪 90 年代。1995 年，美国经济学家唐·塔普斯科特在《数字经济》中首先做了诠释，认为数字经济是在人类智慧网络化的基础上进行的新经济模式。2016 年，G20 杭州峰会发布的《二十国集团数字经济发展与合作倡议》，进一步对数字经济加以界定，明确提出以使用数字化的知识和信息作为关键生产要素、以现代信息网络作为重要载体、以信息通信技术的有效使用作为效率提升和经济结构优化的重要推动力的一系列经济活动。中国信息通信研究院在《中国数字经济发展白皮书（2020 年）》中，提出数字经济"四化"框架，"四化"框架就是数字产业化和产业数字化重塑生产力、数字化治理引领生产关系深刻变革、数据价值化重构生产要素体系，处理好四者关系就能够推动数字经济快速发展。

通过梳理现有关于数字经济概念的相关研究，可以认为数字经济是以数字化的知识和信息为关键生产要素，以数字技术为核心驱动力，以现代信息网络为重要载体，通过数字技术深度融合应用，不断提高传统产业数字化、网络化、智能化水平，加速重构经济发展方式与政府治理模式，是继农业经济、工业经济之后的更高级经济阶段，正成为全球竞争新的制高点，是推动经济高质量发展的现实路径。需要注意的是，数字经济属于一个阶段性的概念，随着互联网技术、信息技术的不断发展，数字经济处于一个不断深入、演化、扩大的过程中。

（二）数字经济的特征

1. 数据成为推动经济发展关键的生产要素

在农业经济时代，经济发展依靠的关键生产要素是土地和劳动；在工业经济时代，经济发展依靠的关键生产要素是资本和技术；在数字经济时代，经济发展依靠的关键生产要素是数据。数据是未来企业和国家之间竞争的核心资产，是"未来的新石油"。农业经济时代和工业经济时代的关键生产要素，面临着稀缺性的制约。然而，当数据成为一种关键的生产要素，只要有人的活动，数据的生产就是无穷无尽的，加之数字化技术可复制和共享，从根本上打破了稀缺性生产要素的制约，成为推动经济持续发展的根本保障。

2. 数字基础设施成为新的基础设施

在数字经济时代，数据成为推动经济发展的关键生产要素，改变了基础设施的形态，数字基础设施成为新的生产要素。一方面是加大投入资金，推动无线网络、云计算、宽带、云储存等信息基础设施的普及和推广，加大对劳动者数字素养的培训；另一方面是利用数字化技术，对传统的基础设施进行数字化改造，通过在传统基础设施上安装传感器，实现数字化转型。

3. 数字素养成为对劳动者和消费者的新要求

在农业经济和工业经济条件下，对多数消费者的文化素养基本没有要求；对劳动者的文化素养虽然有一定要求，但往往局限于某些职业和岗位。然而在数字经济条件下，数字素养成为劳动者和消费者都应具备的重要能力。随着数字技术向各领域渗透，劳动者越来越需要具有双重技能——数字技能和专业技能。但是，各国普遍存在数字技术人才不足的现象，40% 的公司表示难以找到他们需要的数据人才。所以，具有较高的数字素养成为劳动者在就业市场胜出的重要因素。对消费者而言，若不具备基本的数字素养，将无法正确地运用数字化产品和服务，而成为数字时代的"文盲"。因此，数字素养是数字时代的基本人权，是与听、说、读、写同等重要的基本能力。提高数字素养既有利于数字消费，也有利于数字生产，是数字经济发展的关键要素和重要基础。

4. 供给和需求的界限日益模糊

从传统的经济形态看，供给侧和需求侧相互分离。工业化早期物质比较稀缺，需求的满足取决于供给的产品，萨伊定律的核心思想是"供给创造其自身的需求"，表达了物质尚为稀缺的时代，供给侧和需求侧之间的关系。即便是经济发展到一定阶段，已基本解决了稀缺的问题，完全按照消费者的需求来生产相关产品，在技术和效率层面也不可能，供给侧和需求侧分离的关系并没有改变。然而，到了数字经济时代，随着数字化技术日渐成熟，供给侧和需求侧逐渐走向融合。

二　高质量时代下发展数字经济的战略意义

（一）数字经济推动质量变革

数字经济发展有助于要素质量提升。在数字经济时代，信息、数据等高端生产要素成为类似于货币和黄金的新型经济资产，并作为独立的生产要素进入生产、流动、消费等经济各领域、各环节，改变了原有经济系统中的要素投入结构，数据要素投入数量越来越多，数据、信息等高端要素投入占比越来越高。同时，由于信息、数据等知识、智力密集型程度更高的新生产要素具有强大的溢出和渗透效应，它通过与资本、劳动等要素的融合，实现与其他要素的相互作用、相互补充，改善了传统要素的质量。例如，数字经济的发展需要有持续的大规模研发投入，而技术创新具有很强的扩散效应，有助于传统经济知识密度的提升，使传统的"能量密度"较低的要素转变为"能量密集度"较高的要素。

数字经济发展可有效提升产品和服务质量。首先，与传统生产方式相比，数字经济的大数据和人工智能技术可实现在生产线各环节全面实时智能监控，大幅度提高企业对产品质量的监管和控制能力，降低产品不良率，提高产品质量。其次，数字经济改变了传统消费品的形态和功能，智能消费和消费产品的智能化给消费者带来质量更高、内容多样化的消费体验，提升产品消费的满足感。例如，互联网社区、众创平台等新业态、新模式出现，鼓励消费者直接参与产品设计，将自身需求、感受、经验等及时反馈给企业，促使企业在产品开发、外观设计、产品包装、市场营销等方面加强创新，构建全生命周期服务体系。最后，数字经济可有效克服市场信息不对称，为消费者自主选择和政府质量监管提供技术支撑，使优质产品和服务被广泛获取，降低劣币驱逐良币发生的可能性，提升优质产品的盈利空间。

（二）数字经济推动效率变革

数字经济的规模经济和范围经济效应提高产出效率。传统工业经济范式下的规模经济、范围经济受制于硬件设施、厂房设备、地理空间等，随着企业规模扩大，边际成本快速增加，形成确定性规模空间。然而，数字经济具有较强的网络外部性，当产品用户规模达到临界容量后，由于正向因果累积循环的反馈机制出现"马太效应"，降低了产品边际成本，削减了产品平均成本，这一规模经济效应的存在提升了企业生产效率。同时，数字经济在信息搜索和数据分析上实现了巨大的技术进步，从而在传统范围经济中相关性不明显的产品之间建立了联系，从整体上增强了范围经济效应。

数据要素的渗透性、融合性特征提升传统要素效率。数字经济的信息、数据等知识、智力密集型程度更高的新生产要素具有强大的溢出和渗透效应。数字经济的网络化和协同性特征实现资本、劳动力等生产要素的集约化整合、协作化开发、网络化共享，提高了要素之间的协同性，增加了要素之间的配合，提高了要素使用效率。例如，物联网、云计算和自动化控制等技术提高了生产活动的智能化和自动化程度，引发了资本对劳动的替代，并且这种替代呈现明显的结构性特征，智能化在替代简单劳动的同时带动无法实现自动化工作岗位的复杂劳动力的需求，增加高端劳动力即人力资本的需求，带来生产过程效率的提高。

数字经济降低了要素配置扭曲，提升了要素配置效率。一方面，互联网、云计算、大数据等新兴技术可以实现对社会再生产过程中海量数据的分析，解决了信息不完全和外部性问题，降低了信息检索和资源匹配成本，形成更为公开透明的市场环境，实现要素供需精准匹配，优化要素配置，让产出接近产能、让生产点接近生产可能性曲线。另一方面，数字经济具有网络化特征，所构建的高度互联互通并具有正外部性效应和规模效应的网络化结构为各类创新要素的创造、集聚、转移和应用创造了便利条件，提升了创新资源的流动性。同时，数字经济发展有助于促进垄断行业的改革，加强市场竞争，加快生产要素的合理流动和优化组合，提高经济的投入产出比。

（三）数字经济推进动力变革

作为新动能的数字经济所蕴含的高端要素在总量规模扩张的同时增强了传统要素动能。一方面，数字经济本身具有高成长特性，为达到足够规模，通常需要大量技术及人力资本投资，即数字经济的发展扩大了新兴技术及相应的人力资本等高端要素的规模，促进了经济持续增长，这是技术或人力资本促进经济增长的"常规路径"。另一方面，与传统要素具有明显稀缺性不同，信息、数据可以被复制、共享，随着应用规模增加呈现边际收益递增特性，打破了以往生产要素稀缺性对经济增长的制约，为经济持续性增长提供了可能。

数字经济为培育创新动能提供了新动力。创新是数字经济的重要特征，数字经济本身作为重要的技术创新，需要投入大量人力、物力进行研发、设计，数字经济发展意味着社会技术创新水平和能力的提升。同时，建设以平台经济为核心特征的数字化、网络化协同研发平台，聚集整合业内原本较为分散的相关优势研发资源，突破研发创新的行业、企业或地域边界的限制，提升了创新资源利用效率。同时，数字经济突破了传统创新中消费者和研发者的信息分割，能够以较低成本并且相对精确地挖掘消费者需求，减少由信息不对称导致的研发不确定性，降低研发创新的市场风险，提升创新效率。

数字经济增强消费动能对经济增长质量的提升具有基础性作用。一方面，数字经济降低了交易成本，减少了因信息不对称、机会主义、有限理性等造成的搜寻成本、议价成本，有助于繁荣消费市场，通过增加实际需求拉动经济增长。另一方面，在新技术推动下形成的新模式、新业态部分解决了传统消费模式下的用户痛点，迎合了消费者新的需求，使消费规模快速发展。例如，共享平台和大数据技术的应用，引致传统以供给为导向的商业模式逐渐被以消费者需求为中心的价值创造逻辑所替代，也使得大量小众产品在平台集聚，实现了销售市场中的"长尾效应"。因此，数字经济的发展既为企业满足消费者多样性需求提供了动力，也为消费者获得多样化服务或产品提供了可能性，增强了消费动能对经济增长质量的提升效应。

三　当前数字经济发展现状及面临的新挑战

（一）数字经济发展现状

在第四次工业革命的作用下，在移动互联网日益普及和第五代移动通信（5G）商用不断扩大的趋势下，以人工智能、区块链、云计算、大数据为底层数字技术推动的数字经济正在全球蓬勃发展，对人类的生产、生活和生态都产生了广泛而深刻的影响。2019 年底，47 个主要经济体的数字经济规模达到 31.8 万亿美元，同比名义增长 5.4%，高于同期全球 GDP 增速 3.1 个百分点，为全球经济增长做出了重要贡献。

从数字经济规模来看，2019年，美国以13.1万亿美元位居第一，中国以5.2万亿美元稳居第二位，中美数字经济差额为7.9万亿美元，比两国7.3万亿美元的GDP差额略高一点。此外，德国、日本、英国的数字经济规模分别位居第三至第五。这五个国家数字经济规模，约占全球47个经济体数字经济总量的78%。就数字经济占经济总量比重来讲，德国、英国和美国这一比重分别为63.4%、62.3%和61%，而中国为36.2%，远低于发达国家平均51.3%的水平。但中国数字经济增速快，2002~2019年，中国数字经济年均增长率高达22%，而1998~2017年美国数字经济年均增长率为仅9.9%。可以说中国数字经济对全球经济增长都起到了巨大支撑作用。此外，中国"数字人口"最多，数字技术应用场景广泛，数字经济发展前景广阔。

数字经济正在改写和重构世界经济的版图，也造就了一批"巨无霸"式数字企业。10年前，世界公司市值前10名中只有微软一家是数字企业；2020年有七家数字企业，如微软、苹果、亚马逊、字母表（谷歌母公司）、脸书、阿里巴巴、腾讯，非常耀眼地跻身于前10名榜单中。

近10年来，中国数字经济快速发展。中国信息通信研究院的研究显示，2011~2019年，中国数字经济增加值已由9.5万亿元增加到35.8万亿元，占GDP比重由20.3%提升到36.2%。其中，数字产业化规模达到7.1万亿元，占GDP比重达到7.2%，在数字经济中占比为19.8%。产业数字化规模达到28.8万亿元，占GDP比重达到29.0%，在数字经济中占比为80.2%。数字技术支撑的新产品、新服务、新业态、新商业模式成为经济增长的主要贡献力量。预计2025年中国数字经济增加值将达到60万亿元，占GDP比重至少可达到50%。

（二）数字经济发展面临的新挑战

以大数据和互联网为基础的数字经济发展呈现出的一些新技术新业态新模式的创新，带来生产要素创新、生产力提升和生产关系变革，显著降低市场交易成本、提升市场运行效率和赋能经济高质量增长，并大幅提高消费者福利和社会总福利。但数字经济的发展仍然会存在市场垄断、信息不对称、负外部性等市场失灵问题，只不过这些市场失灵是以新的形成机制和新的表现形式体现出来，给原有的治理规则造成了一系列的不适应，传统的治理理念、治理工具等均面临前所未有的挑战。比如，超级平台垄断对市场竞争的扭曲；信息不对称引发的网上售假、网络诈骗、网络盗版侵权和网约车安全事故；恶意收集和过度使用消费者隐私信息；等等。促进数字经济健康快速发展需要正视新挑战。纵观我国数字经济发展，数据治理、平台治理、数据安全、制度滞后、治理模式和数字鸿沟等问题比较突出，制约互联网、大数据、人工智能等信息技术与经济社会融合发展，阻碍数字经济与实体经济融合发展。

第一，数据治理问题是数字经济健康发展的首要问题。数据治理是指对数据资产的管理活动行使权力和控制的活动集合（规划、监控和执行）。当前，数据泄露、隐私保护、数据过度采集、"大数据杀熟"等现象日益突出，特别是数字化风险和数据安全问题带来了严峻的安全挑战，网络威胁向制造、金融、交通、能源等关系国民经济命脉的重要领域传导渗透。如何提高数据安全把控能力和完善数据体系建设，构建安全、高效的国家网络安全防护、预警和处置体系，已经成为发展数字经济基础设施、提升数字经济治理能力必须破解的问题。

第二，数据确权与使用问题不明确抑制数字经济发展。中共十九届四中全会提出，数据可作为生产要素按贡献参与分配，企业将越来越重视数据的价值。然而，当前 App 违规收集个人信息、不正当窃取用户数据、数据要素所有权和剩余索取权归属模糊、信息孤岛、数据壁垒、数据垄断、滥用数据、平台间数据争议纠纷等问题，抑制了利用大数据发展数字经济，危及良性竞争，甚至影响国家安全。

第三，平台治理问题近几年争议很多。互联网平台经济是新的生产力组织方式，但目前存在不少问题。比如，电子商务类平台线上假货、刷单炒信、专利侵权、平台纠纷、投诉居高不下；信息内容类平台网络传销、广告欺诈、低俗内容、信息泄露等屡禁不止；平台行业准入、许可和责任亟待明确，平台垄断规制面临挑战；等等。数字经济平台实时交互、信息无滞后、大规模协同互动给传统治理带来了严重挑战，平台治理面临平台的准公共性与商业性之间的矛盾、传统属地管理这一条块分割的监管旧体制与平台网络化形态新模式之间的矛盾、平台迅速发展与政府治理创新滞后之间的矛盾等复杂局面。因此，改变传统的条块分割的行业监管模式，建立适应数字经济跨行业协同、跨领域联合监管的管理模式成为重要趋势。

第四，发展数字经济的制度建设滞后。新技术对经济社会的渗透速度取决于制度变革的快慢。当前，数字经济发展突破了原有法律法规，一些新现象、新业态缺乏有效的法律规范，法律法规滞后于数字经济实践的弊端不断凸显。例如，在数据产权方面，数据该由谁所有、由谁管、怎么管、怎么用，所有者、拥有者、使用者和管理者之间的责权利如何确定；与数据隐私安全有关的法律法规如何在保护个人隐私与促进创新发展之间寻求平衡。再如，平台应该承担哪些责任、承担多大责任，如何厘清政企治理权责、平台与平台内经营者的责任；等等。

第五，传统的治理模式越来越不适应数字经济发展。面对网络空间全天候运行、跨区域和跨行业协同、线上线下联动的发展态势，强调集权和层级管理、区域和条块分割、单纯监管的传统治理模式，制约了数字经济的发展。数字经济对传统的税收管辖权、税收制度、税收征管等税收治理体系提出了全新的挑战，亟须探索形成平台、商家和政府部门之间比较和谐的生态系统。数字经济打破了传统利益格局，数字经济与实体经济就资源和用户展开了激烈的竞争，如何平衡数字经济与实体经济的利益，对决策层平衡创新治理形成极大挑战。

第六，数字经济发展中的数字鸿沟问题不容忽视。当前我国信息基础设施发展不平衡、不充分问题显著，东中西部地区之间、城乡之间基础设施建设不平衡，基础设施之间的互联互通发展不充分，由此造成了区域间数字经济的发展不平衡、数字经济总体发展不充分。当前数字鸿沟有持续扩大的趋势，从硬件上表现为数字基础设施和个人购买信息终端的经济能力在东西部、城乡间差距显著，从软件上表现为不同人群在信息获取和处理能力方面的差异，终端使用目的和方式的人群差异成为了新的数字鸿沟。

四 "十四五"及未来时期数字经济的发展趋势

"十四五"时期，在人工智能、大数据分析、云计算、物联网、先进机器人等数字技术的支撑下，数字经济将继续快速发展、全面发力，新型数字消费、数字生产、制造业服务业数字化融合、数字化网链、数字化产业生态、数字化资源配置等都将显著提升。

（一）数字化消费将向新领域延伸，继续创造新消费形态

在此次抗击新冠肺炎疫情中，数字技术和数字服务发挥了重要作用，展示了更为广阔的应用前景和更为强劲的增长潜力。在5G等新技术支撑下，数字消费将出现多个百亿级、千亿级的新突破，网络办公、网络会展、数字学习、数字医疗、数字文化、数字传媒以及智能家庭居住、智能个人穿戴、智能交通出行等都将较快发展。

（二）数字化生产将加速发展，提高全要素生产率

一方面，数字化向企业生产核心环节延伸，通过传感器接入大量设备和工具，实时获取生产和运营信息，提升生产过程管理的时效性、精准性、前瞻性，提高生产效率；另一方面，数字化向企业外部多端延伸，连接供应链销售链，提升全链条资源配置效率。例如，数字化智能化可同时实现个性化定制和低成本制造，客户可以实时提出需求，全程参与研发生产过程。精准制造还能减少生产过程中的原材料、能源消耗和污染排放，推动实现可持续发展。

（三）数字化融合将加速推进

长期以来，在制造业和服务业谁更应该优先发展这个问题上存在困惑。数字时代，两者很大程度上呈现融合发展之势，三次产业相互内置形成新的产业形态将成为趋势。智能制造系统依托于传感器、工业软件、网络通信系统，形成新型"物—物""人—人"和"人—机"交互方式，实现人、设备、产品、服务等要素和资源的相互识别、实时联通，促进生产制造和多种生产性服务紧密结合，其本质就是制造业和服务业两种业态的深度融合。例如，依托产业互联网的行业性解决方案，制造商主导形成包含制造服务全过程的闭环解决方案，各个环节交互匹配、全程数据实时反馈，为客户提供"一站式"全程高效服务。

（四）数字化生态将跨界成长，提供全新消费场景

今后，消费者的需求越来越向场景化发展，期望能"一站式"获得智慧家居、智慧出行、智慧学习、智慧娱乐等全场景解决方案。数字技术可以打

破行业壁垒，跨界连接多个企业、多个产业和多种生产要素，形成提供解决方案的产业生态圈。生态圈内的消费者、企业和各种生产要素彼此相连，不断挖掘用户需求图谱，同步迭代，实时互动，动态满足用户需求。例如海尔智家体验云，通过海量数据形成用户实时生活画像，为生态圈内各方提供共同演进的机会和能力，共创共享。

（五）数字化连接将形成网链，提升全球产业分工的稳定性安全性

数字化网络平台能够聚合产业链上多环节、多种类企业和多种生产要素，为各方提供多种类型的交互机会，提供业内所需的各种服务。在特殊时期，如此次新冠肺炎疫情期间，当原有的产业链断裂时，平台可以智能化地在供需双方之间进行匹配，迅速寻找替代或调整方案，快速补链接链。与线下单点连接的传统产业链相比，数字化平台能形成多点连接的产业网链，使全球分工体系的稳定性、安全性大大提高。

（六）数字化配置资源不断扩展，成为社会资源分配的重要方式

例如，互联网银行以各自的算法进行风险控制，在很大程度上决定着金融资源的配置方向。再如，物联网互联网能够收集、识别和连接每台机器、每件工具、每位员工，并以他们为基本单位来管理生产过程，这将为生产从集中化到分散化并形成新的生产组织方式开辟了广阔前景。目前已有一些正在发展中的数字化社会化制造管理平台，这类平台本身没有制造能力，而是将区域内数量庞大的企业设备和信息接入平台，当接到制造订单后，就通过平台寻找闲置设备，智能规划生产线，组合出所需的制造能力。这种模式可以实现设备资源组合的柔性化和智能化，生产组织效率高、速度快、成本低，是一种全新的数字化智能化资源配置模式。

五　提升数字经济治理水平的对策

数字经济治理是国家治理在数字经济领域的实践，也是国家治理的重要组成部分。在数字经济领域，新技术、新业态、新模式的创新发展，传统经济领域的监管制度和政策必须迎合数字经济的发展趋势，把阻碍数字经济发展的产业结构政策、市场监管模式等进行彻底的调整和变革，不断创新和完

善监管制度和体系，形成安定有序的网络空间秩序，净化网络空间内容、营造清朗的网络空间，为网络强国和数字中国建设提供良好的网络环境，为数字经济的发展提供现实温床。然而，数字经济是一种生态系统，数字经济治理需要构建全方位、多层次、多类型的举措，协同推进数字经济治理能力现代化。

（一）树立创新、公平、共享、有效的数字经济治理理念

治理是用规则和制度来约束、重塑利益相关者之间的关系。其中，树立现代治理理念是关键。治理数字经济需要树立创新、公平、共享、有效的数字经济治理理念。创新的治理理念，要创新数字经济治理制度、治理模式、治理技术以及治理理念本身，推动数字经济治理动态化。公平的治理理念，要规范数字经济市场准入规则，完善反不正当竞争法和反垄断法，切实保护数字经济领域消费者权益。共享的治理理念，要建立多元化的数字经济治理模式，推动数据信息共享，强调主体间的共商共治。有效的治理理念，要注重对数字经济治理的绩效评价和成本收益的分析，降低数字经济治理成本，提高数字经济治理效率。

（二）建立数字化数字经济治理体系

治理现代化需要科技支撑，实现治理手段的智能化是数字经济的内在要求。充分发挥大数据、云计算、人工智能等先进技术在数字经济治理中的作用，构建数字化、智能化、在线化治理模式，实现跨层级、跨地域、跨系统、跨部门、跨业务的协同管理和服务，可以增强数字经济治理的执行力，提升数字经济治理效能，从源头上发现并解决问题。为实现数字经济治理的系统化，应构建基于大数据的联动的数字化监管系统，即监测预警体系、信息披露体系、大数据征信体系和社会评价体系，以及数据共享机制。建立数字化监管系统，将改变目前"人工报数"的被动监管、事后监管格局，实现实时监管、行为监管和功能监管。由于数据实时更新，造假成本增加，极大地提高了监管的有效性。构建数字化监管系统之后，实行以行业自律管理为主的监管体系，才能既做到监管到位，又为数字经济创新留下空间。加快建设共建共享共赢的国家级统一信息服务数据库，构建"数字经济治理模型"，推进数字经济治理精准化、智能化、数字化，全面把握数字经济治理问题，精准

应对数字经济风险。

（三）建立法治化数字经济治理体制

加强制度和法律体系建设，包括健全知识产权保护、市场垄断、个人隐私保护、数据共享和利用、网络安全等法律法规建设和标准规范制订，为数字经济健康发展保驾护航。数字经济法治化要坚持立法要有前瞻性、动态性和交互性，既要修订原有法律法规包容数字经济，又应出台促进和规范数字经济发展的法律法规，例如电子商务法等。未来，应重点从以下几个方面着手：第一，网络空间法治化，即社会治理法治向网络空间的延伸，净化网络空间内容，营造清朗的网络空间环境；第二，数字技术法治化，明确数字经济产权、物权，依法保障专利技术、知识产权免遭非法侵害；第三，网络信息法治化，依法保障消费者私人信息安全，严厉打击非法交易他人信息谋取私利行为；第四，市场体系法治化，依法维护数字经济市场秩序，依法打击市场不正当竞争行为，规范数字经济投融资、并购等投资活动。应与时俱进地调整法规的内容、监管的形式，推动治理向科学化、精细化、精准化迈进，必将促使数字经济向规范化、社会化、法治化、绿色化发展，进一步激发数字经济潜力，为中国经济高质量发展蓄势助力。

（四）建立多元化数字经济治理模式

数字经济是多元主体参与的经济，多元参与、协同共治是时代发展的要求。多元化数字经济治理模式，应当以国家治理为核心，建立行业自律、平台治理和社会监管广泛参与的立体化治理体系，形成多元化治理新格局。政府负责数字经济立法以及强制治理措施的制定和执行；行业协会通过标准制订规范行业内企业行为；强化平台企业的治理责任，充分发挥平台对平台内企业的监督治理职能；充分发挥舆论监督功能，维护消费者合法权益。建议多方共建数字经济治理协调平台，以协调数字经济治理主体。该平台的具体职责包括：第一，负责多元治理主体间的信息共享与交流，统一数字经济的治理理念、协调各部门数字经济治理的任务、防止治理主体之间的政策冲突；第二，负责明确各治理主体的权责划分，建立数字化绩效考核体系，对治理主体进行数字化绩效评估；第三，形成数字经济治理"黑名单"制度，并在各治理主体之间进行共享，形成数字经济联合惩戒制度，提高数字经济治理主体失信违法成本。

（五）建立协同化全球数字经济治理体系

建立全球数字经济治理协同化体系，共同探索数字经济治理问题，构建人类命运共同体。全球数字经济治理不但要加强国家间、国际组织间的合作协同，也要加强行业协会之间、平台企业之间、智库和研究机构之间的对话与合作，形成与多元化数字经济治理体系相匹配的协同化全球数字经济治理体系。坚持平等互利共赢的治理理念，尊重每一个国家和主体参与全球数字经济治理的权利，不搞数字霸权、治理歧视，让每一个国家平等参与到全球数字经济发展和治理过程中。推进全球数据信息共享，特别是数字经济失信信息、犯罪信息的共享，加强国家、社会对于失信、犯罪行为的联合打击。协同治理政策、整合治理行动，避免"以邻为壑"的政策，加强全球数字经济治理行动协调，避免相互之间的行动掣肘。建立国家数字经济治理领导机构，以便在全球发生数字贸易争端时进行调节仲裁，有效避免国家间恶性竞争，推进全球数字贸易自由化。

【聊城大学商学院（质量学院）：宁朝山】

第三篇 治理实践篇

第九章 双循环新发展格局下的聊城市产业链治理研究

产业链治理是推进经济高质量发展的重要途径之一。基于双循环新发展格局的大背景，通过研究聊城市纺织、铜、铝、化工、汽车、轴承以及高新技术产业链的现状，分析各产业链中存在的优势与不足，把握产业链治理机制的主题，得出产业链治理需要顺应高质量发展的要求、国际环境和数字化治理能力三个方面，并围绕国家"互联网+"计划，大力发展数字经济，打造自主产业链条，提高企业科研创新能力，全方位推动产业链治理，助力聊城市经济更好更快发展。

一 双循环新发展格局

在新冠肺炎疫情的冲击下，全球产业链遭受严重影响，产业链"断链"风险不断凸显，产业链重构是大势所趋，中国应利用自身的比较优势，加强产业链的韧性，维护产业链的稳定。

2020年5月，习近平总书记依据国际国内新形势提出，"要把满足国内需求作为发展的出发点和落脚点，加快构建完整的内需体系，逐步形成以国内大循环为主体、国内国际双循环相互促进的新发展格局，培育新形势下我国参与国际合作和竞争新优势"。双循环新发展格局是世界百年未有之大变局和当前国内外经济形势变化的应对之策，以产业链供应链安全可控为重要基础①。

2020年10月，中共十九届五中全会明确提出，要提升产业链供应链现代化水平，这回应了产业分工细化、产业走向融合发展的新时代要求，对于我国加快发展现代产业体系、构建新发展格局都有重要意义。此外，"十四五"规划建议中提出锻造产业链供应链长板，立足我国产业规模优势、配套优势和部分领域先发优势，打造新兴产业链，推动传统产业高端化、智能化、绿色化，发展服务型制造②。因此，推动产业链治理，提升产业链现代化水平已经被提到了国家大政方针的高度。

在产业链治理的过程中，要结合产业链具有动态化、多样化、网络化、复杂化等的特点，提高精准施策的能力和水平，在不断提高产业链供应链现代化的过程中牢牢把握产业链治理的内涵。

二　产业链治理的含义与国内外现状

本章从技术角度出发，将产业链治理定义为为实现产业结构优化升级，使企业发展为掌握核心技术，拥有高利润的上游企业而进行的技术升级、引进设备人才、改善管理经营模式等一系列措施。Gereffi开创了价值链治理研究的先河，他将价值链治理定义为：价值链中权力拥有者协调和组织分散于各地的价值创造活动③。供应链治理是针对存在问题的供应链，通过治理机制调节供应链企业个体行为或集体关系中存在的有限理性和机会主义，以对现有供应链的组织模式和组织关系进行优化的调节行为④。

关于产业链的思想，亚当·斯密早在其社会分工理论中便有所提及。随

① 黄奇帆：《如何以国内大循环为主体构建双循环新格局》，http：//paper.news.cn/2020-07/22/c_1210714358.htm，2020年7月22日。
② 苗圩：《提升产业链供应链现代化水平》，http：//sky.cssn.cn/dzyx/dzyx_llsj/202012/t20201209_5230426.shtml，2020年12月9日。
③ 文嫮、张洁、王良健：《全球视野下的价值链治理研究》，《人文地理》2007年第2期。
④ 张涛嘉：《国内外供应链治理研究热点及演进分析》，《内蒙古统计》2020年第5期。

着经济社会的发展，学术界对产业链进行了明确的定义：狭义的产业链是指从原材料一直到终端产品制造的各生产部门的完整链条，主要面向具体生产制造环节；广义的产业链则是在面向生产的狭义产业链基础上尽可能地向上下游拓展延伸。产业链向上游延伸一般使得产业链进入基础产业环节和技术研发环节，向下游拓展则进入市场拓展环节。[①]

目前，全球产业链以农业、传统制造业和新兴制造业为主要构成部分[②]。农业产业链较为简单，可分为农产品的生产、加工、销售、配送四个环节，主要农产品为小麦、稻米、玉米、大豆等。在主要农产品产业链中，中国在小麦、稻米、玉米等主要农产品产业链上基本实现自给自足，但大豆进口依赖程度较高，占全球进口量的58%。传统制造业产业链相对于新兴制造业来说也显得比较简短，在传统制造业产业链中，发达国家与资源优势国作为原料投入端，中国、东南亚国家和其他少数国家进行加工生产，且中国因拥有完整的生产链条而占据了传统制造业产业链的中心位置，在纺织、造纸、机械设备、运输设备和金属冶炼等方面的加工生产优势明显。而新兴制造业一般具有高壁垒、高附加值以及产业链相对复杂等特征，主要包括半导体、芯片、电子、通信、生物医药、新能源汽车、精密仪器、汽车发动机、飞机制造等，新兴行业上游为掌握高附加值的研发设计环节与核心品牌的国家，主要是美国、欧盟、日本、韩国等，中下游主要有中国、越南、印度、菲律宾等新兴经济体，中国在该产业链中处于中下游环节。

纵观全球产业链发展现状，以中国为代表的发展中国家正处于"U"型曲线的中间位置，以模块生产和组装活动为主，利润空间小、盈利能力差、技术含量低；而美国、日本、韩国、欧洲等国家处于"U"型曲线的两端，以产品设计研发、核心零部件生产、销售等活动为主，利润空间大、技术水平高。因此，推进产业结构调整升级、强化产业链治理、提升产业链水平、促进产业链现代化是当今国内外政府、社会与企业高度关注的问题，产业链治理已经超越生产组织层面，上升到国家经济安全、核心竞争力提升方面。

---

① 叶敏华：《新冠肺炎疫情影响下的全球产业链重构与中国应对之策》，《上海市经济管理干部学院学报》2021年第1期。

② 魏伟、陈骁：《全球产业链及疫情后的重构展望》，《金融市场研究》2020年第8期。

近年来，聊城市加大发展实体经济的力度，产业结构调整已经取得突破性进展，高端装备制造产业发展持续加快，创新成果不断涌现，培育出一批如信发集团、祥光铜业等龙头企业，带动相关产业向集群化跃进，成为全市工业经济新的增长点。产业链作为连接生产领域和消费领域的纽带，已经成为企业获取优势的重要载体。但是，随着产业结构转换升级，聊城市仍存在着产业规模小、层次低，产业布局分散、集群化发展缓慢、链条短，大企业集团少、品牌建设滞后以及创新能力薄弱、自主可控技术少等问题。因此，推动产业链治理成为聊城市当下发展的核心环节。

三　聊城市产业链治理现状

（一）现状

聊城市制造业以传统制造业为基础，2019 年规模以上工业企业个数为 1192 个，规模以上工业总产值为 3274.74 亿元，工业主营业务收入为 3257.2051 亿元，工业利润合计为 99.69 亿元[①]，为聊城市经济发展做出巨大贡献。目前，聊城市以纺织产业、铜产业、铝产业、化工产业、汽车产业、轴承产业、高新技术产业等为主的制造业表现优异，发挥出强大优势，为聊城市经济发展做出突出贡献。

目前，聊城市纺织工业体系门类齐全且产业链完整，拥有棉纺织、色织、印染、毛纺织、针织、服装、家纺、产业用及纺机装备，现有纺纱能力 680 万锭、气流纺 8.47 万头、各类织机 7.78 万台；年产毛机织物 1000 万米、印染布 6.5 亿米、梭织服装 3600 万件、毛毯 500 万条、地毯 560 万平方米、无梭织机 8000 台的生产能力；年生产纱 139.69 万吨、布 12.26 亿米。具备有色金属及金属深加工产业规模以上企业 117 家，截至 2019 年 10 月，营业收入 1050.9 亿元，利润 25.28 亿元；其中金属深加工产业（不含电缆）营业收入 738.34 亿元，利润 19.33 亿元。拥有化工产业规模以上企业 247 家，其中化学原料和化学制品制造业工业总产值占了 60% 的份额。打造了一条以整车制造为主，集零部件制造、汽车销售、售后服务、汽车保险为一体的

---

① 聊城市统计局：《2020 年统计年鉴》，http://tjj.liaocheng.gov.cn/tjsj/ndsj/202012/t20201231_3503153.html，2020 年 12 月 31 日。

汽车产业链。截至 2019 年，以滚动轴承为主的轴承产业，规模以上轴承企业数为 79 家，平均用工人数 0.66 万人，工业生产总值 41.02 亿元，利润 1.06 亿元，其中营业收入利润率 2.61%，营业利润实现正增长。目前正着力打造的高新技术产业聚集区，2019 年完成地区生产总值 108.75 亿元，可比价增长 3.5%，规模以上工业企业增加值同比增长 19.9%，固定资产投资完成 59.69 亿元，同比增长 9.5%，高新技术产值占规模以上工业总产值的比重达到 91.2%（见表 9-1）。

表 9-1　聊城市主要产业规模

	行业名称	企业数（家）	亏损企业（家）	平均用工人数（万人）	工业总产值（亿元）	利润（亿元）	营业收入利润率（%）
纺织产业	棉纺织及印染精加工	123	69	3.41	162.54	-1.03	-0.53
	毛纺织及染整精加工	2	2	0	0.79	-0.01	-1.68
	针织或钩针编织物及其制品制造	6	1	0.09	2.74	0.13	4.00
	家用纺织制成品制造	5	1	0.37	12.78	0.91	7.68
	产业用纺织制成品制造	2	1	0.03	1.43	-0.12	-7.38
有色金属冶炼	铝冶炼	2	0	0.15	110.76	1.49	—
	铜冶炼	1	0	0.20	214.91	5.15	—
化工产业	化工行业	247	57	3.7	659.1	42.39	-1.21
	石油、煤炭及其他燃料加工业	4	0	0.11	35.05	1.34	2.86
	化学原料和化学制品制造业	73	19	1.55	410.67	43.06	10.83
	医药制造业	13	5	0.63	64.54	-5.88	-17.94
	化学纤维制造业	1	0	0	0.61	0.01	1.28
	橡胶和塑料制品业	35	6	0.35	33.4	-0.41	-1.17
	非金属矿物制品业	121	27	1.06	114.83	4.27	2.93

续表

行业名称		企业数（家）	亏损企业（家）	平均用工人数（万人）	工业总产值（亿元）	利润（亿元）	营业收入利润率（%）
汽车产业	汽车产业	31	9	2.23	157.49	1.1	0.65
	汽车制造业	31	9	2.23	157.49	1.1	0.65
	汽车整车制造	4	1	1.69	131.71	0.86	0.6
	汽柴油车整车制造	2	0	1.55	114.8	0.97	0.78
	新能源车整车制造	2	1	0.14	16.91	-0.11	-0.65
	汽车用发动机制造	1	0	0.01	0.43	0.01	1.05
	汽车车身、挂车制造	4	1	0.03	2.83	0.01	0.22
	汽车零部件及配件制造	22	7	0.5	22.53	0.24	0.99
轴承产业	轴承产业	79	18	0.6	41.02	1.06	2.61
	轴承、齿轮和传动部件制造	79	18	0.66	41.02	1.06	2.61
	滚动轴承制造	79	18	0.66	41.02	1.06	2.61

（二）优势

第一，辐射范围广，地缘优势强，市场广阔。聊城市位于三省交界处，地处山东省西北边界，与河南省、河北省相邻，辐射范围可以覆盖三省交界的大部分地区。同时，聊城市作为山东省内陆较大的中心城市，与北京、天津、合肥、济南、青岛、邯郸、开封等知名城市都具有便利的交通和密切的经济往来，使得聊城市具有广阔的市场前景。此外，聊城市还与济南铁路局联手，投资 5500 万元率先修建了大型现代化集装箱专用货场，年吞吐能力高达 12 万吨。

第二，劳动力资源丰富，生产要素价格低。聊城市劳动力资源丰富，适合发展劳动密集型产业，2019 年全市总人口 609.83 万人。聊城市开设多所高等教育院校，为培养高素质、创新型人才奠定了基础。除此之外，基础设施完善且价格低廉也是聊城市产业发展势头良好的一大优势。

第三，原材料供应相对充足。聊城地理位置优越，周边城市如济宁、德

115

州、邯郸等都是中国棉花生产量较多的城市，棉花种植集中度位居全国第一，且近年来棉花的种植量呈现不断上升的趋势，为聊城市纺织产业的发展提供了较为充足的原材料。在矿产资源方面，铝产业的代表企业信发集团不仅和印度尼西亚、澳大利亚和斐济等国家有稳定的矿石贸易往来，为了节省原材料费用，还在国内广西、山西建立自己的铝土矿基地，在新疆、山西投资建立了煤炭资源基地，从而为聊城市铝产业发展提供了丰富且廉价的原料供应。在有色金属加工方面，聊城市代表企业祥光集团广泛开展国际合作，在签订长期稳定供货合同的条件下，原材料供应得到了充分保障。

第四，产业集群效应突出。聊城市周边有发达的化纤工业，例如高密化纤（集团）有限公司、淄博裕元化纤有限公司等，促进了聊城市纺织业的发展；茌平区铝及铝加工行业以信发集团为核心，围绕铝电两大主导产品，培植起集发电、供热、氧化铝、电解铝、电石、碳素、烧碱、聚氯乙烯、铝加工等产业为一体的产业链条，现有有色金属及金属深加工产业规模以上企业25户；阳谷县现有有色金属及金属深加工产业规模以上企业四户，临清市有色金属及金属深加工产业现有规模以上工业企业六户，辖区内中色奥博特有色金属产业园是目前山东省最大的铜加工生产基地；中通客车和时风集团的快速发展为汽车产业发展提供了强劲动力，带动了一批零部件生产企业。

第五，市场环境和服务质量稳步提高。聊城市政府积极贯彻落实"十三五"规划的发展要求，努力建立各类市场主体公平竞争的市场环境，不断加强对企业和检验检测机构的监管，在市场监管方面发布了一系列政策和指导意见，营造了良好的市场氛围。同时，聊城市企业也在不断改进自身服务质量，为满足顾客提供个性化、差异化的需求，纺织、汽车、轴承等产业不断完善自身产品，在提高产品质量的同时也为顾客提供定制化服务。在售后方面，聊城市各产业部门利用信息化设备，通过准确效率的售后服务体系不断赢得了消费者的信赖，为聊城市当地企业建立自己的品牌打下了坚实基础。

第六，政府扶持企业高质量发展，加速企业转型升级。政府通过对重点企业提供财政支持，减少企业融资压力，在不断完善工作机制，打破部门间、区域间联系障碍的作用下，形成部门间和企业间协调联动的发展合力。经济的平稳发展离不开政府的协调管理，为深化改革，建立服务型政府，聊城市政府不断推进制度创新，打造企业和政府间高效率、高透明、少流程的政商关系。为改善营商环境，聊城市以"拿地即开工"为口号，实现社会投资项目的 125 个高频事项高效率处理。通过税收减免和不良贷款清收，聊城市减免企业税费 34.4 亿元，处置不良贷款 134.1 亿元。

（三）不足

综观聊城七大产业，既存在普遍性的问题，也存在特殊性的不足。聊城的产业总体上位于产业链中下游，生产技术处在技术链、价值链的低端，因而产品附加值较低，利润水平也相对较少，究其原因主要是聊城七大产业的企业自主创新能力不高，技术水平不强，科研投入较少，因而无法生产具有高竞争力、高附加值、高技术水准的产品，这是聊城各产业链存在的最为普遍的问题。当然，技术水平较差是发展中国家的企业存在的普遍问题，如果具体分析聊城七大产业在这一方面的不足，可以分析得出聊城市存在对产业科技发展研发投入不足、创新平台建设落后、高水平技术人才匮乏、内部激励机制不健全、产学研合作渠道窄等诸多问题。因此，解决聊城市产业链治理问题需要从根本上改善技术水平、提高创新能力。

聊城七大产业因为在产品和服务上从属于不同产业链，在发展时间和发展方向上也存在差异，因而也具有不同于其他产业的特殊性问题。

（1）纺织产业由于棉花年度种植面积逐年下降，对国外市场过分依赖，加上原棉市场价格波动较大，其原料成品偏高，影响企业收益。加之国际贸易环境发生巨变，我国纺织市场出口受到阻塞，传统优势面临严重挑战。此外，聊城市虽然是纺织大市，但由于存在部分企业间的恶性竞争和低层次重复扩张，其纺织行业盈利空间减少，行业集中度下降，市场竞争力不足，最终影响企业间的协同效应。

（2）铝产业近年来持续快速增长，能耗和环境容量接近饱和，水耗也已接近红线，导致资源消耗和环境容量接近饱和。随着环京津冀地区生态环境治理力度的加大，聊城市因地处京津冀大气传输通道，面临的节能减排压力将会越来越大。废气、废水和工业固废的处理难度已经成为日益严重的生态环境问题。

（3）铜产业属于重资产、重产能的行业，建设大规模企业一次性固定资产投资较高且流动资金需求大，导致资产负债高、潜在风险较大等问题。同时，聊城机场、高铁等尚未建设导致交通基础设施不健全，人员流动性差。

（4）化工产业受多方面影响，重点园区建设相对滞后。同时，聊城市发展化工产业的相关资源较少，原料、产品运输量大，公路运输成本较高，危化品运输环节潜在安全环保风险较大，物流短板明显。由于技术装备和工艺上的落后，聊城市很多化工企业存在能源原料利用率低的问题，进而导致节能减排压力大，环保治理成本高。

（5）汽车产业受到外资的影响过重，很多聊城汽车企业汽车产品的制造过程是由外方主导，不利于聊城本地汽车自主品牌的发展。另外，汽车产业链的零部件制造业和整车生产相分离，无法实现产品对接，导致无法发展起自主的汽车生产支持性产业，因而自主品牌缺乏国际竞争力。

（6）轴承产业在聊城发展时间久远，在激烈的市场竞争中形成了企业数量庞大、市场主体众多的轴承产业，但却没有形成规模经济，造成多规模、小发展的局面。同时，由于聊城市大多数轴承企业实行家族管理，因而没有建立相应的质量控制体系和生产管理体系。

（7）高新技术产业受创业投资和金融支持的制约，无法积极调动和引导民间资本投入新兴产业，缺乏稳定的资金支持。又由于技术水平、管理服务能力、信息收集等方面的制约，聊城市高新技术产业难以找到合适的新兴产业切入点。同时，受制于企业规模和竞争力，多数聊城市高新技术企业仅局限于仿制阶段，在自主研发方面还没有较大进展。

尽管聊城市经济飞速发展，但其优势产业仍未达到现代化制造业的水平。因此，强化产业链治理，推动产业链向高附加值端延伸，努力提升制造业现代化水平，是聊城市工业经济发展的主线。由于产业类型多样，不同的类型其特性各异，在产业链治理上要分行业摸清底数，发现产业链中的长板弱项，并在此基础上，区分治理结构类型、产业优势基础、驱动力量差异，抓住主要矛盾点，找准发力点，精准推进。

四　聊城市产业链治理机制分析

产业链治理机制是指为促进链内产业与产业之间、企业与企业之间的协同合作，提升该产业链治理组织运行效率的一系列协调手段、措施和制度。[①]在双循环新发展格局的背景下，要想实现产业链、供应链和价值链的稳定动

---

① 伍先福、杨永德：《产业链治理的核心论题》，《科技进步与对策》2016年第18期。

态循环，应从产业链出发，使产业链上的每个环节都可以顺利进行，利用国际循环掌握核心技术，不断提高自主创新能力，摆脱产业链的控点。

产业链治理并非"千篇一律"，而是要根据发展阶段的要求和聊城市调整不同产业的动态信息做出分析判断，在产业链治理上要做到精准施策。第一，要区分不同产业链的治理结构，实施差异型优化策略；第二，要区分支撑产业链发展的优势类型；第三，要区分驱动产业链供应链现代化的不同路径，选准发力点。当前，聊城市产业链治理要把握好三个方面：一是要增强自主创新能力，提高技术研发水平，实现高质量发展；二是掌握好国内和国际两个市场，密切关注国际环境变化，增强产业链的韧性和可靠性；三是适应新科技的发展要求，提高产业链的数字化治理能力。

五　聊城市产业链治理对策建议

在双循环新发展格局的背景下，产业链治理要紧紧围绕国内大循环为主体、国内国际双循环相互促进这一基本论点，通过扩大内需，不断推进供给侧结构性改革，在技术创新的推动下实现产业结构的优化升级，摆脱产业链受控的局面。一直以来，聊城市在加快新旧动能转换、释放改革创新活力、稳定农业经济发展、实现工业生产平稳运行、积极引导就业、提高人民生活水平等方面做出了巨大贡献。依据聊城市产业链条发展的现实基础，结合未来制造业的发展趋势，应当对聊城市经济发展和产业链治理进行规划。

（1）改变产业链不稳的局面。受中美贸易摩擦影响，我国制造业已经出现向越南、缅甸等东南亚国家外迁的趋向，按目前趋势发展，在代工型龙头企业带动下，更多上游和配套企业的注意力会向东南亚等国家转移，逐步建立起部分替代中国的出口型中低端产业链，这将对中国保持产业链完整性及其竞争优势带来重大挑战。聊城市产业链多为劳动密集型制造业中低端产业链，面临着随时被替换的风险，把聊城市的经济发展置于风险之下。

（2）改变产业链不强的局面。聊城市制造业产品附加值不高，产业发展主要靠大量生产要素低价取胜，技术装备和产品的可替代性强，制造业增加值率偏低。因而，聊城市的重点产业在今后发展过程中应增加对新技术、新产品研发的投入，提高自主创新能力并吸引高端技术型人才落户聊城，以尽快实现从产业链下游走向产业链上游的转变，占据产业链中的优势环节，发挥不可替代的作用。

第一，推动产业链智能化发展。纺织、铜、铝、化工、轴承等传统产业部门要想不被淘汰，就要紧跟时代步伐，不断获取互联网时代所带来的信息因子，利用云计算和大数据捕捉市场动向，进而做出判断。汽车产业和高新技术产业作为新兴产业更要时刻注意市场动向，不仅要充分快速捕捉市场信息，而且要实现全产业链高效率运行，因此更要打造智能化产业链。

第二，推进产业链发展与数字经济相融合。深入发展数字化产业链，把数字经济作为聊城市新旧动能转换的主攻方向，更加注重知识、信息、数据、技术等新兴生产要素，加大新兴基础设施建设，将已有的产业与新兴的技术相融合，在推动实体经济数字化发展的同时实现高质量发展的要求，是贯彻数字中国、制造强国、网络强国的重要表现。

第三，充分参与全球价值链构建，打造自主产业链条。要想摆脱产业链受制于人的局面，就必须推进技术创新，开展广泛的基础研究，打通支撑科技强国的全程创新链条。同时，国内大循环要求我们重视国内产业的区域分工布局，通过管理创新，打造合理有序的产业园区，构建高效稳固的上下游产业链。此外，还应通过品牌和服务创新，打造高端消费品，不断扩大国有产品的影响力和知名度，实现奢侈品国产化。

第四，加大科研投入，改善技术水平，提高自主创新能力。实施科技创新战略，建设具有一流研发水平和顶尖技术人才的科研机构平台。市政府与企业相互配合，在高福利政策和高薪聘用的双重优势下不断吸引人才，留住人才，努力形成自己的高科技人才研发机构团体，不断提高自主创新能力。同时，不断引进国内外先进技术和管理经验，充分利用后发优势，努力提高自身技术水平和管理机制，努力改善自身发展水平。发挥企业的主体作用和政府的带头牵头作用，积极与国内外知名高校和科研机构合作，组建聊城市产业发展研究院，形成产学研一体的创新发展体系。完善税收优惠政策和减免政策，鼓励企业不断进行创新，增进企业科研投入资本。

目前，产业链治理是聊城市面临的一项艰巨任务。产业链治理不仅需要发扬自主创新精神，更需要政府和企业密切配合，在不断改进产业技术水平的情况下实现产业结构优化升级，最终实现促进聊城市经济高质量发展的终极目标。

参考文献

叶敏华：《新冠肺炎疫情影响下的全球产业链重构与中国应对之策》，《上海市经济管理干部学院学报》2021 年第 1 期。

何晓亮、叶静：《习近平新时代中国特色社会主义经济思想研究的回顾与展望》，《北京交通大学学报（社会科学版）》2021 年第 1 期。

刘怀德：《推动产业链现代化　闯出高质量发展新路子》，《湖南社会科学》2020 年第 6 期。

沈坤荣、赵倩：《以双循环新发展格局推动"十四五"时期经济高质量发展》，《经济纵横》2020 年第 1 期。

董志勇、李成明：《国内国际双循环新发展格局：历史溯源、逻辑阐释与政策导向》，《中共中央党校学报（国家行政学院）》2020 年第 5 期。

文林峰：《加快推进新型建筑工业化　推动城乡建设绿色高质量发展——〈关于加快新型建筑工业化发展的若干意见〉解读》，《广西城镇建设》2020 年第 9 期。

徐奇渊：《双循环新发展格局：如何理解和构建》，《金融论坛》2020 年第 9 期。

魏伟、陈骁：《全球产业链及疫情后的重构展望》，《金融市场研究》2020 年第 8 期。

刘金鑫：《习近平新时代中国特色社会主义经济思想的科学内涵和政策主张》，《改革与战略》2020 年第 8 期。

蒲清平、杨聪林：《构建"双循环"新发展格局的现实逻辑、实施路径与时代价值》，《重庆大学学报（社会科学版）》2020 年第 6 期。

潘雪：《中国汽车产业发展概况》，《市场周刊》2020 年第 2 期。

淄博市人民政府：《加快新旧动能转换推动高质量发展政策指引（二）》，《淄博日报》2019 年 4 月 19 日第 4 版。

姜龙：《新旧动能转换　重大工程财政政策宣讲会召开》，《山东国资》2018 年第 9 期。

马凯：《加快发展工业互联网　推动我国工业转型升级、高质量发展》，《网络安全和信息化》2018 年第 8 期。

修瑞：《智能制造促进水泥企业转型升级发展研究》，转引自中国企业改革与发展研究会《中国企业改革发展优秀成果（首届）下卷》，中国企业改革与发展研究会，2017 年。

堵逸之：《盐城市汽车产业的现状、问题与对策》，《江苏科技信息》2017 年第 35 期。

陈文龙：《西安市劳动密集型企业中社会工作发展现状及策略研究》，西北大学硕士学位论文，2017 年。

国家信息中心：《战略性新兴产业：经济增长的中流砥柱——当前国内战略性新兴产业发展和走向的调研报告》，《中国中小企业》2016年第5期。

周永占、王艳秋：《基于集群产业链治理的集群竞争力提升研究》，《北方经贸》2014年第8期。

淳悦峻、姜淑芹、赵明娜：《聊城市产业结构调整面临的主要问题与对策研究》，《山东省农业管理干部学院学报》2012年第6期。

张小蒂、曾可昕：《基于产业链治理的集群外部经济增进研究——以浙江绍兴纺织集群为例》，《中国工业经济》2012年第10期。

秦传滨：《城市工业产业规划与调整对策研究——以聊城市为例》，天津大学博士学位论文，2012年。

费钟琳、朱玲、赵顺龙：《区域产业链治理内涵及治理措施——以连云港新材料产业链为例》，《经济地理》2010年第10期。

侯淑珍：《发挥地域优势 促进聊城纺织服装行业的发展》，《山东纺织经济》2010年第4期。

杜龙政、汪延明、李石：《产业链治理架构及其基本模式研究》，《中国工业经济》2010年第3期。

云虹、胡明珠：《供应链中的关系治理模式比较研究》，《物流技术》2004年第11期。

惠凤鸣、朱立艾、姚静等：《聊城市产业结构的演化与发展研究》，《国土与自然资源研究》2003年第4期。

【聊城大学商学院（质量学院）：孔凡洋、周桐桐、马中东】

第十章 聊城市"放管服"改革的经验、问题与建议

深化"放管服"改革、优化营商环境，是激发市场主体活力和发展动力的关键之举。近年来，聊城市坚持"放、管、服"三管齐下、互为支撑，进一步降低了制度性交易成本，推动了政府职能转变，实现市场主体和就业岗位大幅增加，大众创业、万众创新蓬勃发展，催生新业态新模式快速成长，经济韧性和发展动力不断增强，对抗击新冠肺炎疫情、促进经济恢复增长发挥了重要作用。当前我国发展面临着前所未有的挑战，发展环境面临着深刻复杂变化，不确定性、不稳定性明显增加，及时总结固化"放管服"改革相关经验，深入剖析改革中存在的问题，结合中共十九届五中全会精神探讨改革创新路径，对于提升地区核心竞争力、引导经济社会持续向好发展具有关键性的意义。

一 聊城市"放管服"改革的基本经验

近些年来，聊城市按照党中央、国务院和山东省委、省政府的决策部署，高度重视"放管服"改革，坚持简政放权、放管结合、优化服务"三管齐下"，推出了许多创新举措，多项改革措施在全省改革中走在前列。在2019年度山东省营商环境评价工作中，聊城市排名跃升至全省并列第七名，其中市场监管、办理建筑许可、开办企业、获得信贷、政务服务指标排名进入全省前五名，阳谷县、临清市、莘县、茌平区排名进入全省前50名，经济技术开发区在全省32个开发区中排第五名，取得了重大突破。

（一）以简政放权为基础，释放活力和动力

简政放权是"放管服"改革的前提和基础，对于"放管服"改革的整体

123

推进至关重要。为此，聊城市各级政府大力推进简政放权，大幅度削减行政审批事项，积极推进商事制度改革，极大地激发了市场的活力和社会的创造力。

1. 积极承接省级试点，以点带面深化放权力度

政策试点是中国治理实践中一种特有的政策测试与创新机制，通过赋予地方先试先行的权力，不断推进改革的力度。近年来，聊城市积极申请、主动承接各项改革的省级试点，通过先走一步、深入一层，以点带面推进简政放权的力度。

一是推进电子证照应用改革试点。全面梳理许可证照，完成了全审批业务领域 73 项行政许可事项、55 类证照的证照模板信息采集、实体证照电子影像化、电子证照模板制作等工作。通过政务服务平台累计归集了 25175 条历史证照信息。2896 项服务事项可实现身份证等实体证照的免提交，5701 项政务服务事项可实现企业营业执照信息的自动填充。率先依托山东省电子印章系统完成市县两级行政审批领域 59 枚电子印章制作及关联工作，支撑电子证照制发应用，截至 2020 年 10 月底，市县两级共计制发电子证照 6395 件次。

二是推进告知承诺制改革试点。制定了落实方案、工作规程，梳理形成了事项清单，逐项编制了告知承诺书。在聊城市行政审批局承办的 188 个主项中，93 个主项可实行容缺办理，46 个主项可实行容缺受理，占所有事项的 73.4%。截至目前，全市行政审批系统已实施告知承诺制审批 5880 余件。

三是推进"一链办理"改革试点。形成 158 项事项链条，搭建"一链办理"双平台，率先实现平台与专网的信息互通共享，实现"一网通办"。持续减材料、减时限、减环节，材料精简 41%，环节压减 47%，时限压缩 32%。在全省率先实现"一链办理"四级通办，截至目前，共办结"一链办理"事项近 30000 例，提高了群众办事的便捷度，相关做法已被列入山东省政府优化营商环境工作典型案例。

四是推进"一业一证"改革试点。在全省率先形成"十个一"行政审批新模式，设置服务专区，推行即来即办，是全省唯一实现市、县、乡、社区四级通办的地市，精简材料 81%，压减环节 71%，压缩时限 84%。截至目前，发放行业综合许可证 2290 张，涵盖 38 个行业，覆盖行业和发证量居全省第一位。改革以来，全市新增市场主体 71656 户，环比增长近 50%，为保市场主体提供了有力保障。

2. 聚焦权责清单，确保权责事项"三级四同"

按照《山东省政府部门权责清单管理办法》相关要求，聊城市依托省级政府部门公布的省、市、县三级权责清单通用目录展开权责清单编制公布工作，实现同一权责事项的名称、类型、设定依据、编码等要素"三级四同"。同时，结合本市地方性法规，各政府部门对权责清单进行补充完善。目前，市级政府部门公布行政权力事项 4797 项、公共服务事项 345 项，对应责任事项 28352 项。县级政府部门共公布行政权力事项 31925 项、公共服务事项 2081 项，对应责任事项 71784 项。权责清单在聊城市政府、聊城市委编办和各政府部门门户网站进行了公布，接受社会监督。同时，根据法律法规规章立改废释，国务院或山东省、聊城市政府调整权责事项决定和部门职能变化等情况，对权责清单动态调整。2020 年，聊城市交通运输局等八个部门共计调整权责事项 77 项；聊城市科技局等 12 个部门共计调整权责事项 60 项。

3. 积极推进"市县同权"改革，打通改革"最后一公里"

近年来，为持续推进简政放权，提升县域发展要素聚集能力，聊城市按照"应放尽放、减无可减、放无可放"的原则，根据中共山东省委、山东省人民政府《关于深化制度创新加快流程再造的指导意见》（鲁发〔2020〕8号）的要求，结合聊城市实际，通过委托、下放、窗口前移、下放实质性审核权等方式，不断推进"市县同权"改革，将 277 项市级行政许可及关联事项调整由县级实施，其中行政许可 234 项、其他行政权力 39 项、行政确认 4项，基本实现县级与市级审批同权，努力构建市县一体化、扁平化审批体制。同时，通过配足配强工作人员、提升业务能力和强化督导等方式督促乡（镇）、社区便民服务中心（点）积极承接进驻试点事项，让群众享受到在家门口"取证即开业"的便利，打通改革"最后一公里"。目前，已将书店、便利店等高频行业审批权下放至便民服务中心（点），是山东省唯一实现行业综合许可证市、县、乡（镇）、社区四级通办的地市。

（二）以创新监管为保障，维护稳定和秩序

简政不是懒政，放权不是放任，只有以创新监管为保障，才能避免因为监管的缺位消解简政放权的红利。为此，聊城市始终坚持放管结合，实现有序"放"和重点"管"的同步推进。

1. 优化事中和事后监管

为做好放权之后的监管，一方面，聊城市从体制机制入手，制定了《聊城市加强行政审批事中事后监管实施方案》，对应政府部门责任清单 368 项主要职责，建立起 515 项监管制度，明确了追责情形 7740 项。另一方面，扎实推进综合执法改革，整合统一监管力量。通过选取聊城市交通运输局、阳谷县分别作为市、县改革试点，聊城市对监管力量进行了统一整合，在乡镇（街道）建立综合执法平台，进一步完善了执法联动机制，协同监管取得初步实效。

2. 推进"双随机、一公开"

"双随机、一公开"是实现有效监管的重要手段。为此，一方面，聊城市在全省率先制定出台了《实施双随机抽查规范事中事后监管工作方案》，为"双随机、一公开"的有效开展提供制度保障。另一方面，为提高监管的威慑力，聊城市向聊城市公共信用信息平台、国家企业信用信息公示系统（山东）和山东省域征信服务平台实时推送检查结果。目前，聊城市市场监管部门"双随机、一公开"信息推送实现 100%，有效保证了监管的公正性。

3. 探索建立信用监管制度

信用监管是以信用为基础的新型监管模式，其优势在于改变了传统的平均用力的监管形式，能够有效地分配监管资源。为了推动信用监管模式的发展，聊城市出台了《聊城市社会信用体系建设实施方案》《聊城市社会信用体系建设规划（2016—2020 年）》等制度性文件，对于信用信息依托市公共信用信息平台和"信用聊城"实现双公示信息归集共享，并在各部门网站、各级政府门户网站、"信用山东"、"信用中国"、国家企业信用信息公示系统（山东）等综合性政务网站进行多渠道公示，实现了失信企业一次违法，处处受限。

（三）以优化服务为根本，力争便捷和满意

优化服务既是"放管服"改革的起点，也是"放管服"改革的终点。基于此，聊城市"放管服"改革始终将优化服务作为重点，不断探索创新，摸索出了符合地方特色的服务模式，受到了社会的广泛好评。

1. 填补全省空白，率先实现新建商品房"交房即办证"

工程建设项目审批制度改革实施以来，聊城市率先在山东省提出延长改革链条，将新建商品房"交房即办证"纳入工程建设项目审批改革的内容。在完善和夯实房地产开发项目竣工联合验收的基础上，2020 年 4 月，聊城市填补全省空白，在莘县、市城区率先实现新建商品房"交房即办证"。目前，聊城市已经实现各县全部有实例、全域推开的全省先行模式，11 个房地产企业、4000 余户购房群众从中受益。

2. 全力打造企业开办"零材料、零成本、零距离、零见面、一个环节办理、最快 20 分钟内办结"的"4012"新模式

新开办企业实现五枚回墨印章和税控设备（含首年服务费）免费送；全市市场主体"智能秒批"和微信"掌上办"实现全覆盖，符合条件的企业全程电子化率达 99% 以上；在全省率先创新商事登记"全市通办"，建立"异地申请、属地审核、异地发照、协同办结"审批服务，全面打造商事登记全市通办的"极速通"模式；与省内 10 个地市及河北相关地市签约，实现企业开办"跨市通办"和"跨省通办"。截至目前，已为 4 万多家企业赠送印章，免费发放近 2300 套税控设备，提供免费邮寄服务 9000 余件次，通过"智能秒批"和"全程网办"办结近 10000 件，办理跨区域通办 130 余件，累计节省企业成本 2700 余万元。

总体而言，聊城市"放管服"改革取得了明显成效，政府职能得到进一步转变，服务效能明显提升，社会营商环境进一步改善。经过持续努力，聊城市"放管服"改革已经从"循序渐进、逐步深入"阶段进入了"重点突破、规范提升"阶段。但是，我们也看到，随着改革整体性、系统性和协调性的增强，聊城市的"放管服"改革也暴露出了一些问题。

二 聊城市"放管服" 改革存在的主要问题

（一）简政放权成效突出，但放权的针对性和协同性还有待提高

随着简政放权从"量化改革"到"质化提升"的转变，放什么、放多少已经不是改革的重点，简政放权是否具有针对性和协同性越来越成为改革能否取得实效的核心。从目前的实践来看，在这两个方面仍存在问题。

1. 放权的针对性不高，仍存在放权随意、主观的问题

当前，简政放权改革仍呈现出重数量轻质量的倾向，简政放权的推进更

多的是落实上级政策的要求，地方特色不足，较少从自身实际出发设计简政放权的内容和进度，简政放权的针对性不强。一是放权的随意性较大。有些市级事权在下放给县区时往往根据政策要求进行"一刀切"，没有考虑到各个县区的实际情况，导致放的事项不符合当地的实际情况。一些部门反映，所承接的上级下放的审批权限很少用得上，甚至常年不用，是否下放区别不大。二是放权的主观性较强。简政放权要注重"简"，更要注重"放"。只有下级有一定的承接能力，简政放权的改革才能顺利开展下去，如果盲目放权，权力承接之后，矛盾更加突出。目前随着市级权限逐步下放，各县（市、区）办件量剧增，压力向基层传导，而基层现有的资源并不能满足日渐增长的办理量需求，导致压件、拖件问题不断出现，服务效率下降。三是放权不彻底现象仍存在。比如，企业开办政策在各县落实情况还存在不均衡问题，出现"你放我不放"的现象，简政放权的效果大打折扣。

2. 放权的协同性不足，上下、左右的衔接还需提升

简政放权是一个系统性的改革，只有上下联动，左右协同，才能放得下，接得住，落实好。目前简政放权的改革还存在着放权不配套、不协同的问题。一方面，放权不配套的问题存在。突出表现在：一是"人不随事走""财不随事转"的情况比较突出。目前简政放权的改革中，大量事权随着改革的深入不断下放，而人员编制、财政改革却没有同步推进，这导致基层原有人员承担更多的职能职责，事多人少、事多钱少的矛盾凸显。二是相应的技术力量没有配套下放。基层不少部门反映，很多事权具有很强的专业性，需要相应的专业人员、技术力量和专业设备才能有效开展。但是，这些资源往往集中在上级部门，事权下放后，这些资源没有同步下放，导致基层工作无法有效开展。另一方面，放权不协同的情况较普遍。比如工建改革项目策划生成处于起步阶段，以"一张蓝图""多规合一"为基础，项目储备、联合策划为原则的工作协调机制尚待深化。

（二）监管的意识和能力有所提升，但监管的实效不明显

随着"放管服"改革的深入，"放管结合"的意识已经融入具体的改革过程中，各级政府对于放权之后要加强事中事后监管的认识已经达成共识。但是，随着市场主体"井喷式"的增长和新技术、新业态、新产业的不断出现，监管面临着巨大挑战，传统监管模式的弊端逐渐显露，监管的实效不理

想。一是监管不公正、监管过度的现象仍然存在。在实际的监管过程中，传统的运动式监管、以罚代管、多头监管、重复监管等问题依然存在，让企业疲于应付。二是监管方式单一。在目前的监管中，"双随机、一公开"仍是主要甚至是唯一的监管方式，信用监管、大数据监管等新型监管方式仍然处于探索阶段，实际应用效果有限。三是基层监管力量难以满足改革的需要。随着"放管服"改革的推进，基层监管任务加大，但是基层的技术、设施、人员等监管资源比较缺乏的现状没有得到改善，监管能力不足的问题比较严重。

（三）服务的意识有所提升，但公共服务质量有待提高优化

从当前"放管服"改革的实践来看，公共服务的意识和能力有所提升，但政务服务便利化与先进地市相比还有差距，前期简政放权政策的集成及规模效应还未完全实现。一是主动服务的意识不强。个别办事人员存在拖延的情况，在规定的范围内故意拖延时间，没有切实将群众的利益放在首位。对于一些例外的情况，比如由于档案或证件丢失导致群众无法办理相关事项或享受相关政策时，个别办事人员不会灵活处理，让群众来回跑腿，使群众对于公共服务产生消极评价。二是服务的精细化程度不高。比如在告知服务中，部分缺乏风险信息事前（注册、变更、注销）告知。随着企业注册资金个人自由申报制度的落实，企业随意填报资金的现象凸显，注册资金甚至多达几亿元，远远超过其实际投资额，导致后期因故需要注销时多缴纳十几万元税款，引发股东之间的矛盾，成为新的"僵尸企业"，产生一系列新问题、新矛盾。三是服务的信息化优势不明显。办事群众对政务服务网及其提供的服务内容、网上申办途径及操作流程知晓度不高，这使得互联网在企业和群众办事中发挥的作用有限，削弱了群众对于改革的获得感。四是公共服务能力与"放管服"改革的要求还有差距。公职人员能否直接掌握最新政策精神成为影响服务质量的重要因素。从目前来看，一线工作人员还存在对政策的宣传解读不深不透的问题，前期咨询、帮办代办力量明显不足，这造成企业和群众对企业开办涉及事项、办理方式、完成时限等理解不到位，办事需要多次提交材料，反复跑腿，严重影响服务的质量。目前聊城市在"承诺办结时限"方面仍有 13 个事项、"到办事现场次数"方面仍有七个事项落后全省平均水平，"水事纠纷裁决"等五个事项仍无法实现网上办理。

三　聊城市"放管服"改革存在问题的主要原因

（一）缺乏必要的顶层设计

1. "放管服"改革运行体制机制滞后

推进"放管服"改革是一项系统工程，涉及部门和人员众多，必须统筹协调，强力推进。只有在体制机制上保证了领导和统筹"放管服"改革的层级和力度才能打破不同部门的利益藩篱，确保改革协调有序的推进。2019年，聊城市将聊城市行政审批局和聊城市委编办承担的推进政府职能转变和"放管服"改革日常协调职能调整至聊城市政府办公室，设立聊城市推进政府职能转变和"放管服"改革协调小组办公室，主要负责沟通协调"放管服"改革工作，联系市县"放管服"改革工作；组织开展政府职能转变和"放管服"改革重大问题调查研究；收集汇总相关信息资料；联系主管部门组织媒体做好政策宣传解读和舆论引导工作；承担山东省政府办公厅的政务服务管理办、"一次办好"监督指导处和审批改革推进处安排的各项工作。从机构改革的历程来看，相比国内先进地市、省内其他城市，聊城市推进"放管服"改革的体制机制建设相对滞后，丧失了改革的先机，历史积习问题严重阻碍了"放管服"改革的持续深化。

2. 相关层面改革的联动性不足

在"放管服"改革中，各职能部门根据与本部门行政审批事项相关的法律、法规和规章研究事项的下放、监管等问题，但是很多事项涉及许多部门，只有配套改革、彼此协调才能起到实际效果。然而在实践中，由于相应的沟通和协调并不及时和顺畅，再加上缺乏统一的标准和指导性原则，不同部门改革的具体内容、方法、广度、深度都有很大的差异。相关部门的改革联动性不足，改革不同步，导致放权不协调、放管难结合、服务效能提升不明显等问题的出现。

3. 相关层面改革的力度不均衡

相关层面改革的力度不均衡是导致"放管服"改革问题丛生的一个重要原因。一方面，"放""管""服"这三个层面的改革力度不均衡。从"放管服"改革的历程来看，这三句话并不是一开始就被完整提出来的。"放管服"

系统化改革的思想是在改革的具体实践中逐步完善的，最开始主要强调的是简政放权，各级部门改革的重点都在于取消非行政许可审批、削减行政审批事项、下放审批权限等方面。随着改革的深入，市场主体爆发式增长，监管难题不断出现，如何加强事中事后监管成为一个突出问题，因此又提出要注重放管结合。但如果仅仅是这两项要求，简政放权和放管结合的改革仍没有价值引领和最终的落脚点，"放管服"改革就会异化成政府系统封闭式的、纯技术性的变革，这显然偏离了改革的初衷。所以，最后又把优化服务的要求完整地提了出来，作为简政放权和放管结合改革的依据。理念的逐步完善导致实践中改革推进的不均衡，各个部门推进"放"的力度很大，但"管服"却没有取得与"放"相应的进展。很多部门在具体实践过程中只注重放权，不注重监管，也不加强服务，造成政府在市场监管和提供服务中"缺位"。另一方面，无论是简政放权还是放管结合、优化服务，不同领域的改革力度也不均衡。一些强势部门，由于基础较好，基层能够顺利承接下放的权力，承担起相应的监管职能，服务质量的提升也有一定的人员、技术支持，"放管服"改革的推进比较顺利。而一些弱势部门由于资源不足，缺少人员、技术、资金的支持，"放管服"改革很难落实到位。这也导致放权不配套、监管不协同、服务标准难以统一等一系列问题的出现。

（二）监管体制构建滞后

1. 政府监管体制机制构建不完善

监管是政府的基本职责，有效的监管是推进"放管服"改革深入发展必要的保障。但在现实中，政府监管体制机制的构建滞后于"放管服"改革的实际进程，成为加强事中和事后监管的"最大短板"。一是政府监管体制改革尚未实现突破。比如目前在县市一级已普遍将工商局、食品药品监管局、质量监督局合并为市场监管局并在乡镇一级建立市场管理所，但监管体制并没有实现根本性的转变，人员配备和技术设备也达不到要求，难以实施调整后的过程监管职能。二是缺乏制度化的运行机制，监管随意性大。相对于行政许可的设定和实施程序而言，事中和事后的监管自由裁量权较大。由于各部门缺少对事中事后监管的具体细化规定，没有依法依规建立事中事后监管的制度化运行机制，从而导致一些行政机关要么不检查，要么不分情况突击检查、运动检查，检查的程序和手段都不规范，监管效果较差。

2. 行业协会发育不成熟

行业协会是会员自愿组织起来的团体，介于政府、企业之间，是政府与企业沟通的桥梁和纽带。行业协会产生和发展的意义在于通过制定行业规范、公益诉讼、行业自律等多种方式和途径来规制企业的行为，进而维护整个行业的稳定发展。所以，行业协会与市场和企业有着密切的联系，其在事中事后监管过程中拥有政府不具备的优势，可以很好地弥补政府监管的滞后性所带来的问题。然而，现阶段，行业协会存在组织自主性差、行业自律缺失、严重缺乏公信力等方面的问题，政府部门也缺乏与行业协会必要的对接程序，致使政府部门与行业协会的协同监管衔接不流畅、不匹配、不协同，间接导致"放管服"改革达不到预期效果。

3. 社会参与的监管制度尚未形成

社会参与既是民主进步的体现，也是政府部门监管信息的重要来源，可以弥补自上而下监督的缺陷，是监督体系不可或缺的力量。但是，目前公民、社会组织、新闻媒体等各种社会力量囿于自身认知水平的限制，或出于对政府的不信任，或缺乏有效参与的渠道，往往不愿参与到监管的过程中。即便参与，也多是以网络舆论、上访等"消极参与"手段为主。社会参与监管过程的缺失，使得政府、行业协会和社会协同监管的大监管体系无法形成。另外，社会参与不足也导致政府缺乏与社会的良性互动，政府监管部门无法掌握真实的情况，政府监管的效能被进一步削弱。

（三）执行人员的素质能力有待提升

执行人员的素质能力直接决定了"放管服"各种举措能否落地，如果执行人员对于改革政策不明，改革举措执行不力，那么再好的改革也难以发挥应有的效果。从实际来看，一方面，执行人员仍存在对"放管服"改革认识不清的情况。通过调研发现，一些政府工作人员对"放管服"改革的认识和把握不到位，对于改革的认识基本上还停留在简政放权阶段，重点还在于行政审批改革，包括精简审批数量、公开审批要素、推进集中审批、压缩审批权限、优化审批流程等，对于如何做好"管"和"服"缺乏足够的关注，这在相当大的程度上制约着"放管服"改革的协调推进，造成监管问题丛生、服务制度和流程设计不合理等问题。另一方面，工作能力的提升滞后于"放管服"改革的进程。"放管服"改革是一个系统性的政府变革，最终体现在执行人员工作的过程之中，落实到执行人员开展工作的方式方法之上。执行人员能否转变原有的工作模式，合法合规负责地开展治理决定了"放管服"改革的最终效果。目前来看，这一转变还不到位。部分政府工作人员的行为方式仍具有较强的主观性、随意性，对于"放管服"改革中提出的新的工作理念、流程、方法不能有效适应，这使得改革推进遇阻，甚至流于形式。

（四）承接部门资源支撑不足

承接部门资源支撑不足直接影响"放管服"改革的实际效果，导致下放权力接不住、监管缺位、服务低下等问题出现。从目前来看，一方面，基层政府的承接能力不足。行政审批事项下放后，承接的部门增加了工作量，同时也对工作设施、人员素质提出了更高要求。随着"放管服"改革的深入推进，大量的市级事权下放给基层，但是相关的配套改革并没有随之推进，这导致基层政府在承接能力上明显不足，人员、资金、设备、技术等方面的矛盾进一步加剧，接不住、管不好的问题不断出现，使得"放管服"改革难以深化。另一方面，社会中介组织承接能力不足。社会中介组织是承接政府职能转移的重要主体，能够为经济社会发展提供更专业、更优质的社会化服务。但是目前社会组织还存在人力资源不足、资金规模较小、管理不够规范等问题，造成转移给中介机构的部分权力得不到有效承接，影响了权力下放的效果。尤其是在县级，政府职能的转移往往会因为没有合适的承接主体而出现不得不暂缓的尴尬现象。即便有中介组织具备承接能力，由于能够承接的社会组织较少，无法对企业和群众形成竞争性的供给，这导致转移出去的权力服务效率反而更低，影响了"放管服"改革的效果。

（五）公共服务测评制度机制不完善

1. 考核监督与问责机制不健全

考核监督与问责是改革的"指挥棒"，决定着改革的方向和力度。目前"放管服"改革的推进还缺乏健全的考核监督和问责机制作为保障。一方面，对放权后的考核监督力度不够。在量化改革的导向之下，考核监督的重点还在于简政放权，考察有没有放权，放权多少，而对于放权之后权力的运行缺乏有效的跟踪、监督和管理。在考核内容的设计上，对于权力外放之后，群众、企业办事是否更加便利，行政效率是否进一步提升，行政成本是否得到削减；权限下放之后，承接落实情况如何，是否需要指导和帮助等方面重视度不够，这是导致"放管服"改革不均衡的重要原因。另一方面，缺乏相应的问责机制。针对目前"放管服"改革中出现的问题，问责机制不健全，问责的标准、依据、方式等还不明确。问责的不及时、不到位使得"放管服"改革中的错误倾向不能得到有效纠正，甚至在一定程度上助长了问题的出现。

2. 营商环境的考评细则缺失

营商环境是一个地区经济社会发展的检测仪和风向标，它能准确真实地反映每个城市的思想解放程度、市场发育程度、对外开放水平、发展潜力和综合实力。政府是优化营商环境的主体，而"放管服"改革是政府优化营商环境的核心。"放管服"改革的深入推进必须要以营造稳定公平透明可预期的营商环境为导向。但是，目前聊城市还未出台营商环境考评细则，仅在2018年参照《山东省营商环境评价实施方案》，以企业开办、获得信贷、办理施工许可等六方面为主要评价指标制定了《聊城市营商环境评价实施方案》讨论稿。营商环境考评细则的缺失导致"放管服"系列政策和措施的制定和实施缺乏针对性，改革的实效性不强。

四　聊城市深入推进"放管服"改革的路径选择

"坚持和完善社会主义基本经济制度，充分发挥市场在资源配置中的决定性作用，更好发挥政府作用，推动有效市场和有为政府更好结合"。中共十九届五中全会对科学把握市场与政府关系这一重大的理论和实践命题进行了深刻总结，为当前和今后一个时期深化"放管服"改革提出了明确目标和要求。这就需要在多个层面、多个领域继续深化改革，进一步厘清政府"为与不为"的边界，进一步做好简政放权的"减法"、做强监管的"加法"和优化服务的"乘法"，推动有效市场和有为政府更好结合。

（一）解放思想，自觉扛起改革重任

思想是行动的先导。思想认识是做好"放管服"改革，改善营商环境的基础。

1. 解放思想，冲破不合时宜的思维定式

习近平总书记说："改革开放的过程，就是思想解放的过程。没有思想大解放，就不会有改革大突破。"2020年8月13日，全市召开干部作风整顿动员大会，聊城市委书记孙爱军提出开展以"三遍访三评议三提升"为主要内容的干部作风整顿工作，大力弘扬"勤勉敬业、敢于担当、马上就办、持之以恒"的工作作风，以作风大整顿促进作风大转变。作风整顿抓住了聊城发展的根本问题，把脉准确，为聊城市深化"放管服"改革、优化营商环境奠定了坚实的思想基础。推动思想大解放要与作风整顿相结合，使广大干部牢固树立以人民为中心的发展思想，克服"官本位"思想，当好"店小二"，强化为人民服务的宗旨意识，真正放下身段、俯下身子，为企业和群众服务，有效解决一些干部思想上存在的"怕、慢、假、庸、散"等作风问题。

2. 敢于担当，增强便民利企的政治自觉

"放管服"工作的推进既需要服务的意识也需要担当的精神，增强便民利企的政治自觉，敢为天下先，勇于创新，大胆突破，敢于担责。这需要以党中央、国务院和山东省确定的"放管服"目标为指导，以利国利民为价值取向，打破部门利益的藩篱，破除故步自封的思维，以"功成不必在我"和"功成必定有我"的精神狠抓落实，决不能因部门或自身利益阻碍改革，影响"放管服"工作的推进。只有敢于担当才能够深入实际调查研究，才能够摸清实际存在的问题，找出问题的原因和症结，才能够坚持目标引领，明确责任、传导压力、牵引改革。

（二）立足顶层设计，增强"放管服"改革的系统性

1. 强化组织，强化对"放管服"的领导和统筹

"放管服"改革是一项系统性的工作，绝不是某个部门和个人所能解决的问题，需要顶层整体设计，这就必须加强组织领导和统筹。目前聊城市推进"放管服"改革的体制机制建构已经基本完成，下一步需要进一步优化组织流程，包括领导、决策、协调、指导、督查、反馈，形成封闭回路，根据执行情况随时调整完善。同时，必须强化推进"放管服"改革"一把手"工程的地位，确保主要负责人亲自上手、亲自安排部署，分管负责责任人把具体落实抓实抓牢。

2. 协同推进，加强政府各部门之间的协同联动

"放管服"改革在执行层面也需要多个部门的合作。机构改革之后，政府各部门职能的划分更加科学合理，为"放管服"改革奠定了职能机构基础。但是很多部门往往囿于传统的工作模式，难以调整和适应新的要求，更不知如何配合和协调。这就需要强化协同联动机制，完善沟通、交流、会商等制度建设，建立牵头单位负总责、各有关单位密切配合的工作机制，形成工作合力。

（三）创新制度，提供制度保障和支撑

制度是"放管服"改革成功的保障。中共十九届四中全会通过的《中共中央关于坚持和完善中国特色社会主义制度推进国家治理体系和治理能力现代化若干重大问题的决定》（以下简称《决定》），专门以制度建设为主题，高度强调了制度建设在引领改革、推进发展中的根本性作用。新时代推进"放管服"改革，必须重视制度建设，通过制度固根本、扬优势、补短板、强弱项，充分发挥改革的制度红利。

1. 清理影响"放管服"改革持续推进的制度

要全面梳理不利于现有改革落地、抑制市场主体活力、过时的政策法规和规范性文件。按照中央地方事权，依据法律规章等的立、改、废、释等方面的情况，结合地方实际，及时清理影响营商环境的制度，为"放管服"改革扫清制度障碍。

2. 及时把改革中形成的成熟经验制度化

"放管服"改革的推进是一项实践性很强的工作，需要逐步探索成熟。在改革中发现问题、解决问题，逐步积累经验以适应经济社会发展的需要。要善于总结经验教训，善于提炼提升，通过经验交流、研讨论证、听取意见建议等多种途径，及时总结改革中形成的成熟经验并将其制度化，确保后续各项工作有法可依、有章可循。

3. 政府各部门从工作特点出发创新制度

一是各单位要从工作实际出发进一步细化相关实施细则。对符合聊城功能定位的行业和产业政策进行权威解释，明确政策适用内容，统一相关办事流程，增强政策制定和执行的清晰度，使具体业务办理人员有据可依，压缩政策解释、执行的自由裁量权，提高办事效率。二是要进一步完善政务服务

标准体系，健全动态调整机制。研制全市统一的服务规范和考核标准体系，明确激励惩罚措施，切实转变基层一线工作人员的理念，充分调动他们的工作积极性，切实增强其服务能力和水平。

4. 以诚信建设为主体，营造良好社会氛围

诚信是现代社会运行的基石，是保障经济活动正常运行的前提。人无信不立，国无信不强，政无信不威，业无信不兴。积极推进诚信建设，尤其是政务诚信建设，营造诚实守信的社会风气，是深入推进"放管服"的内在要求。信用不是与生俱来的，解决诚信问题必须要靠制度来约束，利用社会信用体系来维护。目前聊城市社会信用体系的构建取得了一定的成绩，下一步还需要以多部门加强协同配合作为基本保障，在当前基础上进一步改变现行一元体制下的多头混治、利益博弈格局下的分段监管等弊端，进而实现对违法失信风险的精准监管和协同监管，只有这样才能把"信用聊城"打造成聊城的新名片。

5. 加快构建具有聊城特色的考核机制及评价体系

相关考核机制及评价体系的优化在一定程度上引导着"放管服"改革的方向和实效，构建符合当地地情的评价指标体系，能及时纠正改革中的问题，为各个部门政策、措施的制定提供指引和约束。一是细化考评体系。在政府内部，在权力清单、责任清单、负面清单制度基础上细化监管清单。通过考评体系的细化，明确政府监管在审批部门、监管部门和业务主管部门之间责任划分，厘清主责和协责关系，使相关部门在具体工作中能明晰自己的责任所在，切实担负各自领域具体责任，使责任追究有据有力有效。二是引入第三方评估。改革成效如何，营商环境怎样，不能单纯由政府自己说了算，引入第三方评估，可以有效提升评价的客观性。三是建立社会监督体系。通过建立网络、信箱、接访、交流等多种形式的平台，建立完善的社会监督体系，形成人大监督、政协监督、群团监督、群众监督、舆论监督、司法监督等多种监督的合力。

（四）对标先进，加速审批事项流程再造

1. 以量化目标倒逼审批流程简化

从全国各地实践来看，武汉市推行的"三办"清单，北京市推动的"单一窗口、单一表格"改革，无不是先确定量化的目标，运用量化目标倒逼审批流程简化。这种改革方式易于考核，责任明确，压力传导清晰，在实践中能够发挥重要的引领作用，值得借鉴。这就需要对工作、人员等要素进行精准的分析，对当前技术、人员素质能力、工作的性质、工作的难易程度等进行有效的评估，合理制定量化目标，以此倒逼行政审批流程的简化。

2. 加快推进审批流程集成化改革

行政审批集成化改革是以人民为中心的理念来审视行政审批制度，重新设计行政审批制度的权限、运行机制与评价方式，这是一个理念转变和制度变革的过程，能从根本上破解行政审批制度的弊端。江浙一带"最多跑一次""不见面审批"等改革都是行政审批集成改革、提供政府整体服务的体现。对此，应加快构建市级审批平台，实现与省级数据库实时交换共享，由审批部门直接调取数据中心的户籍、社保、婚姻登记、国税、不动产登记数据以及金融系统的相关数据，形成一个窗口收齐审批必需的材料后，其他材料由工作人员从数据库调取，后台集中审核的工作模式。

3. 提升审批事项标准化水平

就行政审批标准化来说，要依托政务大厅，以行政审批服务标准化建设为突破口，加快建立行政审批标准化体系和联合运作机制。严格实施行政审批事项目录管理，建立行政审批标准，再造审批流程，做好行政审批标准化实施工作。同时，要不断优化政务服务网络，改进基层政务大厅运行机制，为改革提供硬件支撑。

4. 以政务云平台为载体，加强数据整合

加快推进政务云平台建设是打破部门信息壁垒、提升为民服务的破题之策。聊城市政务服务平台于2016年启动建设，2017年1月正式运行，对于平台的运用目前还存在思想认识不到位、区域和城乡差异明显、基础设施参差不齐、应用广度和深度有待加强、对云服务安全问题重视不够等问题和现象。因此，必须明确部门上云的时间表和业务范围，推进将购买政务云服务的重心向云平台服务和云应用服务转变，全面实现信用、交通、医疗、卫生、就业、社保、地理、企业登记监管等民生保障服务相关领域的政府上云工作。通过虚拟化实现计算资源的高效利用，更好地适应政府数据的共享、交换、整合与开放要求，真正做到"数据多跑路，群众少跑腿"。

（五）加快监管转型，提升监管的质量

监管转型、加强监督落实是"放管服"改革成功的关键。

1. 创新监管制度机制

转变政府角色，推进协同监管。一是在政府内部实行协同，在集中审批权和监管权后，政府内部形成了业务主管部门、审批部门、监管部门之间的新的管理格局，应当适应这种变化，构建合理的监管制度和政策，明确持续"放管服"改革的重点和难点，研究政府监管的职责在不同部门之间的配置和衔接，对市场和社会合法行为既做到不做额外的干预，又做到监管到位；二是构建社会多元主体参与监管机制。其中，关键是强化行业自律机制，充分发挥行业协会自我管理、自我约束、自我优化的作用和能力，最终实现政府、市场、社会等多元主体的责任共负、协同监管。

2. 强化事中事后监管

政府应当实现由"重审批，轻监管"转变为"松审批，紧监管"，由"管微观、管过程"转变为"管宏观、管目标"。一方面，通过完善"双随机、一公开"监管模式以及社会征信体系建设等，加强事中事后监管；另一方面，必须处理好专业监管、综合监管、属地监管的关系，避免对同一个事项的监管在生产领域是专业监管，在流通和消费领域变为综合监管的状况，有效推进"五合一"监管体系的无缝实施。

3. 建立科学的监管责任追究机制

一是在政府内部，依据权力清单、责任清单、负面清单、监管清单，明确审批部门、监管部门、业务主管部门之间权责关系的基础上，建立科学的监管责任追究机制，确保有权必有责，有责必担当，否则必将被追责。二是在政府外部，要注重加强市场主体和社会组织的责任意识，清晰明确规定企业和社会组织在安全和质量方面应该担负的责任，对于违法者严惩重罚。三是支持探索监管新模式，改革是走前人没有走过的路，失误错误在所难免。在地方政府探索监管创新的方式方法过程中难免要走弯路犯错误，要完善容错纠错机制，明确免责界限，为改革者撑腰、为担当者担当。

（六）加强教育培训，提高公务人员综合素质

提高公务人员综合素质是"放管服"改革成功的根本。推进"放管服"

改革，作为相关人员一要熟练掌握相关的法律法规政策制度；二要熟悉本单位和自身职位的职能和工作流程；三要熟练掌握现代网络技术、具备过硬的用网能力；四要具备过硬的文字能力和语言表达能力。对此，可以通过多种渠道和形式加强教育培训。比如根据实际需要，可以从地方实际出发，由专家开办讲座，对公务员进行分级分类政策解读和业务培训；到先进地区观摩学习、实地体验感受；由部门业务能力过硬、工作出色的人员做经验介绍、现场指导；单位内部开展一帮一活动，先进带动后进。通过培训，增强基层工作人员的综合素质，切实推进"放管服"改革，助力各项改革政策落地落实。

【中共聊城市委党校：李营】

第十一章　构建和完善聊城科技创新
体系研究

中共十九届五中全会指出，"坚持创新在我国现代化建设全局中的核心地位，把科技自立自强作为国家发展的战略支撑，面向世界科技前沿、面向经济主战场、面向国家重大需求、面向人民生命健康，深入实施科教兴国战略、人才强国战略、创新驱动发展战略，完善国家创新体系，加快建设科技强国"。当前正处于改革攻坚的关键时期，必须牢牢把握全球经济发展的脉搏，以供给侧结构性改革为主线，加快制度创新、科技创新、人才创新、文化创新、生态创新、充分释放政策红利，为确保经济稳定增长创造良好的环境。"创新、协调、绿色、开放、共享"的发展理念是一个不可分割的有机整体，相互贯通、相互促进，必须一体推进、一起发力，尤其是要根据发展实际创造性贯彻落实。为此，加快聊城经济高质量发展是实现经济稳增长的必由之路，这就要求我们必须改变现有的发展方式，增强创新供给，突出机制创新，打造综合创新体系。

一　创新体系构建面临的形势

当前，世界经济格局发生深刻变化，全球科技经济融合趋势越发明显，科学技术发展日新月异，从事创新活动的不仅有各种科研院所、高等学府，越来越多的企业也在搞技术创新。如果放任不管，不同单位各自为政，创新成果将大打折扣。新的形势要求构建创新体系，把各方面创新需求、创新条件、创新力量和创新智慧整合起来。2018年5月，习近平总书记在两院院士大会上指出："中国要强盛、要复兴，就一定要大力发展科学技术，努力成为世界主要科学中心和创新高地。我们比历史上任何时期都更接近中华民族伟大复兴的目标，我们比历史上任何时期都更需要建设世界科技强国！"建设世界科技强国，迫切需要健全国家创新体系，提升国家创新体系的整体效能，强化科技和创新的战略支撑作用。

近年来，山东省深入学习贯彻中共十九大精神，坚持新发展理念，落实八大发展战略部署和高质量发展要求，强化创新能力建设，加大政策落实力度，科技实力进一步增强。2020年，山东省政府陆续出台了《山东省创新型省份建设实施方案》《山东省人民政府关于健全科技创新市场导向制度的若干意见》《关于建立山东产业技术研究院推动创新发展的框架意见》和《关于打造"政产学研金服用"创新创业共同体的实施意见》等一系列推动创新要素整合的政策，突出"政产学研金服用"的主导作用，带动各要素加速流动、融合发展，形成市场有效、政府有为、企业有利、协同高效的创新创业环境，全省综合科技创新水平再创新高、创新资源持续增加、创新产出全面提升。

中共十九大明确提出，"创新是引领发展的第一动力，是建设现代化经济体系的战略支撑"。"十四五"时期，是聊城市加快推进转型升级、发展创新型经济的关键期，也是聊城市经济社会发展的重大战略机遇期，实施创新驱动发展战略，可以说迫在眉睫、刻不容缓。我们必须增强紧迫感，抓住机遇，及时确立发展战略，全面增强自主创新能力和科技竞争力。面对新常态下科技创新方面的机遇和挑战，要主动适应国际国内创新发展的大趋势，深刻把握科技创新发展规律和时代变革要求，全面提升科技创新能力，强化科技创新引领，实现创新驱动发展。

二　聊城市科技创新体系运行现状

近年来，聊城市紧紧围绕中央、山东省和聊城市委、市政府决策部署，牢固树立"创新、协调、绿色、开放、共享"的发展理念，实施创新驱动发展战略，全面深化科技体制改革，积极开展创新型城市建设，聚力培育创新型企业，加快建设各类创新载体，推动以科技创新为核心的全面创新，营造有利于创新驱动发展的市场环境和社会环境，激发大众创业、万众创新的热情与潜力，在经济新常态下推动全市经济尽快走向创新驱动、全面协调和可持续发展的轨道，科学发展、跨越发展，为与全省同步全面建成小康社会，创造聊城人民更加幸福美好的生活奠定良好基础。

（一）技术创新体系运行现状

1. 创新平台载体建设

近年来，聊城市紧紧围绕建设创新型城市、建设强市名城这一主题，强化科技资源的高效配置和综合利用，加快聊城市科技创新平台建设，重点推进国家级、省级重点实验室、工程技术研究中心建设，夯实科技发展基础，增强区域创新能力。如图 11-1 所示，截至 2020 年底，聊城市拥有国家级创新平台载体 39 家，省级创新平台载体 195 家，市级创新平台载体 515 家。同时，国家级中小企业公共服务中心示范平台实现零的突破，聊城产业技术研究院、绿色发展研究院正式挂牌运营，推出了聊云数据湖 5G 应用体验区、东阿阿胶 5G 智能体验工厂等一批典型应用场景，主城区实现 5G 信号全覆盖，中通客车 10 米公交车在全国率先进行 L4 级自动驾驶道路测试，聊城文化创意产业园入选省级成长型数字经济园区等。

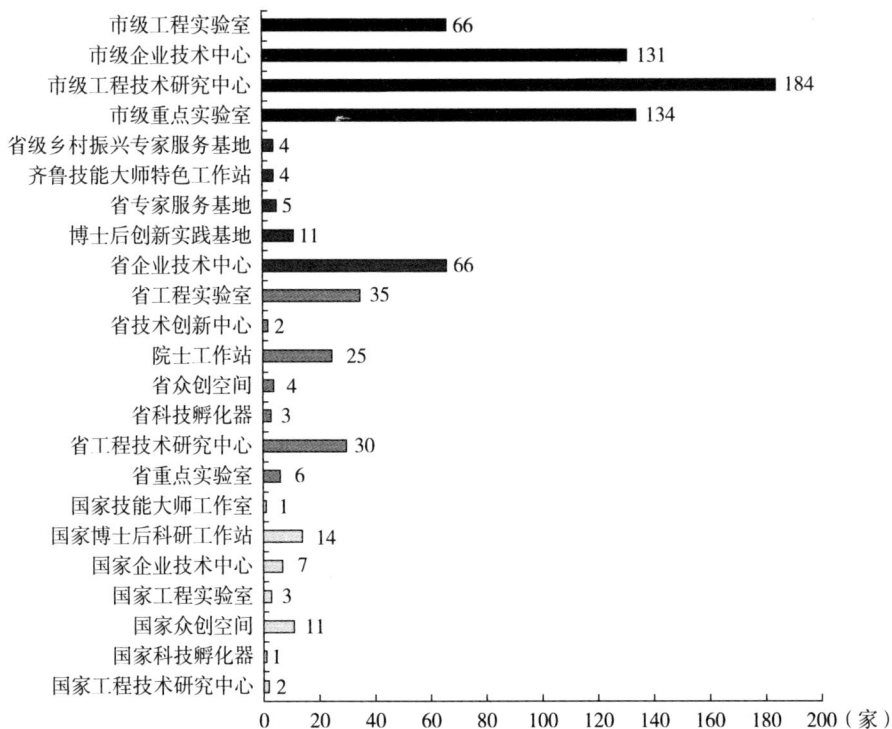

图 11-1　2020 年聊城市创新平台载体明细

2020 年 6 月，揭牌成立聊城产业技术研究院，这是山东产业技术研究院在山东省设立的唯一分院，该研究院立足聊城市产业发展实际，围绕聊城市优势产业和未来科技战略发展布局，充分发挥技术、人才等各方面的优势，为聊城市产业结构调整和优化升级提供技术和智力支撑。在全省率先实施"规模以上工业企业研发机构全覆盖"工作，着力补齐企业创新短板，大幅提高企业自主创新能力。已备案认定 479 家企业研发机构，以研发机构建设推动企业研发活动开展。2020 年，全市已有 653 家规模以上工业企业建立了研发机构，研发机构覆盖率由年初的 14.8% 提高到年底的 54.4%。鼓励、支持企业与省内外高校、科研院所建立合作关系，广泛开展产、学、研活动，推进各类科技空间平台建设。同时，实施制造业创新中心建设工程，聚焦生物医药、新材料、新能源汽车、装备制造等领域，布局建设重点实验室、工程实验室、技术创新中心、"一企一技"研发中心等创新平台，支持祥光铜业、鲁西化工、诺伯特智能装备、东阿阿胶及乖宝等优势企业建设国家级创新平台，创建一批重点创新平台载体。

2. 高新技术产业发展

近年来，聊城市大力开展高新技术企业培育行动，"十三五"期间全市高新技术企业数量增长超 5 倍，高新技术企业从 2015 年的 51 家增加到 2020 年的 268 家（见图 11-2）。2020 年初，为贯彻落实"新时代兴聊十大工程"大力培育高新技术企业的要求，全面提升高新技术企业数量和质量，加快创新型城市建设，聊城市科技局、聊城市财政局、聊城市人力资源和社会保障局、聊城市税务局联合制定了《聊城市高新技术企业培育三年行动计划（2020-2022 年）》，通过建立高新技术企业培育库、提升高新技术企业认定服务水平、引导社会中介机构参与高新技术企业培育、推动高新技术企业税收优惠政策落实等一系列措施加大高新技术企业培育。

近年来，聊城市把培育高新技术产业作为新旧动能转换的主引擎，产业结构不断优化，2020 年聊城市高新技术产业产值占规模以上工业总产值比重为 42.03%，增幅列全省第三位，比 2015 年的 26.26% 提高了 15.77 个百分点，年均增长 3.15%（见图 11-3）。高新技术产业高质量发展，极大地促进了产业结构的调整和国民经济的增长，在全市新旧动能转化步入爬坡过坎的攻坚期发挥了应有的支撑带动作用。

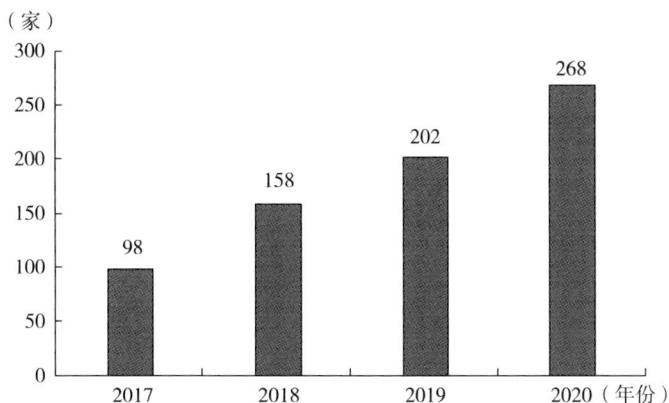

图 11-2　2017～2020 年聊城市高新技术企业数量统计

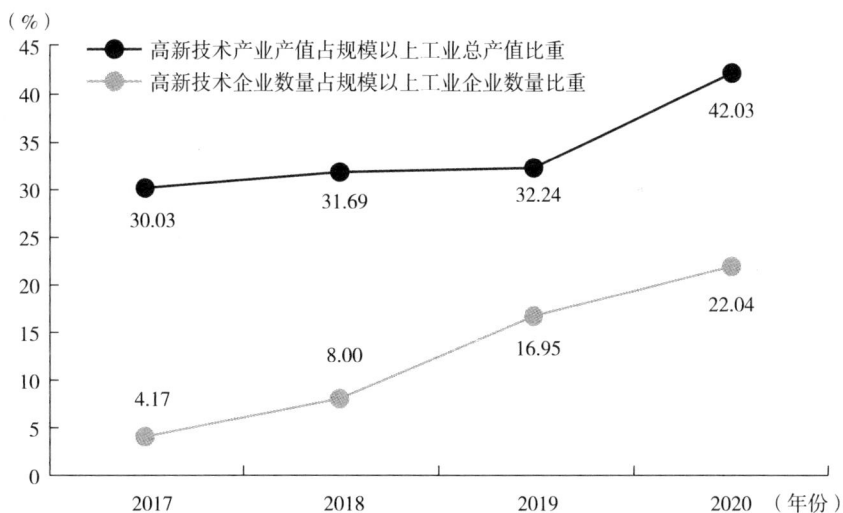

图 11-3　2017～2020 年聊城市高新技术企业占规模以上工业相关数据统计

3. 规模以上工业企业创新能力

企业是聊城市研发活动的主力军，近年来聊城市规模以上工业企业研发经费支出占全市研发经费支出的比重一直在 95% 左右，有研发活动的规模以上工业企业数占全市有研发活动单位数的比例保持在 90% 左右；企业 R&D 人员占全市 R&D 人员比重稳步增长。2018 年聊城市规模以上工业企业新产品销售收入占主营业务收入比重达 30.77%，跃居全省首位。

2019 年初，由于规模以上工业企业数量核减，聊城市规模以上工业企业从 2017 年的 2325 家核减到 2019 年的 1192 家，导致规模以上工业企业 R&D 经费内部支出下降，有 R&D 活动的单位减少，但是企业创新意识增强，规模以上工业企业中有 R&D 活动的占全部规模以上工业企业的比重和有研发机构的规模以上工业企业有所增加（见表 11-1）。由于聊城市工业企业大部分为传统行业企业，2018 年受经济下行影响较大，规模以上工业企业 R&D 经费支出占主营业务收入的比重有所下滑，企业 R&D 经费内部支出逐年下降（见图 11-4）。

表 11-1　企业创新指数情况

创业创新指标	2017 年	2018 年	2019 年
规模以上工业企业 R&D 经费内部支出（亿元）	64.54	56.8	40.19
规模以上工业企业有 R&D 活动单位数（个）	226	146	132
规模以上工业企业有 R&D 活动单位占比（%）	9.72	7.39	11.07
规模以上工业企业 R&D 经费支出占主营业务收入的比重（%）	0.89	1.85	1.23
有研发机构的规模以上工业企业占规模以上工业企业比重（%）	4.73	4.15	7.21

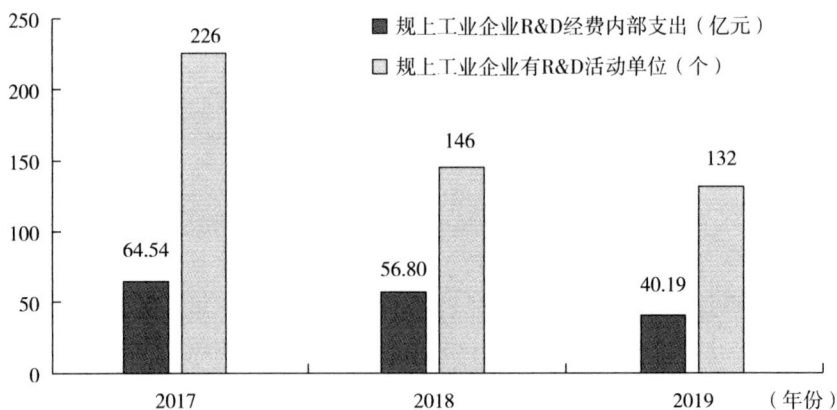

图 11-4　聊城规模以上工业企业 R&D 经费数据统计

（二）知识创新体系运行现状

1. 知识产权创造情况

专利活动规模持续扩大，知识产权量质提升。近年来，聊城市每万人发明专利拥有量稳步提升，截至2020年11月，聊城市每万人发明专利拥有量3.83件，较"十三五"初期大幅增加（见图11-5）；全市有效发明专利拥有量大幅提升，截至2020年11月，全市有效发明专利拥有量为2328件，比"十三五"初期增长89.58%。发明专利申请量逐年增加，全社会创新意识有所增强（见图11-6）。

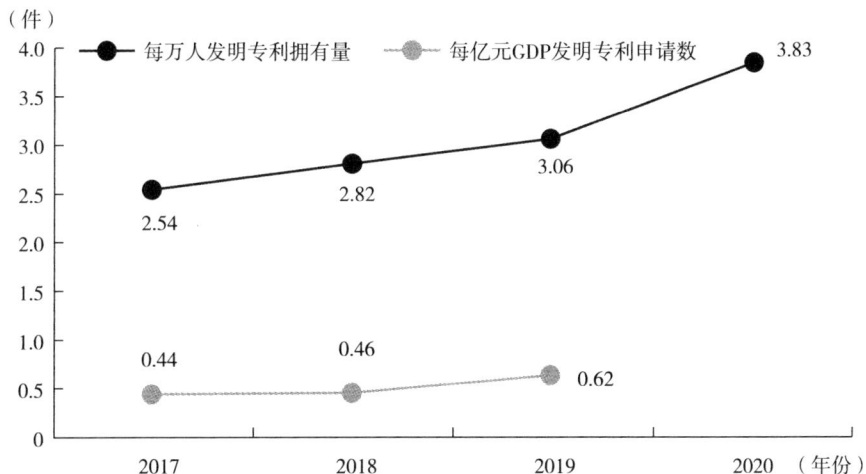

图 11-5 2017~2020 年聊城市发明专利统计（1）

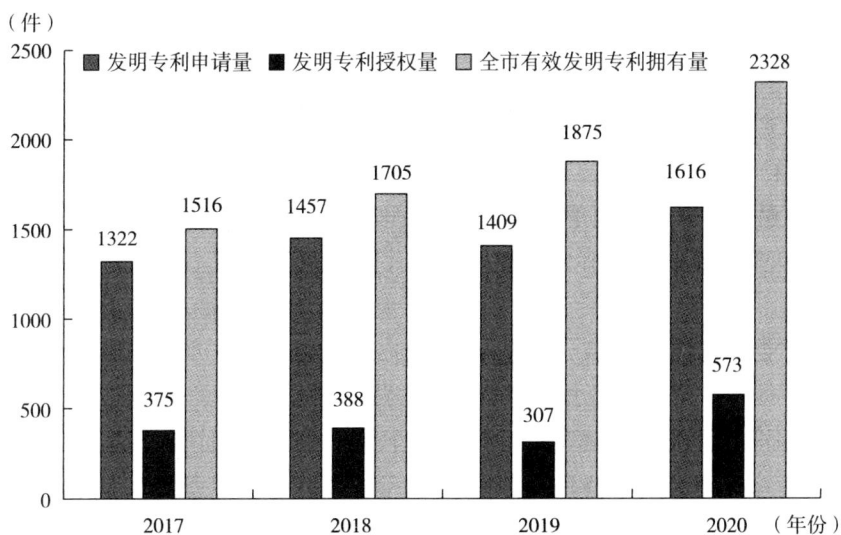

图 11-6 2017~2020 年聊城市发明专利统计（2）

近年来，精心组织和策划"4·26"知识产权周宣传周、知识产权服务万里行活动，加大知识产权宣传培训力度。推动聊城市知识产权专项资金管理办法和市专利奖励办法的修订，进一步充实、制定支持知识产权工作的相关政策措施。制定了《专利行政执法全过程记录实施办法》《重大行政执法决定法制审核实施办法》等专利执法制度，打击假冒专利专项行动，营造良好的市场环境。

2. 技术成果交易情况

近年来，聊城市加大对技术合同相关税收优惠政策及操作流程进行广泛宣传，加大政策享受企业典型经验推广，不断提升企业开展技术合同登记和技术转移转化的积极性和主动性。注重增强服务意识，积极帮助企业完成技术合同申请、受理、认定登记等工作。2019年由于经济下行，企业研发活动相对减少，企业研发投入的降低导致技术合同成交额下降（见图11-7）。从合同类别来看，技术开发、技术服务合同成为技术交易中的主要类型，两类合同登记总项数和总成交额均占全市技术合同交易的80%以上。技术要素的活跃流动成为科技实力快速提升的有效保障，为聊城市新旧动能转换提供科技支撑。

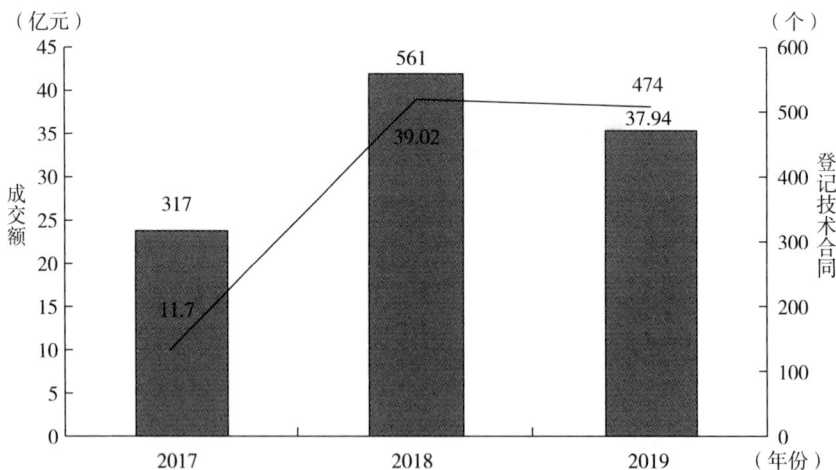

图11-7 聊城市技术合同及成交额统计

（三）创新环境体系运行现状

1. 创新资源情况

近年来，聊城市创新环境指数各项指标在全省的位次比较落后，创新资源劣势较明显，全社会研发经费支出占 GDP 的比重逐年下降（2018 年由于 GDP 数值核减导致占比提高）（见图 11-8）。虽然地方财政科技资金支出呈逐年上升趋势，但是地方财政科技支出占公共财政支出的比重持续较低，远低于全省平均水平，未能有效发挥财政资金的支撑引导作用（见图 11-9）。

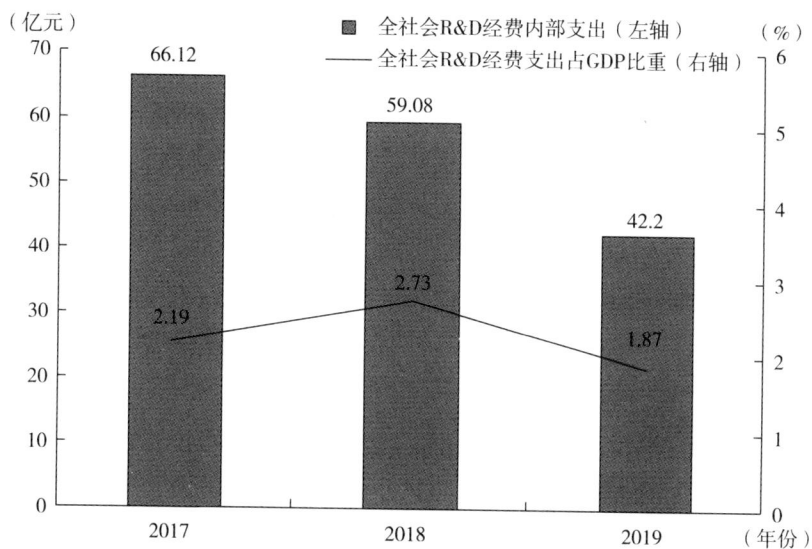

图 11-8　聊城市 R&D 经费支出及占比统计

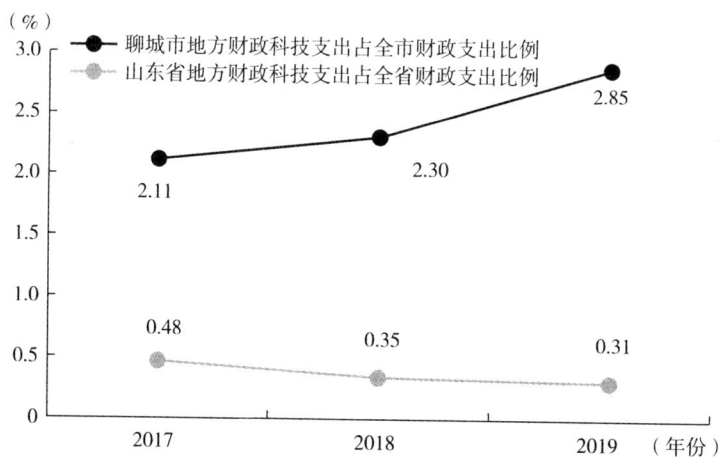

图 11-9　聊城市财政资金支出与全省财政资金的对比

为营造良好的创新发展的政策发展环境，搭建形成以创新驱动转型发展的政策体系，聊城市紧紧围绕中长期发展规划和近期目标要点，遵循"以人为本"的理念和有所为、有所不为的原则，抓住政策的突破点和创新点，出台了《关于加快推进高质量发展实现聊城振兴的工作方案》《关于加快制造业强市建设的实施意见》《聊城市高新技术企业培育三年计划（2020—2022年）》《聊城市人民政府关于印发聊城市规模以上工业企业研发机构全覆盖行动方案的通知》《聊城市人民政府关于推进创新型城市建设若干措施的通知》《聊城市人民政府印发关于建立聊城产业技术研究院打造"政产学研金服用"创新创业共同体推进方案的通知》《聊城市重点研发计划项目"揭榜制""组阁制"工作实施方案》等一系列具有区域特色的政策，营造出人尽其才、才尽其用的政策环境，有力推动了企业自主创新能力的提高。

2. 科技金融市场建设

在直接融资渠道中，采用直接融资渠道进行融资的企业，更多的是在主板市场和二板市场上寻求证券投资。截至2020年，聊城市区域股权市场挂牌企业达到270家，新三板挂牌企业达到20家，境内外上市企业达到6家。聊城市委、市政府高度重视资本市场工作，积极出台支持企业上市的优惠政策，实施"市级精准培育"和"县级基础培训"相结合，大力推动企业对接资本市场，目前已形成梯次推进的格局。同时，聊城市大力发展基金引导作用，成立了聊城市新旧动能转换基金、聊城市市级股权投资基金及聊城产研创新创业基金，持续发挥好财政资金引导和放大作用，让更多科技型中心企业得到强有力的资金支持。引入济南科金大厦建设山东省科技金融服务中心聊城中心，聚焦金融与科技融合发展，构建多元化、全要素的科技金融生态体系。

但是聊城市的科技融资的直接渠道并不是很宽泛，融资金额也不是很大，不能满足技术创新的旺盛需求，因此需要政府不断地拓宽科技创新的融资渠道，降低资本市场的门槛，简化科技型企业的融资手续，降低融资成本，加强融资监管，提升融资水平和效益。

3. 科技创新服务

加强科技合作，助力科技型企业创新发展。积极对接京津冀各种科技创新资源，以高科技产业项目及科技成果转化为招商重点，吸引更多科技成果到聊城市孵化转化。举办2020"江北水城科创论坛"暨黑马聊城产业科创峰会，邀请创业黑马10余位独角兽企业创投导师、投融资专家分享前沿创新理念，提升本地企业家经营思维，打开聊城企业合作共赢视野。加强省会经济圈区域合作，推进济南、聊城一体化发展，与齐鲁工业大学（山东省科学院）签订战略合作协议，围绕科技合作与交流、人才培养、文化建设等方面进行研究，推动聊城市产业转型升级。

充分发挥科技创新人才在全市产业升级、经济转型、技术创新中的支撑作用，为聊城市经济转型发展提供人才智力支持。积极培育高层次科技创新创业人才，"十三五"期间，聊城市科技系统泰山产业领军人才入选16人；3名外国专家荣获山东省政府"齐鲁友谊奖"。积极拓展海外引智渠道，2015年以来连续六年成功举办海外高层次人才交流会，累计邀请360余名外国专家来聊与聊城市企事业单位进行现场对接，五年来，共签订框架合作意向书80余项，达成初步合作意向109项。

积极贯彻落实支持企业创新发展的政策措施，"十三五"期间，586家创新企业享受研发费用加计扣除政策，加计扣除额达24.83亿元；研发投入补助314家企业，合计补助资金8816.9万元；创新平台奖补97家企业，合计奖补资金2600万元。完善科技成果转化贷款风险补偿机制，缓解科技型中小企业融资难问题，2020年，聊城市合作银行累计为30家科技型中小企业提供了33笔科技成果转化贷款，实际发放贷款1.477亿元；抓好创新券政策落实，助力中小微企业开展科技创新活动，山东省大型科学仪器协作共用网入网企业达479家，仪器设备1038台套，完成预约单220单，预约金额128.6万元，补贴金额117.8万元。

三　聊城市创新体系建设存在的主要问题

近年来，聊城市紧紧围绕建设创新型城市、建设强市名城这一主题，强化科技资源的高效配置和综合利用，从当前发展阶段看，聊城市科技发展仍处于可以大有作为的重要战略机遇期，随着科技体制改革的不断深入，聊城市自主创新能力不断增强，一批重大关键技术取得突破，为经济社会发展提供了重要支撑。但在建设过程中，也暴露出一些问题，主要表现在以下几个方面：

（一）创新体系整体效能不强

创新体系不完善、创新要素活力不足、创新效率不高、科技成果转化渠道不畅等问题已经成为制约高质量发展的重要瓶颈，科技创新资源分散、重复、低效等问题还没有从根本上得到解决，亟须进一步深化科技体制改革，打造一批创新创业共同体，全面提升科技创新供给能力，形成良好的创新创业生态环境。

（二）企业创新主体作用发挥不够

企业既是市场竞争的主体也是科技创新的主体，在创新体系中发挥着核心作用，但是囿于经济下行压力和传统发展惯性，聊城市普遍存在大型企业动力不足，不想创新，中型企业怕担风险，不敢创新，小企业能力有限，不会创新的问题。企业创新投入不够、创新意识不强、创新能力不足、创新动力缺乏，影响了全市创新能力的提升和创新体系效能。

（三）"政产学研金服用" 结合不紧密

虽然地方政府与科研院所签订的各类战略合作协议较多，但由于受到较多因素制约，缺乏有效的沟通协调机制，导致合作项目推进较慢、成果显现周期较长。企业与高校院所短期项目合作多，战略层面合作少；合作形式比较松散，缺乏稳定合作机制和持续有效的内在动力。亟须建立新型高效的"政产学研金服用"协同机制，形成政产学研协同、科技金融协同、区域产业协同的新的合作互动机制。

（四）高层次专业技术人才缺乏

人才是企业的核心，也是企业最重要的生产要素。由于聊城市工作环境、人居环境、人文环境等与先进地区相比有较大差距，难以满足高尖端科技创新人才的工作及生活要求，政府和企业都面临着高尖端人才引不进来和留不住的问题，长远发展的人才支撑和动力不足。大部分企业由于资金不充裕，不能为人才提供有吸引力的薪金、福利、发展空间以及社会地位等，甚至许多企业自己培养的人才也会因为待遇过低而流失。

四　加快完善聊城市科技创新体系建设的对策及建议

创新是引领发展的第一动力，实施创新驱动发展战略，构建科技创新体系，对于全面提升经济增长的质量和效益，推动经济发展方式转变有着巨大作用。当前，聊城市正处于经济社会发展的重要机遇期，要想在全省争创一流、走在前列，就必须转变发展思路，以打造创新型城市为抓手，加快创新载体建设，打造一流创新企业，打造高素质人才队伍，营造良好的创新创业环境，推动产学研协调创新，加强组织协调，构建完善的科技创新体系。

（一）突出企业创新主体地位

企业是创新的主体，是创新创造的主力军。要坚持"提质"与"增量"并重，努力培育和招引一批科技型中小微企业、高新技术企业、瞪羚企业和独角兽企业，加快形成科技型中小企业"铺天盖地"，创新型龙头企业"顶天立地"的发展格局。一是加快培育创新型领军企业。引导骨干企业主动承接全省重大科技创新项目，积极建设省级以上技术创新中心等高层次平台，突破一批行业内重大关键技术，推动企业向引领行业标准和产业价值链的中高端推进，切实发挥示范带动和辐射作用。二是大力培育科技型小微企业。促进各类资源向科技型小微企业配置，帮助企业解决发展中遇到的资金、技术、人才等突出难题。从技术创新、市场开拓、标准建设、品牌创建、企业管理等方面完善政策扶持，支持科技型中小企业加大研发投入和技术改造力度，拓展国内外市场，争创知名品牌、驰名商标和著名商标。三是加大科技型企业招引力度。面向优势新兴产业、高科技产业、产业高端、技术创新环节开展科技招商，着力引进一批技术含量高、带动作用强、发展前景好的科技型企业，既积极承接引领产业发展的科技龙头企业，也主动引进一批"小而精、小而强、小而特"的"小巨人"和"单项冠军"。四是发挥项目带动作用。充分聚焦运用各类创新资源，推动企业承担更多国家级、省级创新项目，带动企业加大研发投入，攻克一批核心关键技术，转化一批创新成果，创造一批知识产权和技术标准。立足聊城市特色和优势产业，筛选储备符合创新政策导向的重点项目，做到储备一批、培育一批、落地一批，逐步形成项目梯次。

（二）推动创新平台载体建设

科技创新平台建设是创新体系的基础性工程，对于优化科技资源配置，促进科技资源开放共享，构建区域创新体系，建设创新型城市具有十分重要的意义。一是推动企业技术创新平台建设。通过开展规模以上工业企业研发机构全覆盖工作，鼓励企业加大研发投入力度，提升技术创新水平，自建或者联合高校院所共建企业技术中心、技术创新中心、检验检测中心等研发机构。支持有条件和潜力的企业申报省级以上重点实验室、技术创新中心、工程实验室等高层次平台。二是加快推进科技创新公共服务平台建设，推动以聊城产业技术研究院为样板的创新创业共同体建设，加快促进"政产学研金服用"融合创新，突出产业应用技术研发，带动聊城产业链强链、补链、延链，加快发展新产业、新业态，助推聊城九大产业健康发展，为聊城新旧动能转换和创新型城市建设提供有力支撑。三是完善创新平台体系。加快建设各类创新创业孵化和服务平台，培育一批配套支撑全程化、创新服务个性化、创业辅导专业化的科技企业孵化器、众创空间和创业孵化基地，打造有利于科技型小微企业和创新创业者快速成长的生态环境。支持中小企业公共服务平台和中介服务机构建设，积极为科技型企业提供专利代理、项目策划、科技信息咨询、技术转让、成果转化、检测监测等全方位专业化优质服务。

（三）加大高层次创新人才引进培育

人才是创新的第一资源，创新体系建设离不开人才建设。一是制定人才队伍建设的总体规划。要加快科技进步，构建经济社会科技支撑体系，就要大力实施人才战略，坚持在创新实践中发现人才，在创新活动中培育人才，在创新事业中凝聚人才。要根据聊城市科技创新总体需要，制定人才队伍建设的总体战略和政策，明确人才队伍建设的目标及措施，尽快建成一只规模宏大、素质较高、结构合理的创新型人才队伍。二是多渠道引进高端人才。通过采取产业合作、技术入股等方式，吸引国家级重点人才工程入选者及"泰山学者""泰山产业领军人才"等高端人才落户聊城，进一步完善落实引才政策，强化"为发展服务、为企业服务、为人才服务"的理念，加强对人才的生活和环境的服务保障。三是持续加强人才培养力度。要通过共建创新平台、开展合作教育、共同实施重大项目等方式，重视发挥企业作用，在实践中集聚和培养创新人才。邀请国内外专家来聊城举办专题培训班，对国有大中型企业、民营骨干企业创新管理人才和专业技术人才进行轮训，激发创新意识、普及发明原理、提高创新效率。

（四）强化知识产权引领

知识产权在促进经济发展、科技进步，以及文化繁荣等方面逐渐发挥出了越来越重要的作用。一是贯彻落实《聊城市专利奖励办法》《聊城市质量发展及专利奖励和扶持办法》及《聊城市知识产权（专利）专项资金管理暂行办法》等法律法规，以培训自主知识产权为核心，以加强知识产权为重点，实施"全社会、全过程、全方位"的知识产权战略。二是加快推进企业核心技术专利化、专利标准化，促进知识产权转化，深入支持知识产权的创造和运用，推动企业和行业积极采用国际标准和国外先进标准，并与产业市场应用相结合，通过消化吸收再创新，形成有自主知识产权的技术和标准。三是加强知识产权保护，强化科技人员和科技管理人员的知识产权意识，推动企业、科研机构、高等院校加强知识产权工作。充分发挥智能部门和各相关部门的作用，加强知识产权保护执法，营造激发创造热情、鼓励创新行为、提高创新回报的社会环境。

（五）促进科技金融融合

以创新科技金融为主线，实现科技资源与金融资源的有效对接，构建多渠道、多层次的科技金融生态系统，引导科技金融产品向创新链上游延伸和成果转化布局。一是多渠道开展科技金融合作，充分运用担保、贴息、发行企业集合债券和主板、中小企业板、创业板上市融资等多种金融工具，积极培育高新技术企业、软件企业、科技型中小企业的上市资源，推动更多的企业上市融资。二是积极推动山东省科技金融服务中心聊城中心建设使用，打造属于聊城特色的科技金融服务体系、金融科技企业孵化体系、动能转换支撑体系和高端人才创新创业体系。三是为支持科技型中小企业创新发展，成立了聊城产研创新创业发展基金，同时积极与聊城各县市区成立产研创新创业发展子基金，让聊城市更多的科技型中小企业得到实实在在的科技金融服务。

（六）深入推进产学研协同创新

牢固树立开放性思维和"不求所有，但求所用"的招才引智理念，积极嫁接吸纳外部创新资源，深入开展产学研协同创新。一是强化产学研对接。认真梳理全市九大产业集群的发展现状和技术需求，绘制产业技术创新路线图，推进企业需求与高校成果精准对接，破解技术瓶颈，延伸产业链、技术链和服务链。要发挥好产学研合作引导资金激励作用，支持企业与高校院所共同实施合作项目、开展联合科技攻关、共建院士工作站、博士后科研工作站等产学研合作平台，开展高层次合作。二是以聊城产业技术研究院为载体，积极承接和吸引集聚外部创新资源，全方位拓展合作广度和深度，通过借助外力聚集创新资源要素，激发经济发展内生动力，促进"政产学研金服用"各要素集聚，实现技术研发、成果转化、人才培养、企业孵化、产业提升等各要素有机聚合。三是实施校城深度融合发展，坚持平台共建共享，人才共引共用，盘活聊城大学、聊城职业技术学院、聊城技师学院等高校现有人才存量和创新资源。建议聊城市委、市政府出台加强校城融合发展、携手共建一流大学和高职院校的实施意见，形成"地方扶持高校、高校反哺地方"的良性互动格局。

（七）全面深化科技体制改革

重构聊城创新体系关键在于科技体制机制创新，通过体制机制创新促进创新要素有效集聚和优化配置，以创新服务于新旧动能转换，以创新支撑地方经济发展。一是完善政策支持体系，要进一步贯彻国家和山东省、聊城市鼓励自主创新、科技创新、推动科技进步的各项优惠政策。坚持与时俱进、因地制宜，进一步完善金融、财税、国际贸易、人才、知识产权保护等制度，优化市场环境，释放各类创新主体创新活力，充分发挥政策措施在促进创新发展中的作用。二是要完善创新生态体系，推进"一次办好"改革，进一步简政放权，实现政府科技职能从研发管理向创新服务的根本转变。有效发挥科技管理部门在抓战略、抓规划、抓政策、抓服务方面的作用。三是要完善科技服务体系，优化各项服务，当好服务创新驱动发展的"店小二"，通过服务来检视初心、破解难题、推动工作。支持各地围绕产业链布局服务链，引进培育有资质、高水平的专业服务机构和人才团队，提高服务水平和质量。

【聊城市科技局：郭菲；聊城产业技术研究院：刘杰】

第十二章 乡村治理体系和治理能力现代化研究：以聊城市为例

乡村治理体系和治理能力现代化是国家治理体系和治理能力现代化在乡村场域的具体实践，是乡村振兴战略"三步走"时间表的具体落实，也是新时代中央治国方略和建设现代化强国战略目标顺利实现的重要保障。进入 21 世纪尤其是中共十八大以来，党中央国务院高度重视乡村治理问题，作出了一系列重大决策部署，出台了一系列指导性文件，采取了村干部专职化、编制化，派驻"第一书记"和"大学生村官"等一些具体设计不断强化乡村治理，乡政村治模式下乡村治理弱化的局面初步改观，蓄积了实现乡村善治的强劲势能。但公共事务衰败与集体行动困境、乡村公共服务的质量不高、村级自治权限界定不清、自治主体缺位、治理组织架构不完善、治理能力羸弱等一些问题仍不同程度存在，乡村治理体制机制的一些深层次矛盾仍没有得到根本解决。虽然党和国家已经对乡村治理体系和治理能力现代化进行了宏观顶层设计，但这些部署属于宏观规划和指导遵循，具体领域、具体环节仍然需要操作性落地性设计。现代化的乡村治理体系尚处于搭建的起步阶段，现代化的治理能力远未形成。

在理论研究中，农民的治理主体地位到底如何保障？政府、自治组织、社团组织、市场主体等不同主体应如何在乡村共治中实现有序协同？自治、法治和德治究竟如何融合？这些问题亟须回答。在实践操作中，基层党组织的权威地位如何重塑以及其核心作用如何有效发挥？基层政府在工作推动中如何避免对乡村事务包办代办？羸弱的集体经济如何恢复增强公共服务能力？这些工作的有效推动路径仍需探讨摸索。本章试图在理论梳理和现实检视的基础上，结合聊城市乡村治理体系和治理能力现代化建设实际，系统思考上述问题，勾画一个与新时代相适应的现代化乡村治理体系的逻辑架构，并尝试给出现代化乡村治理能力塑造的一种实践路径，进一步丰富乡村治理理论体系，为农业农村实践部门"十四五"规划落地和乡村振兴战略实施，开启全面建成社会主义现代化国家伟大新征程提供理论资源和决策参考。需要指出的是，本章使用的"乡村"概念是与城市、城镇这些商业、医疗、教育等资源和设施较为集中齐全的区域相对应的地域概念，以广大农村区域为主体，这也符合当前学界对于"乡村"的一般性认识。

一 世情、国情、农情变化与新时代历史方位

习近平明确指出："我国今天的国家治理体系，是在我国历史传承、文化传统、经济社会发展的基础上长期发展、渐进改进、内生性演化的结果。"这意味着乡村治理体系改革不是封闭性的，而是随着社会主要矛盾转化而具有不断深化改革的外部驱力和内在动力，或者说随着外部经济和社会环境的变化，农村秩序也将不可避免地发生结构性变迁，这要求我们的乡村治理方式、治理结构以及治理目标随之产生嬗变。

（一）世情、国情和乡情的基本变化

乡村治理问题具有世界性和历史性，也具有发展的规律性。按照马克思主义的基本观点，一个社会的劳动分工和经济发展到一定程度后会出现乡村凋敝化，需要强化乡村治理实现城乡融合发展。作为一种科学观点，这一认识已被发达国家的发展实践所证实。20世纪中叶以来，西方发达国家相继进入城镇化高级阶段，出现乡村衰落的问题，各国结合本国国情采取了一系列措施，遏制了乡村衰退趋势。如今，世界各国各具特色的乡村治理之路仍在延续，虽然由于诸如治理环境、历史文化、经济发展水平和政治制度等国情的差异，乡村治理的"西方模式"不一定可以直接为我所用，但"西方理念"却值得借鉴和参考，成为中国乡村治理实践与改革的重要外部影响因素。

虽然我国改革开放以来取得了令世人瞩目的发展奇迹，今日的中国经济实力、城乡面貌、科技发展、国际地位等方面相较几十年前已不可同日而语，但我国大国小农的基本国情和农业基础地位仍没有发生根本性变化，我国仍处于高速城镇化的进程中，未来仍将有近2亿人口从农村转移到城镇，同时，也仍会有约4亿人继续留在农村生产生活。在相当长的一段时期内，中国的乡村社会不会也不可能消亡。这决定了城乡融合发展和乡村治理问题仍是我

们无法回避的问题。另外，根据国际经验，人均 GDP 超过 2000 美元、农业占 GDP 的比重降到 15%、城镇化水平达到 50% 时，便具备了推动城乡融合发展的基本条件。从数据来看，我国发展水平已经远远超过这个标准。改革开放 40 年经济高速增长积累的物质与技术基础使我们初步具备了"以工补农、以城带乡"的实力，为我们"补课""三农"发展，城市反哺农村、工业反哺农业提供了条件。实施乡村振兴战略，推进乡村治理体系和治理能力现代化具备了坚实的基础，在当前推行可谓正当其时。

近年来，随着新型工业化、信息化、城镇化和农业现代化的快速推进，我国乡情发生了巨大变化。乡村社会逐渐从"传统"走向"现代"，从"熟人社会"走向"半熟人社会"，村落共同体日益解构。市场经济、新型政治文明、现代生活方式等外力持续高频冲击传统乡村社会秩序，带来基层社会的分化、社会力量的多样化和利益群体的多元化，推动乡村社会急剧转型。对于这种冲击，贫瘠的传统治理资源和式微的传统治理方式在应对中力有不逮，导致农村劳动力外流、产业凋敝、文化不兴、村庄空心化以及生态环境恶化等问题日益加剧，乡村日渐走向衰败（张海鹏等，2018），乡村治理始终处于低水平运转状态。现代化乡村治理体系的创新重构和治理能力的蓄积培育势在必然。

（二）新时代的时代背景

中国特色社会主义发展进入了新时代，这一时代背景变化要求经济社会发展方式、党和国家治国理政方法手段、资源配置方式、城乡关系调处乃至社会组织形式等诸多方面要相应调整优化，对乡村治理体系和治理能力现代化提出了新要求、新挑战。从主要矛盾来看，我国社会主要矛盾已转化为人民日益增长的美好生活需要和不平衡不充分的发展之间的矛盾，而我国城乡发展的不平衡是最大的不平衡，农村发展的不充分是最大的不充分。从党组织地位作用来看，强化农村基层党组织领导作用，激活"党的全面领导"基因是新时代基层社会治理一个最突出的特点，而当前农村基层党组织凝聚力不强、先进性不显、组织力不彰严重弱化了党组织地位。从城乡关系来看，打破二元体制与城乡分割，城乡一体化统筹发展，要素资源统筹配置，城乡居民共享改革发展成果是现代化必由之路，而当前城乡差距依然明显，要素单向流动趋势未减，城乡融合难以破题拖累城乡一体化治理体系形成。从乡村治理主体来看，农业农村现代化要求年轻化、知识化、专业化的高素质"三农"工作当家人及其组织在党的领导下主导农业农村发展，而当前高龄化、妇孺化的农村主体人群显然无法提供合意的人力资源支撑。从治理方法手段来看，自治、法治和德治"三治融合"的治理手段已从地方性治理实践上升为新时代乡村治理党的顶层设计和国家意志，然而现实中自治主体缺失、法治精神缺乏、德治资源流失使得"三治融合"根基不稳。从资源配置方式来看，农产品的市场定价已然实现，但农村土地等生产要素的政府定价特征依旧明显，农村生产要素的合理价值决定机制尚不健全，导致城市和政府对乡村和农民的价值转移依然存在。这就要求我们聚焦当下乡村社会治理现实，系统总结我国几十年来的乡村治理实践经验，进行理论和实践创新，构建与我国新时代的历史方位相适应的乡村治理体系和治理能力。

二 乡村治理的理论演进与治理实践变迁

（一）乡村治理理论演进

诚如"李约瑟之谜"所述，虽然近代以来中国落后于西方国家，但中华文明在很长的历史时期中持续保持着发展中的领先地位，传统社会时期中国的乡村治理模式在该时期具有先进性。这种治理模式被称为"简约治理"模式，其核心是，国家政权停留在县级以上，"皇权不下县"，县级以下主要依靠士绅来治理，这些乡村道德精英与皇权协同，形成了一种结构稳定且成本较低的治理模式。这种治理也被归纳为正式制度与非正式制度相结合的治理，或者曰"村治"，始于北宋并变更形式延续至清代的"蓝田乡约"是其典型表征，甚至于，国民政府时期的"地方自治"亦可视作其变种。

据考证，现代意义上的治理思想在 20 世纪 80 年代的英国已见端倪，而"治理"一词则发轫于世界银行 1989 年提出的"治理危机"概念，之后被桥接至各个学科领域并迅速在西方理论界流行开来。有理由相信，1992 年全球治理委员会的成立及其对"治理"的定义界定行为对推动治理理论的学术研究发挥了重要作用，并促使人们更多地思考其政治社会意义。西方发达国家普遍较早完成了城市化和农业农村的现代化，故中国场景和论域下的"乡村治理"在西方政治学和公共管理研究中多被表述为"地方治理"，用以指称基层社会的治理。"多中心"治理理论、集体行动理论、社会资本理论、协商民主理论、社群主义思想理论及"第三条"道路理论是西方地方治理的主要理论基础。从西方学者对地方治理相关问题的研究来看，地方治理理论体系具有如下特征：对多元治理主体的推崇，对组织化的正式和弹性化的非正式治理规则及其结合应用的强调，既重视市场化的力量也重视政府的固有权威，主张分权化为主导的地方权力以及地方的自治，把自组织机制、社区成员的共同参与、社区社会资本的积累相结合的治理机制视为更为优越的治理机制。20世纪90年代中期，国内以徐勇为代表的一些学者也开始关注治理理论，将治理理论引入国内并就中国的乡村治理问题提出一些创新性论点。贺雪峰、吴毅、仝志辉等从乡镇改革、宗族势力、乡村冲突等角度对乡村治理展开研究，取得了颇为丰硕的研究成果。

中国共产党在中国革命、建设和改革的不同时期都对乡村治理问题进行过理论的探索并且有着非常丰富的实践。如延安时期的中国共产党探索发展了一套行之有效的乡村治理理论，形成了通过制度构建确保党对农村基层政权渗透，通过组织建设让每一位农村党员成为"领头羊"，通过学习培训提高乡村干部素质，通过群众路线解决农民利益诉求的乡村治理"延安模式"。中华人民共和国成立以来，从第一代中央领导集体强调农民主体地位、提出农业现代化思想、重视乡村全面发展，到第二代中央领导集体强调农业根本地位、关注农村稳定、提出先富共富论、重视乡村治理制度建设，再到第三代中央领导集体对农民贫困问题的重视和强调德治法治统一，又到21世纪以来党中央注重城乡统筹发展、强调改善民生、创新农村社会管理，最后到中共十八大以来新一代中央领导集体提出乡村振兴战略、推进国家治理体系和治理能力现代化以及"三治融合"的乡村治理目标，中国共产党对于乡村善治的探索从未止步且日益深入。

（二）乡村治理实践变迁

中国特别是中华人民共和国成立70余年以来，建立在各种土地所有制基础上的乡村治理实践异常丰富，对于乡村治理究竟应划分为几个阶段，不同的学者基于不同的逻辑和标准有不同的看法，较为普遍的看法是分为改革开放前、改革开放后和中共十八大以来的三大阶段。本章基本认可这种粗线条的划分方法，但需要指出的是，目前的研究中学者们似乎对农业税改革的乡村治理意义没有过多且深入的思考，其实从我国"三农"发展的实践来看，农业税改革带来的影响是深远的，绝不仅仅意味着几千年"皇粮国税"的取消这种形式上的农民福祉增进，而是事实上维持国家与乡土社会的关系甚至形式上更为紧密的科层化控制背后，是农民心理上与国家、与体制之间的切割。因此，笔者认为，更为科学的做法是将中华人民共和国成立以来的乡村治理变迁划分为四个阶段，即改革开放前的国家包办型集体化治理体制，20世纪80年代初至农业税改的政权撤出、经济汲取型"乡政村治"治理体制，农业税改至中共十九大的政权下乡、资源输入型"乡村一体"治理体制，中共十九大以来的自治、法治和德治"三治融合"治理体制。在这种大的体制变革中，作为1998年才撤地设市的聊城市，虽然行政区划上自中华人民共和国成立以来有五次变动，但治理体系方面完全与国家同轨，在此一并做宏观性梳理。

（1）国家包办型集体化治理体制。中华人民共和国成立之初，依托土地改革的深入实施，经过短暂的新民主主义经济之后由合作化、集体化改造过渡至高度集中的集体经济，国家通过在乡村社会末端建立起基层政权组织将分散在乡村社会的社会权力收归到国家政权体系中，实现了国家政权对乡村社会的政治整合，国家通过"动员体制"和"全能主义"迅速实现了对基层社会的全面领导和控制，农民自主权被严格限制在极狭窄的空间内。农业服务于工业、农村服务于城市、政治经济一体、城乡分治的国家包办型集体化治理体制形成。人民公社的建立标志着这种治理体制的正式确立并不断巩固，农村实行三级所有、队为基础的计划经济管理体制和政社合一的行政社会管理体制，人民公社体制既是政权组织体制，也是经济生产体制，更是乡村治理体制，乡村治理与政权组织、经济组织三者高度一体化，乡村治理同化为国家治理。

（2）政权撤出、经济汲取型"乡政村治"治理体制。"乡政村治"是中国共产党和中国人民继承人民公社治理体制的政治遗产并结合改革开放初期乡情农情创新改革的结果。1983年后乡镇政权建制恢复并成为国家在农村区域的基层政权，同时，1987年后农村普遍建立了村民委员会，并以"基层群众自治性组织"法理属性获得党和国家的认可，"乡政村治"的基层治理格局渐趋形成。这种体制的典型特征是将国家的宏观管理与村民的自主参与结合起来，政权全面从乡村撤出，由事无巨细的包办式管理转变为以资源汲取为重点，主要围绕农业税费征收和计划生育两项中心工作开展工作。在乡政村治的治理格局下，乡村自治的权力来自基于信任的委托，而基层政府行政的权力来自基于授权的委托；在社会主义政治体系内，虽然两者都是民主的产物，但作为直接民主产物的群众自治组织和作为间接民主产物的基层政权却有着不同的运作逻辑，这使得"乡政"和"村治"之间需要复杂的桥接。

（3）政权下乡、资源输入型"乡村一体"治理体制。2006年始农业税的全面取消背后是中央"多予少取放活"农政方针的实施和农业农村"以农养政""以农养工"的工业化积累使命完成，取消农业税意味着国家对乡村社会已经实现了由"汲取式"整合向"反哺式"整合的历史性转变，同时也意味着一场重大变革的开始和一种新型乡村治理体制的到来。这一时期，基层政府和乡村运转的主要工作是低保、扶贫、环境综合治理、集体经济、公共服务、土地流转、征地拆迁、村居建设等，基层与村庄治理压力骤增。基层政府借助于"村财乡管""绩效考核"复制同样的压力性关系并向村级传导科层制的压力，村民自治色彩淡化，村两委日益行政化，以村干部职业化、乡村事务专业化和人事调整程序化为特征的标准化治理体制和以财务审批审计制、监委会监督制、行政事务准入制为特征的制度化治理机制的"乡村一体"治理体系形成。

（4）自治、法治、德治"三治融合"治理体制。中共十八大以后，在更加强调"三农"工作在党和国家工作中基础性、核心性地位的同时，中央在推进乡村治理现代化方面做出了强化党建引领、加强组织建设、壮大集体经济、培育发展治理主体等一系列重大部署，推动乡村上层建筑内生调整应对总体性的乡村社会转型危机，系统重塑乡村治理工作格局，而中共十九大乡村振兴战略的提出标志着新工作格局的形成。自治、法治、德治相结合的"三治融合"新型乡村治理体制虽然在地方于2013年始即开展试点，亦引发学术界一波研究热潮，但在实践层面，作为一种乡村治理模式广受关注并被迅速推广却是在中共十九大把这种基层社会治理实践中的有益探索上升到国家战略层面之后，这既是对基层首创精神的肯定，又代表了基层社会治理创新的方向。当前，学界对于"三治"究竟如何更优融合的争论方兴未艾，实践中适贴于本地区的具体模式道路仍在探索，广东清远的村民理事会、湖北秭归的"幸福村落"、四川成都的村民议事会等各具特色，但一条党建引领、农民核心、多元主体、协同共治、多手段融合、系统治理的乡村善治之路已展现在眼前。

三　聊城市乡村治理体系与治理能力的现实样态

（一）乡村治理体系与治理能力建设主要做法

当前，聊城市加强社会治理的重点仍然在市域层面，主要经验总结也集中在市县层次，丰富的乡村社会治理实践经验仍有待深入挖掘总结。在乡村治理层面，聊城市起草了《聊城市加强和改进乡村治理行动计划》（以下简称《行动计划》），旨在通过实施六项行动，全面加强改进乡村治理。按照《行动计划》，重点实施农村党组织建设质量提升行动，通过实施过硬农村党支部打造工程、农村党支部领导力强化工程、农村党支部书记培优工程和农村党员队伍建设工程，持续提升村党支部领导能力，推动村党组织带头人队伍整体优化提升。为确保村民依法管理村级事务，实施村民自治组织能力强化行动，实施村民委员会规范运行工程、农村议事协商能力提升工程、村级事务民主监督阳光工程。按照深入推进乡村振兴战略要求，实施乡村法治建设推进行动、德治乡村培育行动，通过实施平安乡村建设工程、法治乡村创建工程、乡村法律服务优化供给工程、乡村矛盾化解工程等完善社会治安防控体系，促进乡村法律平台设施、制度、人员、服务到位，同时推进社会主义核心价值观培育工程、文明乡风倡树工程、乡村文化复兴工程，弘扬传统美德和思想道德，加强乡村文化产品供给。新冠肺炎疫情暴发以来，针对这次抗疫中暴露出的基层社会治理短板，聊城市按照习近平总书记"加强社会治理，妥善处理疫情防控中可能出现的各类问题"的重要指示精神，不断总结经验，吸取教训，"固根基、扬优势、补短板、强弱项"，进一步创新"平战结合"的基层社会治理体制，不断提升社会治理效能，加快推进社会治理现代化。

（二）乡村治理体系与治理能力建设主要成就

改革开放40多年来，聊城市乡村治理取得巨大成就，尤其是中共十八大以来，乡村治理达到新的高度，管理体制改革和治理理念不断深入，乡村治理的物质基础得到夯实，法制化程度不断推进，治理主体从一元走向多元，治理形式不断创新。实践中涌现了茌平区冯官屯镇全员下沉、全网联动、全项考核"三全治理"模式，莘县雁塔街道"一张网格管城乡、一支队伍连民心"模式等基层社会治理典型模式，为乡村治理现代化推进奠定了坚实基础。

（1）乡村治理现代化的物质基础日益坚实。"十三五"期间，聊城市生产总值按可比口径年均增长 4.9%；进出口总额年均增长 4.3%；社会消费品零售总额年均增长 4.5%；市场主体数量比 2015 年末翻了一番；居民人均可支配收入达到 22488 元，较 2015 年增加 7239 元。2020 年，一般公共预算收入压减历史虚收后突破 200 亿元，同比增长 2.7%；固定资产投资同比增长 6.8%；实际使用外资同比增长 187.4%。

（2）乡村治理的法制化进程不断加快。国家层面，《中华人民共和国农业法》《中华人民共和国农村土地承包法》《中华人民共和国农民专业合作社法》《中华人民共和国村民委员会组织法》《中国共产党农村基层组织工作条例》等一系列涉及乡村治理的法律法规制定修订，一个包括法律、行政法规、部门规章、司法解释、地方性法规在内的乡村治理法律体系在改革创新中不断趋于完备。地方层面，《聊城市制定地方性法规条例》《聊城市文明行为促进条例》《聊城市大气污染防治条例》等一系列规章也逐渐出台，为乡村治理提供了规则遵循。

（3）多元主体共治体制机制初步形成。在基层政府的推动下，各地村民代表大会制度、村务监督委员会工作制度等逐步完善，大批新乡贤回归乡村，红白理事会、道德评议会等新型群众自治组织纷纷建立，截至 2019 年底，聊城全市辖区内共 6308 个行政村，全部成立红白理事会，制定红白理事会章程，并纳入村规民约。域内市场主体、外来人口参与治理的渠道逐步畅通，一些地方还建立了村民主恳谈会制度、乡村重大事项协商制度、乡贤参政制度，初步形成多元主体参与乡村治理的体制机制，为多元主体参与乡村治理提供制度化平台。

（4）乡村凋敝颓势初步得到遏制。随着国家基层治理资源投入不断加大，我国乡村凋敝困局得到一定程度缓解，强化基层党建重燃了农民参与热情，一些乡村精英开始返乡创业，如聊城市茌平区贾寨镇耿店村先后吸引了 86 名"棚二代"带着"棚媳妇""棚女婿"回村创业。部分地区集体经济得到恢复壮大，弘扬优秀传统文化重塑了文明乡风，合村并居、新村建设改变了乡村面貌，专业培训培育了大批职业化新农民，智能化、数字化技术设备变革了农业生产方式。

（三）乡村治理体系与治理能力的薄弱环节与实践难题

党和国家不断推进乡村治理改革，农业农村发展取得了一定成效，然而，从整体上审视乡村治理质效，乡村治理现代化的推进依然面临着一些突出的矛盾和问题。从聊城市的具体情况来看，特别是这次突如其来的新冠肺炎疫情，虽然在以习近平为核心的党中央坚强领导下，常态化疫情防控和经济社会发展"双统筹"稳步走向"双胜利"，充分展现了"中国之治"的生动实践和显著优势。同时，这次抗疫中暴露出的基层社会治理短板也不容回避。

（1）乡村治理的制度基础尚不完善。一方面，涉农立法滞后，一些乡村事务处理缺乏法律遵循和行动规则。如"农村集体经济组织法"虽经学界和法务工作者呼吁多年，终于 2020 年 6 月召开第一次全体会议，正式启动起草该法相关工作，按照立法惯例，正式出台尚需时日。另一方面，立法司法技术创新不足，法律实施效果欠佳。如《中华人民共和国村民委员会组织法》明文规定基层政府对村委会是工作指导而不是领导关系，但实践中乡村两级科层化运行仍属常态，关键在于准入制度、负面清单等设计不详。

（2）不同制度规范之间仍有抵牾。一些地方加强党的全面领导的措施和做法与现行法律法规仍存在不一致、不衔接之处，突出表现在村支部书记"一肩挑"的法律和政策衔接，跨村选聘村支部书记与党的组织条例的衔接，村党组织领导和决定村各类组织事务的规程衔接，农村基层党组织的功能定位与全面深化改革方向的衔接等几个方面。

（3）自治组织体系不完整。虽然《关于建立健全村务监督委员会的指导意见》已经印发实施，但村务监督委员会没有正式建立或建立后未实质性运转的情况仍较为普遍；农村集体经济组织、农民合作经济组织法人治理结构完善度仍然不高；村民理事会、村民议事会等自治组织有待进一步建立。

（4）基层党组织功能疲弱。党组织在社会转型中陷入了边缘化的困境，突出表现在乡村党组织凝聚人心、引领带动功能没有充分实现；高龄党员传帮带和党务指导作用没有更好发挥；党组织活动流于形式；共产党员先进性体现不足；党员发展和党组织建设缺乏系统规划。

（5）治理主体缺位。作为人员主体，农民公共事务参与意愿低，参与能力弱，参与渠道不足。作为组织主体，农村基层党组织边缘化严重，集体经济组织空壳化普遍，群众性自治组织发育不全。村庄治理主体集体缺位，"动力衰减、财力匮乏、能力不足"的治理困境倒逼基层政府主体越俎代庖，代办包办，进一步压缩了村庄治理力量萌育空间，陷入乡村治理困境的路径闭锁。在基层治理工作中，与社会力量没有形成常态化的沟通机制，导致战时社会组织力量发挥不充分。

（6）乡村善治能力不足。由于集体经济总体薄弱导致不适应乡村公共产品供给需要，由于人力资本外流导致治理团队治理本领不强，由于新型治理手段掌握不足导致治理方式与复杂城乡社会转型适应性弱，由于无法建立农民与集体紧密利益关联导致群众治理参与意愿弱。在疫情防控期间，反映出来的突出问题是，很多地方的部门、行业和系统信息数据孤立，缺乏统一组织、统一管理，部门之间信息资源没有得到充分共享，一旦发生突发事件，数据研判、指挥调度完全失灵，发挥不了应有作用。聊城市委政法委在调研中有基层干部反映，抗疫中人海战术虽然有效，但耽误时效，大数据数字化治理尤为迫切。比如，疫情之初缺乏应用于应急治理的网络大数据平台，基层管理者疲于数据统计，甚至造成了一些数据的重复和无效，影响了疫情研判效果。

四 推进乡村治理现代化的实践方案与现实路径

当前，我们所要建构的现代化乡村治理体系的完整图景已经绘就，路径朝向已经明确，即中共十九届四中全会系统阐发部署的"党委领导、政府负责、民主协商、社会协同、公众参与、法治保障、科技支撑的社会治理体系"，这是下一步推进乡村治理体系和治理能力现代化的根本指南，无须再做探讨。本章此处将乡村治理体系和治理能力现代化建设问题由聊城拓展开，拟在一般性意义上集中探讨推进乡村治理现代化应秉持的原则，提出一个以"五个坚持"为骨架的实践方案和以"六种能力"为主要内容的现实路径。

（一）现代化乡村治理体系的建构原则

一是民主官辅原则，即在乡村治理中坚持以人民为中心，尊重群众首创精神和核心主体地位，不越俎代庖，不代为立言，以党建抓好引领，在村庄公共服务中做好指导。二是市场定价原则，即正确处理政府和市场的关系，更好发挥市场在资源配置中的决定性作用，更好发挥政府的环境营造作用，最大程度激发农村人才、土地、资本要素活力。三是制度相容相洽原则，即充分考虑中国地理社会环境决定的乡村治理问题的独特性、复杂性和异质性，正式制度与乡野传统必须相容相洽，形成一套契合乡村传统习俗且融合了现代性元素的行为规则体系。四是统筹共性个性原则，即在自治、法治、德治"三治融合"实践中处理好"顶层设计的普遍性"与"地方实践的特殊性"的关系，在三种手段的搭配上"各地应根据条件选择最适宜善治的组合方式"。五是久久为功渐续推进原则，即乡村善治的目标必须建立在对乡村治理现代化的必然性、艰难性与长期性的认知基础上，做好长时间持续作战的心理与行动准备，要有历史耐心，力戒急功近利和浪漫主义，坚持现实主义逻辑。六是城乡统筹一体推进原则，即必须在国家治理体系和治理能力现代化的总体视野下统筹推进乡村善治，坚持"市域社会治理现代化"，力戒将社会治理区分为城市治理与乡村治理的二元结构论，最终建立城乡一体化的社会治理体制。

（二）现代化乡村治理体系的实践方案

现代化乡村治理体系是在党委领导下政府和社会共建共治共享的制度体系，包括一整套紧密相连、衔接协调的体制机制和制度安排。从实践中推动乡村振兴战略实施和推进乡村治理现代化的角度来看，围绕治理主体、组织形式、重点领域、工作抓手、工作切入点、治理手段选择等方面需要做出一系列安排。本章探索提供一个以农民及其组织为核心治理主体，以"党支部+村委会+集体资产管理公司"三位一体为组织形式，以土地改革、公共服务、村庄建设、教育、医疗、养老、市场平台为重点领域，以乡村振兴为工作抓手，以土地改革为切入点，以自治、法治、德治"三治融合"为治理方式，涵盖政治、经济、文化、社会、生态的现代化乡村治理体系的实践方案。

一是坚持农民及其组织的核心主体地位。乡村治理中至少包括基层党委政府、村党组织、村民自治组织、集体经济组织、各种社会组织等主体，但唯有农民及其组织才适合作为核心主体存在发展，这是中国共产党的宗旨和社会主义的国家性质决定的，也是我国改革发展的基本经验。应着力构建基层党委政府为指导主体，村庄社区党组织为政治主体，村（居）委会、村务监督委员会为自治主体，集体经济组织及其载体为经济主体，各种群团协会等自组织为社会主体，基层法庭和调解仲裁机构为法治保障主体，网络和信息科技企业为技术支撑主体的多元主体共治格局。

二是坚持完善"党支部+村（居）委会+集体经济组织"三位一体的组织架构。形式上这种组织架构在乡村已存在多年，但党组织边缘化、村民自治组织异化、集体经济空壳化的现实说明其运转绩效不彰。因此，需进一步完善乡村治理的组织结构，打造"年轻化、知识化、堡垒化"的引领型凝聚型党支部，"去行政化、去家族化、去黑痞化"的服务型协调型村（居）委会和"特殊法人与一般法人结合、组织与载体分设、多种所有制混合"的内生驱动型、市场竞争型集体经济组织。

三是坚持以乡村振兴为工作抓手。脱贫攻坚取得胜利后，要全面推进乡村振兴，这是"三农"工作重心的历史性转移。乡村振兴是当前农村工作的主要矛盾，也是当前推进乡村治理体系和治理能力现代化的工作抓手。兴产业、保生态、育乡风、强治理、惠民生，落实乡村振兴战略总要求的过程就是乡村治理体系和治理能力现代化的实现过程，两者统一于乡村振兴各项具体工作之中。

四是坚持以盘活农村土地要素为切入点。乡村治理体系和治理能力现代化的核心主体是农民及其组织，农民内生化的自治能力是实施乡村振兴、实现乡村善治的根本能力，而物质资本是农民自治能力的基础保障。对于绝大部分地区而言，土地仍然是最为重要甚至是唯一的物质资本。因此，应完善农村基本经营制度，深化集体产权制度改革，进一步推进集体经营性建设用地入市，实施宅基地所有权、资格权、使用权三权分置，推动农村土地资本化，盘活农村土地要素，为农村发展提供初始资本积累。

五是坚持自治、法治、德治"三治融合"治理模式。神性权威、乡村长老权威、礼治权威、法治权威和体制性权威共同维系乡村运转是乡土中国的典型特征。今日之中国乡村，秩序的构建基础及机制都已发生巨大变化，但核心治理资源构成没有变化，近年来国家的制度供给和资源输入只是改变了治理资源的结构，这是设计乡村治理模式的前提条件和逻辑起点。虽然"三治融合"是顶层设计，但德治的前提是熟人社会，法治的前提是稳定人群，自治的前提是物质基础和参与度，应该说当前三者的前提都不够稳固、不够坚实。应通过乡村关系整饬和村庄自组织能力提升强化自治，通过司法能力嵌入和"迎法下乡"强化法治，通过弘扬优秀传统文化、重塑乡村社会资本增强德治，推动"三治融合"落地。

（三）乡村治理现代化的现实路径

现代化的乡村治理体系，生发出现代化的乡村治理能力，臻于乡村善治。作为国家治理能力在乡村场域的施展，乡村治理能力包括政治—经济体系本身延伸至乡村社会的治理能力以及这种能力的行使中其与社会合作治理乡村社会的能力，具体指的是乡村两级组织处理事务和问题所采取的举措、方式、行为及其所达成的效度。在乡村治理现代化推进过程中，应聚焦如下六种能力：

一是城乡融合发展能力。中共十八大报告明确提出，城乡发展一体化是解决"三农"问题的根本途径。历史与事实均表明，二元结构的发展道路是不可持续也是走不通的，乡村治理体系和治理能力的现代化必须放在国家治理体系和治理能力现代化的大局中一体考虑，同步共轨推进。脱离开乡村的城市化缺乏人力资源和市场空间基础，脱离开城市的乡村现代化同样缺乏技术与资本注入。要推动城乡融合发展见实效，健全城乡融合发展体制机制，畅通城乡资源要素流动渠道，妥善解决农业转移人口市民化和工商资本下乡问题。

二是治理主体协调能力。多元主体协同共治是乡村治理现代化的顶层设计，每一个主体都拥有乡村治理现代化不可或缺的资源和能力。然而多元主体也意味着不同的利益诉求和不同治理观念的碰撞，因势利导、和合共生则多赢，乡村善治，协调不力则各谋其利，乡村裂解。这要求我们在党建引领下，不忽视利益，不回避冲突，以乡村治理现代化为圆点，画出最大同心圆，寻找最大公约数。

三是维护农村稳定能力。基层稳定事关农村发展大局。在城镇化快速推进的背景下，乡村人员流动加快，价值观念多元化；土地快速升值，涉地矛盾尖锐化；村民民主意识觉醒，乡村公共事务复杂化。这些问题处理不好，会损害群众发展利益，危及我党执政根基。要多恤民众之劳，多察民生之苦，多解群众之忧，多维弱势群体之权。疏堵结合，惩防并举，法律法规、乡规民约、家教家风多措并施，持续提升村庄内聚力，牢铸乡村稳定基磐。

四是推动农村发展能力。内卷化严重是我国乡村尤其是低市场化地区乡村难克的痼疾。缺乏有效"奥尔森震荡"打破这种低效率均衡也是推进乡村振兴战略，实现乡村治理现代化的最大障碍。一方面，城市化城镇化过程中要素的乡城单向流动具有客观规律性；另一方面，经济社会可持续发展和中国共产党的性质与我国社会主义国家性质又要求必须把解决好"三农"问题作为全党工作重中之重，实现农业农村现代化。这就要求我们熟谙经济规律，加快制度创新，提升要素配置效率和市场把握能力。

五是文化传承发展能力。政权和法律并不能提供完全的农村社会秩序，优秀传统文化不但在传统社会是乡村运转的主导规则，即便在当下也是正式乡村治理资源的重要补充。当今乡村社会关系的撕裂与紧张很大程度上与优秀传统文化的没落与传承断代有关。文化需要载体和仪式感，其形成与乡村地理空间分布、婚丧嫁娶仪礼、宗族活动甚至语言习惯紧密相关。当现代化进程改变了这些变量，要求我们再造文化的传承载体，创新文化的承继形式，做好传统与现代的融合，传承并进一步弘扬发展优秀传统文化。

六是农民福祉改善能力。将以"人民为中心"作为乡村治理现代化的价值旨归，将农民是否得到实惠作为衡量农村发展成就的唯一标准。要通过产业发展增加农民就业，通过发展壮大农村集体经济增加农民财产性收入，通过实施乡村建设行动，加快农村水电气暖公共基础设施建设，推进城乡基本公共服务均等化，通过优质医疗、教育资源下沉降低农民就医、子女教育成本，通过文化设施修建和文化活动组织丰富农民精神生活，通过兜底性民生工程建设和完善扶贫攻坚成果，巩固拓展机制保障困难群体生活。农村发展成果要最大程度惠及广大群众，稳步提升农民获得感、幸福感、安全感。

【聊城大学商学院（质量学院）：杨宏力】

第十三章 聊城市高新区体制机制改革的成效、措施与经验

近年来，聊城市高新区以习近平新时代中国特色社会主义思想为指导，深入贯彻落实中共十九大和十九届二中、三中、四中全会精神，牢固树立新发展理念，始终坚持"发展高科技、实现产业化"方向，以深化体制机制改革和营造良好创新创业生态为抓手，以培育发展具有国际竞争力的企业和产业为重点，以科技创新为核心，培育发展新动能，提升产业发展现代化水平，在开发区体制机制改革中走在全国前列，探索出一条适合自身发展的道路。本章梳理聊城高新区体制机制改革中的成功做法，为山东省乃至国家高新区的体制机制改革提供有价值的参考。

一 聊城市高新区发展现状

聊城，"江北水城·运河古都"，总面积8715平方公里，总人口645万人，是京津冀协同发展区、中原经济区、新旧动能转换试验区三大国家重大区域发展战略叠加区。聊城交通便利，京九高铁、济郑高铁、青兰高铁三条高铁在此交汇，四条横向高速、两条纵向高速从境内穿过，荣膺国家历史文化名城、国家环保模范城市、国家双拥模范城市、中国优秀旅游城市、国家卫生城市、国家园林城市、中国温泉之城。

聊城高新技术产业开发区是聊城市委市政府着力打造的高新技术产业聚集区，高质量发展的先行区，新旧动能转换的新高地以及对外开放的主窗口。高新区成立于2008年，2013年7月与经济技术开发区分设管理，位于城区东部，辖区面积150平方公里，基础设施完善、生态环境优美，高新技术企业数量、国家级研发平台等高等级人才数量名列全市第一，且快速增长。"年轻"的高新区，已成为鲁西地区耀眼的"对外开放新高地·创新发展新样

板·高新产业集聚区"。

高新区围绕促进各园区产业高质量发展，亲商、安商、扶商、助商，锻造了一支精简、高效、追求卓越的服务团队，出台了一系列支持招商、科技、金融、人才等发展的优惠政策。坚持构筑"亲""清"政商关系，秉承"您的投资、我的服务"理念，做实"企业吹哨、部门报道"，为企业家提供"全程保姆式服务"，努力把聊城高新区打造成鲁西地区政策洼地、服务高地。高新区响应国家高质量发展及山东省新旧动能转换要求，结合当地经济社会基础与特色，目前正着力打造新能源新材料、高端装备、医养健康、信息技术四大主导产业园区。

（一）新能源新材料产业体系日臻完备

该产业园区以鲁西集团为龙头，鲁西集团是世界 500 强、大型骨干国企——中国中化集团的子公司，是国内首家拥有自主知识产权的聚碳酸酯生产基地、全国最大的甲酸、己内酰胺生产基地，在 7 平方公里的园区内，形成了较为完备的"煤、盐、氟、硅和石化"相互关联的产品链条，是中国智慧化工园区试点单位、中国化工园区 20 强、中国江北唯一的绿色化工产业园区。为加大产业链延伸，高新区正在编制规划占地 6 平方公里的新能源新材料应用产业园。总规划占地达 18 平方公里，力争三年投入 150 亿元，5 年内打造成千亿级产业园区。

（二）高端装备产业日益壮大

该产业园区占地 587 亩，总建筑面积 58 万平方米，致力打造高端装备技术智慧园区，包含高端智能制造产业区、高端汽车配件产业园、岩石工程装备产业区、VR 信息产业区、"互联网+"产业区等板块。目前聚集了中国工业机器人 20 强企业——诺伯特智能装备、江北最大的无梭纺织机研发生产基地——日发纺机、世界一流的新能源汽车核心零部件智造基地——财金博源，以及鑫亚格林鲍尔、易斯特工程刀具、贞元车轮等重点企业，重点生产工业机器人、高档机车核心零部件等产品。力争三年投入 50 亿元，打造成 100 亿级产业园区，成为长江以北重要的智能装备产业集群。

（三）医养健康产业方兴未艾

该产业园区以九州康城、量子科技产业园、瑞柏生物、博奥克生物、阿

173

华制药、壹号健康空间等医养健康龙头企业为支撑，重点生产辅助生殖系列产品、干细胞试剂、高端药用辅料等产品，提供一流的养老保健服务。力争三年投入 50 亿元，5 年打造成 100 亿级产业园区。在该产业园区，多名专家领衔创办了山东省抗体制药协同创新中心、山东省纳米药物与释药系统工程研究中心等科研平台。聚集了全国生殖健康产业领跑企业——美国瑞柏生物科技、中国唯一乳腺核磁共振国产化生产基地——美国奥洛瑞、全国最大的药用辅料生产基地——阿华制药等一批企业，实现了医养健康科技领域的"新突破"。

（四）信息技术产业蓬勃发展

该产业园与阿里巴巴集团合作，共同打造中国最大、山东省首个"阿里云创中心（聊城基地）"。规划建设"1+2+N 产业集群"，重点以发展电子商务产业集群，带动"文化创意产业"，形成高新区"智能制造产业"生态链，打造智慧产业新城，成为链接冀鲁豫创新产业智慧化、信息化的新平台。大力发展现代物流、金融服务、高端商贸，培育壮大商务服务、网络信息、软件与服务外包等新兴服务业，推动总部经济、楼宇经济发展。力争三年投入50 亿元，5 年打造成 100 亿级产业园区。

二 聊城市高新区体制机制改革的成效

近年来，聊城高新区坚决贯彻落实省委、市委关于推动开发区体制机制改革创新促进高质量发展的部署要求，紧扣市场化改革方向和去行政化改革取向，坚持"瘦身强体、减负增效"，立足发展实际，不等不靠，稳扎稳打，积极探索创新，系统性、重塑性地改革原有体制机制，极大激发了高质量发展的活力动力，改革成效初步显现。

（一）发展质量明显提高，高新产业集聚态势加速形成

主要经济指标稳步提升。2020 年全区生产总值 111.16 亿元，同比增长5.9%，增幅列聊城市第 2 位；一般公共预算收入完成 12.77 亿元，同比增长12.5%；税收收入累计完成 10.58 亿元，税收占比达 82.9%；规模以上企业工业增加值 63.7 亿元；持续推进规模以上工业企业研发机构更广泛地有效覆盖

以及推进研发活动全覆盖，全年制造业累计完成技术改造投资 26.78 亿元，同比增长 212.8%，高于聊城市 167.1 个百分点。新旧动能转换初见成效。实施项目带动战略，围绕优势主导产业和战略型新兴产业，建立新旧动能转换重大项目库，纳入 71 个新旧动能转换项目。建立动态管理机制，对入库项目实行动态管理。重点项目建设实施精准对接产业契合度高的世界 500 强、中国 500 强、央企、行业 100 强，招引一批带动作用大、技术含量高、市场效益好的重大项目。研发平台数量快速增长。2020 年新增高新技术企业 12 家，高企总数达到 46 家；高新技术产业产值占比达 91.5%；2020 年新增省级企业技术中心 1 家，工程实验室 1 家，新型研发机构 2 家，全区拥有省级以上研发平台达 29 家，研发投入占比达 5.51%，全区有效发明专利为 521 件，万人拥有有效发明专利 37.68 件。

（二）双招双引精准发力，激活经济发展新动能

招商引资成果丰硕。五年来，持续优化招商引资政策，更新出台文件 21 份。前往迪拜、沙特、波兰、俄罗斯、德国、捷克、美国、日本、韩国等 20 余个国家开展境外招商，向国际社会推介高新区。2020 年，组建新材料新能源、高端装备、医养健康、信息技术四个公司化产业专班；统筹投资促进部、四大产业专班、十个园区招商小队和京津冀、长三角、珠三角三支协作队，成立聊城高新区招商联盟，开展招商"大作战"。与双 500 强合作实现新突破，韩国浦项新贞元轻量化车轮项目、海尔卡奥斯工业互联网及高端信息软件项目、润华新能源汽车体验中心项目相继入驻。2020 年，举办职业教育赋能制造暨职教专家进企业全国现场会。"十三五"期间，招商引资到位资金达到 211 亿元规模，招引项目 186 个；实际利用外资从 2016 年的 507 万美元增长到 2020 年的 2000 万美元，五年内总额达 3536 万美元。进出口规模逐步扩大。积极组织企业参加俄罗斯、白俄罗斯、美国、欧盟、东盟、日本、韩国等国家的国际博览会，为企业补贴外贸专项资金 1000 余万元。在培育跨境电商主体上持续发力，与外贸服务企业、亚马逊聊城运营中心合作，开展线上线下免费培训 8 场，分析欧美市场畅销产品 12 大类，免费提供商标、认证、检验检疫三大类咨询服务，对跨境电商从业者提供了较为细致的培育。实行"部门+公司"体制，设立智汇谷跨境电商产业园，引进火炬招商公司建立合作平台，为外贸企业提供一站式服务。2020 年，利用进博会平台优势，举办

了跨境电商产业园推介会，与四家外国客商签约项目资金达 20 亿元。"十三五"期间，外贸企业数量从 2016 年的 53 家增长到 2020 年的 201 家；五年来，进出口额年均实现约 20 亿元，累计完成 99.34 亿元。人才活力得到充分释放。积极探索"人才+项目"带动模式，培育引进了一批生物医药领域专家。持续推进产学研合作，与聊城大学合作创建高新生物有限公司，建立了四个医药类研发中心，成为国家药物制剂方面的一流研发平台，开发了 20 个以上高端制剂产品，1 项技术研究获批国家科技重大专项。成立了聊城人力资源服务产业园，立足聊城"智谷"定位，设置了企业入驻一站式服务窗口，拥有完善的人力资源服务产业链。成立了高新区人才发展公司，解锁市场化招才引智人才生态体系。探索出了"国有平台+民营资本+行业协会"的人才发展改革新路，率先建设留学生创新创业园区，其中已经对接高层次留学人才 15 人，成熟落地三个项目，输出服务 20 余次。推行了"3111"人才工程，共有 200 余位人才入选"3111"人才工程。

（三）民生事业持续改善，人民群众幸福感显著提升

推动义务教育高质量发展。制订了《高新区关于推进中小学校长职级制改革工作实施意见》，在全市率先完成校长职级制改革和义务教育学区制建设，顺利完成了"县管校聘"改革工作，推动区域内城乡教师均衡配置。成功举办了第二届"全国家长论坛暨第三届家校合育论坛"和"全国家校共育与家长学校专业化建设双实践区研讨现场会"。"家校联合育人模式试验与研究"获市教学成果奖，省级课题《学校、家庭、社会三位一体联合育人模式的试验与研究》顺利结题，成功立项。

加速城市管理现代化进程。小湄河流域确定为省海绵城市建设示范区，九州洼月季公园海绵工程改造项目入选全省《海绵城市建设典型案例》。九州洼月季公园片区列入省城市品质提升试点，路灯亮化设计分别荣获阿拉丁神灯奖优秀设计奖和优秀工程奖。推动建设项目审批流程再造和实施餐饮油烟治理长效机制，获省级发文推广。鲁西老年护养院推进的"失能人员有保障，失智家庭减负担"创新做法列为"全国医养结合典型经验"，获全国发文推广。

加强思想文化阵地建设。高新区被评为"省级文明单位"，农家书屋、文化活动广场等惠民工程实现了行政村全覆盖，创立全省首支"红色挎包宣传

队"大力发展文化产业，培育金正动画、创通科技等重点文化企业，聊城文化创意产业园获批 2020 年度省级成长型数字经济园区试点，"聊得来 我的城"文化品牌亮相文博会。

实施社会救助行动，及时将符合条件的纳入低保、特困人员救助供养、临时救助等社会救助政策保障范围。截至 2020 年 7 月底，全区享受政策人口中有 1824 人纳入了农村低保和特困人员保障范围，占比 71.4%。

（四）党的建设全面加强，全面从严治党向纵深推进

压实领导责任，抓细抓实党建。2016~2018 年，在全区推行了党建工作项目化管理工作模式，有效激发了基层党组织的活力。建立高新区"党建智库"，推动基层党建智慧化。构建"TCM"党建工作新机制，按照"一村一策、一村一品"的思路打造了村级党建文化宣传阵地示范点，推进实施以"科技助力、文化互融、多方参与"为主要内容的党建创新，实施"四通一网"智慧党建，并依托聊大政管学院的专业优势，实现理论研究成果的转化和延伸。

搭建学习平台，加强理论教育。深入推进"两学一做"学习教育常态化制度化，扎实开展"不忘初心，牢记使命"主题教育活动。与新华网合作开发了聊城高新手机党校党员教育学习平台，开设乡镇（街道）、机关、两新和特别党员七大校区，推行了"两学一做"学习教育常态化、制度化"365"模式。对接省委组织部"灯塔—党建在线"平台，开发了"灯塔—聊城高新区党建在线"子平台，成为全省第一家县级灯塔平台，组建聊城高新区 E 支部等 19 个子系统实现与省网站对接，开发建设了 365 过硬党支部管理服务平台、网络名誉监督系统、党建可视化管理系统，并融合了高新区现有的手机党校党员学习平台，为全区党员教育、管理、宣传、服务提供了综合性阵地。

创新工作思路，打造党建亮点。建立"金正党建工作室"，打造党员活动室、党建文化长廊、党建文化园"三大线下阵地"和微信、微博、微视频、手机党校、灯塔在线"五大智慧党建平台"。建立党员"红心能量站"，成立了党员"红心能量站"，汇集各部门党组织在科技、人才、法律等方面的优势资源。锻造"红色挎包队"金字招牌，省委讲师团团长殷玉平一行来高新区韩集乡召开现场观摩会，座谈交流"红色挎包队"在打造宣传队、文艺队、服务队三支队伍方面的典型经验。

强化党风廉洁建设，转变作风。2016 年，融合大数据手段，创新建立"党风政风监督平台"；2017 年运用"互联网+""大数据"等技术手段，创新建立"落实全面从严治党主体责任纪实平台"，实现对区直部门、乡镇党组织落实"两个责任"的履职内容量化分解、履职过程纪实可现、履职缺位亮灯提醒的动态监督和综合考核计分。

三 聊城市高新区体制机制改革的措施

（一）加强组织领导，夯实体制机制改革"定力"

一是明确改革路径，让思想认识更"统一"。认真贯彻落实市委《关于推动开发区体制机制改革创新促进高质量发展的实施意见》（聊发〔2020〕7号）文件精神，坚持问题导向，通过体制机制改革创新，推动高新区回归科技创新及高新产业发展的本源初衷，进一步聚焦主责主业、激发内生动力，推进企业布局园区化、产业发展集群化、产品品牌高端化，把高新区打造成为科技创新的引领区、深化改革的实验区、对外开放的先行区、新旧动能转换的集聚区、高质量发展的示范区。

二是统筹顶格推进，让深化落实更"具体"。把体制机制改革创新作为全区大事要事来抓，第一时间成立了体制机制改革创新领导小组，由区党工委、管委会主要领导同志任组长，两委班子成员任副组长，九个部门主要负责人任成员，办公室设在政工部。下设综合协调、干部人事制度、管理体制、运营模式、保障要素五个工作专班，形成了"一把手抓、抓一把手"的工作机制。制订了《关于推动聊城高新区体制机制改革创新促进高质量发展的实施方案》，明确了 17 项具体任务，梳理出了《保留管理职能目录》《剥离社会事务管理职能目录》《剥离开发运营职能目录》。对改革涉及的重大制度性安排、体制性调整问题认真研究、广泛调研、充分论证，对机构设置、职能配置、人员编制等方面情况逐一梳理，全面摸清底数，确保省、市改革意见在高新区落地见效。

三是严明纪律规矩，让推进实施更"稳妥"。体制机制改革期间要求全体人员严肃政治纪律、组织纪律、机构编制纪律和干部人事纪律，注意把握干部职工思想动态，加强正面宣传和舆论引导，准确解读政策，及时回应关切，确保整个改革过程中做到政令畅通、令行禁止，工作不断、干劲不减。

四是外出学习取经，让改革成效更"显著"。紧抓中央、省市支持开发区体制机制改革发展的政策机遇，勇立潮头、先行先试，多次赴徐州、济宁、济南、淄博等地高新区学习考察，并结合本地实际，在管理体制、运行机制、产业布局等重点领域探索改革路子，推动形成系统集成、协同高效的制度体系。

（二）优化职能体系，汇集高质量发展"合力"

一是创新管理模式，让服务发展更"专业"。推行"党工委（管委会）+产业专班+公司"改革，围绕新能源新材料、高端装备制造、医养健康、信息技术优势产业成立了四大产业专班，整合集约国有资源资产资金，组建了聊城高新控股集团有限公司，下设聊城高新区财金建设发展公司、山东九州高科建设有限公司、聊城高新城市运营有限公司、聊城高新人才发展有限公司四个子公司，主要负责专业园区规划、产业培育、基础设施建设、投融资、土地开发管理、项目服务等，让"专业的人干专业的事"，打造党工委领导下的以产业专班为抓手、以国有平台为载体的创新发展模式，实现了回归本位、聚焦主业、重塑优势，激发了高质量发展的体制活力。

二是推进职能整合，让管理体制更"精简"。在推动高新区"轻装上阵"上下功夫，突出经济发展职能，围绕建立精简高效的管理体制，按照"大部门、扁平化"的思路，采取整合、撤销、划转等方式，对管委会内设机构、事业单位进行大幅精简压缩，将23个原区直部门单位精简为九个工作机构，机构压减比例达到61%；依照"人随事走"与"自愿选择"相结合的原则，将管委会内设机构相关职责、领导职数、人员予以整合，由435人精减为242人，人员精减比例达到44%，实现了部门职能综合化、岗位职责清单化，大大提升了工作效率。

三是加强经济职能，让主责主业更"聚焦"。突出"主责主业"，按照"小机构、大服务"原则，坚持既做"加法"，又做"减法"，实行"一个加强、两个剥离"，即加强功能区经济管理职能，剥离社会事务管理职能，剥离开发运营职能。梳理出教育、卫生等13类领域的拟剥离社会事务事项800余项，交由市直部门、属地政府或代管乡镇行使相关职能；梳理出规划设计、土地开发、产业招商等六个领域的拟剥离开发运营职能，交由区内开发运营

179

公司托管。推行"部门+公司"管理模式，敢于打破常规，先干先试，积极转换部门职能，成立人才发展、城市运营和火炬招商公司，由新组建党群工作部、建设管理部和投资促进部负责业务指导，并明确了区财政、高新控股集团与其子公司的资本资产归属关系和资金使用关系。

四是明晰权责关系，让上下联动更"顺畅"。编制管委会权责清单，在市委编办的指导下，结合体制机制改革创新工作方案，在剥离有关社会事务等领域职能的基础上，围绕规划拟定、经济建设、行政审批、监督管理和发展保障五个方面，梳理了改革后管委会权责事项清单，共计1649项，其中行政权力1603项，公共服务46项，确保各项权责"放得下，接得住"。进一步规范"属地管理"，明晰改革后区镇（街）两级间职责划分，制定了《关于明晰区镇（街）职责规范"属地管理"的实施意见》，将区镇（街）共同承担的96项职责，列入区镇（街）"属地管理"事项主体责任和配合责任清单，其中区直部门、分支机构承担主体责任的有89项，镇（街）承担的主体责任有七项。

（三）加快产业集聚，激发高质量发展"动力"

一是强化动力变革，让双招双引更"精准"。着力把招引机制变"活"，下好"产业专班"先手棋，打好"招商联盟"主动仗，由县级干部带队，择优选取40名精干力量，成立了四个产业专班，统筹五个招商队，十个园区招商小队，三个发达地区协作队（京津冀、长三角、珠三角），三个发达国家协作队（欧洲、美洲、日韩），组建了招商联盟，精准开展产业链招商。截至目前，共新签约过亿元项目63个，计划总投资达325亿元，到位资金21亿元。尤其自2020年7月以来，产业专班组建后的4个月内，共签约项目49个，落地项目43个。着力把外贸平台拓"广"，推进建设总面积1.8万平方米的跨境电商产业园，市值约1.8亿元，打造"国际客厅"开放基地。利用进博会平台优势，举办了跨境电商产业园推介会，与四家外国客商签约项目资金达20亿元。

二是强化质量变革，让产业项目更"强大"。着力把产业园区建"强"。实施了"筑巢引凤""筑巢育凤""筑巢强凤"计划，由国有平台高新控股集团负责园区建设、设施配套等，将全生产要素导入园区，聘请专业运营公司进行现代化企业管理，打造产业集聚发展和创新创业的"强引擎"。自2020

年以来，重点打造了五个产业园区，谋划推进的有四个。比如，2020 年 9 月，占地 114 亩的高端装备信息产业园一期正式运营，建成了建筑面积 10.5 万平方米的十座标准厂房，在不到两个月的时间里，就入驻了 14 家企业。着力把发展动能赋"新"。深入落实高新区推动主导产业高质量发展"30 条"，推行"项目赋分""亩产效益"等评价机制，充分发挥鲁西化工、诺伯特、博源等科技型企业的引领带动作用，在规模以上工业企业中实施"技术改造"和"研发机构"双覆盖行动。着力把培育土壤创"沃"。以"单项冠军""专精特新""瞪羚""小升规"等企业培育库为抓手，充分发挥聊城产业技术研究院、清华启迪之星等平台的牵引作用，对科技型中小企业进行重点培育。目前，全区拥有市级以上研发平台 77 家，其中省级以上 31 家，国家级孵化器一家，国家级众创空间三家。2020 年共有九家企业晋升为规模以上企业，新增一家国家技术创新示范企业，新申报一家国家级制造业"单项冠军"、两家省级制造业"单项冠军"企业和四家省级"瞪羚企业"。

三是强化效率变革，让营商环境更"便捷"。着力把流程再造简"快"。坚持"要素跟着项目走"，推行"全省通办""区域评估"等举措，真正实现"办证即开工"。比如，通过"一业一证"改革，20 个试点行业共压减材料200 余件，精简率最高为 84%，压减环节 71% 以上，时限平均压缩 84%。通过"投资项目会客厅"，成功为 12 家企业、18 个投资项目提供服务，总投资达 3.5 亿元。着力把政务服务优"好"。牢固树立"项目为王"理念，推行"4012"服务，建立"部门报到"快速反应机制，设立"帮办代办"专员，为项目落地、企业发展提供全流程"保姆式"服务，确保项目引得进、建设快、发展好。目前，全区帮办代办事项 1050 件，其中远程帮办 110 件，现场帮办 940 件。

（四）激活人才资源，释放高质量发展"活力"

一是实行全员聘任，让选人用人更"灵活"。按照"人岗相适"要求，推行全员岗位聘任制，建立"以实绩论英雄""凭能力定岗位"的管理机制，实现了由"身份岗位"向"岗位管理"的转变。推行"单轨运行、档案接续"办法，建立晋升和淘汰退出双向交流机制，保留原始人员档案身份，打破级别、年龄、资历等传统框架束缚，打破行政事业、编内编外身份界限，以选聘、竞聘、公开招聘等形式，做到"能者上、庸者下、劣者汰"。坚持重点用力、集中用兵，人员力量向承担经济发展、双招双引、项目建设等重点任务的单位倾斜，面向全国招聘管理人员，累计招聘工作人员 12 人，平均年龄 32 岁，全部具有大学以上学历，其中博士研究生 1 人、硕士研究生 4 人，占人员总数的 41.67%，人才队伍服务水平显著提升。

二是实行差异化考核，让干事创业有"激情"。以考核增量、实绩和高质量发展为导向，变"铁工资"为"活绩效"，结合关键业绩指标和权重，统筹制定产业专班、集团公司、区直部门、分支机构差异化绩效考核办法，推行全员绩效考评，通过赋予不同价值系数，实行分级分类考核，做到人人肩上扛指标、压担子。将绩效工资与考核结果直接挂钩，考出业绩、考出导向，实现了由"身份工资"向"岗位薪酬"的转变，树立"用实绩说话"导向，"为担当者担当，让实干者实惠"，全面激发党员干部的干事创业热情。

三是创新人才服务，让优秀人才更"集聚"。推动人才工作规范化发展，出台了高新区金月季人才计划和引人才促发展"8 大"举措，提升区域人才政策优惠力度；成立了聊城高新人才发展有限公司，探索"国有平台+民营资本+行业协会"的人才服务模式，打造了留学生创业园区；发挥聊城人力资源服务产业园作用，积极推进生态化、共享化、信息化、多元化平台工程建设，为企业和人才提供一站式服务。在疫情期间，创新推出了"云上高新"招聘模式，相关典型做法在《新华社山东要情动态》第 11 期刊发，受到了省委书记刘家义同志批示，在全省推广。目前，全区新增自主培养省以上高层次人才 4 人，新增高端人才 156 名，青年人才 556 人。

四　聊城市高新区体制机制改革的经验

（一）坚持改革顶层设计，强化组织领导作用

聊城市高新区站在全市发展战略角度整体推进高新区体制机制改革，通过顶层设计，对高新区的定位、权限、职责、组织结构等基本方面作出明确和统一规定。以"充分授权、封闭运作、有效监督"为方向，探索法定机构等新型治理模式，逐步建立符合国际惯例和市场经济需要的行政法规体系和管理运行机制。加强功能区经济管理职能，剥离社会事务管理职能，建立授权事项清单制度，赋予国家高新区相应的科技创新、产业促进、人才引进、

市场准入、项目审批、财政金融等省级和市级经济管理权限。同时，通过设立体制机制改革创新领导小组，形成了"一把手抓、抓一把手"的工作机制，从组织架构上保障了高新区体制机制改革的顺利实施。

（二）坚持统合高效与敏捷灵活相结合，优化内部管理架构

组织机构改革是提高工作效率，确保体制机制改革成效的关键。高新区的组织机构改革坚持遵循统合高效与敏捷灵活相结合的改革思路。一方面，全面厘清岗位职责，建立精简高效的管理体制。高新区加强部门整合，按照"大部门、扁平化"的思路，扎实推进大部门制改革，实行扁平化管理。采取整合、撤销、划转等方式，对管委会内设机构、事业单位进行大幅精简压缩，为高新区管委会各部门"瘦身强体"。例如，在组织机构上纵向设置"一产业、一处室、一平台、一体系"，以有效提高政府服务的统合性。另一方面，高新区保持各部门敏捷灵活的机构设置，要扁平化，决策下沉，有快速试错、承压和改进的制度空间。按照职能相近、业务相近的原则，进行机构重组和职能整合、实现流程再造，有效解决职能交叉、条块分割和多头管理问题。

（三）坚持人事管理制度改革，全面推行"全员岗位聘任制"

高新区人事制度改革从选优配强领导班子、推行全员聘任制、实行全员绩效考核、健全薪酬制度四个方面进行布局，制定出台一系列人事制度配套文件，逐步实现人员招聘、干部选拔任用、人员岗位调整科学化、制度化、规范化。积极推进中层干部竞聘上岗，科学制定中层干部竞聘上岗，先后分批次分步骤对区直部门单位和镇街进行了全员竞聘上岗：一是创新机制，推行在编人员"双轨管理"。对机关、事业单位在编在岗人员，实行干部编制内任职与岗位聘职相分离、干部人事档案管理与合同聘用管理相分离的"双轨运行"管理，激活了干部队伍"一池春水"。二是一视同仁，推行体制内外"全员岗位聘任制"。按照"管委会—部门—内设机构"三级扁平化管理架构，重新核定了岗位总数，打破了机关（事业）单位职级设置和编制内外身份界限，包括管委会领导在内的全体人员，就地实行岗位竞聘。三是以岗选人，专业的人做专业的事。按照因事设岗、以岗选人、人岗相适的原则，不设身份门槛，不循习惯经验，关注素质能力，落实人岗匹配，让专业的人做

专业的事，真正实现人尽其才，切实发挥关键岗位的"鲶鱼效应"。

（四）坚持聚焦主责主业，加快产业集聚

高新区成立了四个产业专班，构建了专业系统的园区运营体系和产业培育体系，形成了"大招商、大经济、大服务"格局，强化了主责主业，加强了对经济社会发展的支撑和带动作用。产业专班主要负责对接企业服务、推动创新创业、招商引资、项目落地建设等工作。街道办事处主要履行辖区内党的建设、公共服务、城市管理、社会治理、安全稳定等综合管理职能。市场化平台公司主要承担园区开发建设和运营、产业投资促进、基础设施和公共服务设施建设及运营等职能。各个板块、部门之间各司其职、协同高效，必将凝聚起强大的发展合力，加快高新区实现高质量发展。

五　结语

聊城市高新区体制机制改革，紧紧围绕市委、市政府"争创一流、走在前列、奋力实现在鲁西大地率先崛起"战略目标，以体制机制创新为核心，全面发挥高新区改革创新主战场作用，助力高新区转型跨越发展，为全市开发区深化改革做出示范。相信在不久的将来，高新区必将谱写更精彩的乐章，成为全市创新发展的新引擎、主阵地和经济发展的重要增长极。

【聊城大学商学院（质量学院）：张延辉；
聊城高新区管委会：吴庆华】

第四篇　专题研究篇

第十四章　聊城市企业公司治理研究

一　公司治理问题的起源

2020 年 10 月，国务院印发了《关于进一步提高上市公司质量的意见》，"十四五"规划报告提出要"深化国资国企改革，做强做优做大国有资本和国有企业。加快国有经济布局优化和结构调整，发挥国有经济战略支撑作用。加快完善中国特色现代企业制度，深化国有企业混合所有制改革"，不论是提升上市公司质量还是深化国有企业改革，关键一环是提升公司治理水平。

公司治理是伴随着现代企业制度的产生而形成的，现代企业制度最重要的特征是公司所有权和经营权的分离，两权分离使拥有所有权但是没有经营能力的股东可以选择具有专业管理能力的经理人来管理企业，这也就产生了 Jensen 和 Meckling（1976）提出的委托代理问题，公司治理的研究随之兴起。委托代理问题产生的第一个原因是股东和经理人目标不一致，股东的目标是公司利益的最大化，而不持有公司股份的经理人的目标是自身利益的最大化，这样就产生了代理冲突。委托代理问题的第二个原因是信息不对称，在二者目标不一致的情形下，由于信息的不对称，一方面，股东作为委托人很难观察到作为代理人的经理的行为，经理人极有可能做出利于自身利益而忽视股东利益的机会主义行为，这对公司的长期发展不利。另一方面，即便是在股东与经理人目标一致的情形下，由于存在信息不对称，委托人很难观察到代理人的努力程度，这也造成了经理人的激励难题。例如，经理人会存在过度投资的行为，过度投资可以使公司规模扩大，可以提升自己的薪酬，这是因为经理人的薪酬不仅与企业利润有关，更与企业规模有关，一般而言，规模越大的企业，经理人的薪酬也就越高。经理人不仅可以通过调整投资策略提升自身的收益，还可以通过在职消费来提升自身的收益。在职消费是指一些公司购买飞机和豪华游艇，或者装修豪华办公室，这在本质上就是为了满足经理人的个人消费欲望。以上是代理问题中主要涉及股东和经理人的问题，也被称为第一类委托代理问题，因此公司治理就是要使股东和经理人的目标趋于一致，减少经理人的机会主义行为，保证公司利益的最大化。

随着资本市场的不断发展，股权的分散化程度提升，公司治理的另一类代理问题即大股东和小股东的利益冲突越来越受到关注。股权越分散，股东之间相互"搭便车"的情况就比较普遍，因此治理成本也相对较高，而我国公司治理的一个重要特点是股权相对集中，股权相对集中使股东"搭便车"等问题相对较少因此治理成本下降，但是股权的集中使公司的控制权掌握在大股东手里，在信息不对称及决策机制不透明的情况下，非常有可能发生大股东侵害中小股东利益的行为。例如，大股东可能通过关联交易掏空上市公司，这不仅损害了中小股东的利益更不利于公司的长远收益。这类问题也被称为第二类委托代理问题，因此公司需要通过相关治理机制的完善，保护中小股东的利益。

公司治理是以股东为核心的各利益相关者之间相互制衡关系的总称，其实质是各利益相关者在权力安排、利益分配及责任机制方面基于法律地位平等基础上的契约关系。

二 聊城市企业公司治理的问题

目前聊城市规模以上企业累计1218家，2020年度规模以上企业营业收入总额为3384.32亿元，营业收入1亿~5亿元的企业有305家，其中营业收入在 50 亿元以上的企业只有 11 家，大型企业的数量还有待提升。截至 2018 年底，国有企业共 220 户，独资、控股、重点参股国有企业资产总额达到 999.89 亿元，聊城市市管企业有 11 家，按照分类混改的原则其中公益类企业三家，分别为水务集团、公交集团、粮储公司；商业一类有三家分别为鲁西集团、昌润集团、东元公司，商业二类共五家，分别为财信公司、财金公司、旅发集团、土储集团、保安公司。

（一）传统公益类国有企业公司治理结构仍需完善

公益类国有企业的性质是提供公共物品和公共服务的特殊法人，这类特殊法人实体财务也是独立核算的，但并非是自负盈亏，需要政府财政的支持并保障其正常的运营。尤其是在特殊时期，公益类国有企业一般都为垄断企业，这类企业不具有独立定价权，必须由政府依法制定。对于这类国有企业，普遍存在以下问题：

第一，公司治理结构还不完善，治理模式不灵活。公益类国有企业产权不清晰，还存在政企不分的现象，这是由公益类国有企业的公益属性决定的，这种治理模式能保障人民群众享受更好的公共服务，同时也保护了公益类国有企业，因此必然丧失了自主经营权，在治理模式上偏向于行政治理，这也就意味着企业决策的制定更偏向于政府行政或者公司高层的行政命令。按照当前国有企业改革的要求，公益类的国有企业虽然已经建立了股东大会、董事会及经理层的治理结构，但是三者之间的责权利划分还不明确。

第二，董事会的独立性还不够彰显。董事会治理是现代公司治理的核心，关乎企业决策的科学性和公正性。随着国有企业改革的深入推进，让董事会发挥其应有的作用也是改革的难点和痛点。因此，董事会的完整性和互补性需要进一步加强，根据调研的某公益类国有企业的相关情况来看，根据相关董事会建设的要求，董事会中加入了除内部董事以外的外部董事，但是董事会的议事规则还没有正式出台。

第三，董事会和党委会的关系需要进一步明确。目前，董事会和党委会交叉任职和双向进入的情况较多，重合度也较高。董事会会议流于形式，董事会决策"行政化"的倾向较为严重，董事会决议落实不积极、不严格。

第四，经理层缺乏相应的激励机制。一方面，由于公益类国有企业不是自负盈亏的企业，无法根据企业绩效进行激励，如何激励公益类国有企业的高管是一个较难的问题。另一方面，为了弥补企业亏损，公益类国有企业不断探索其他与公司业务相关的盈利性项目，但是由于企业性质的限制，无法根据市场化的方法来进行经理人的激励，因此限制了企业的进一步发展。

（二）竞争类国有企业治理的相关问题

"十四五"规划报告提出健全以管资本为主的国有资产监管体制，深化国有资本投资、运营公司改革。竞争类国有企业是进行混合所有制改革的主力，国资与民资"相互渗透"的混合所有制改革即"双向混改"是提升企业竞争力的重要途径，也是保证经济可持续发展的动力所在。目前，聊城市重点竞争类国有企业基本都进行了混合所有制改革，一个重要的表现就是引入了外部民资股东。通过股权多元化改革目前传统国有企业存在的体制机制，使国有企业的发展适应市场和企业发展的规律。中央全面深化改革委员会第十四次会议审议通过了《国企改革三年行动方案（2020-2022年）》。这说明国有企业混合所有制改革由形式上的股权多元化进入实质公司治理提升的发展阶段。目前，在混改领域仍存在一些需要注意的问题。

1. 竞争类国有企业公司治理结构仍需完善，混合所有制改革后的公司治理有待进一步提升

一些国有企业还没有建立规范的"三会一层"，或者人员还没有完全到位，没有清晰的责任划分。一些企业虽然建立了完整的公司治理结构，完成了股东大会、董事会、监事会和经理层形式上的构建，但是实质上如何发挥三会一层的作用，各项制度还需要进一步完善和跟进。例如，"三重一大"集体决策制度和议事规则不完善；"三重一大"会议决议监督执行不完善、督办落实不力。

2. 党委会与董事会分工和权责界定不清晰

《国企改革三年行动方案（2020-2022年）》中，明确提出进一步加强党对国有企业的全面领导，加强国有企业党的建设，充分发挥企业家作用，以高质量的党建引领高质量的发展。这就需要尽快明确党委会和董事会的分工，厘清责任边界。但是目前两者之间的责权利界定还不清晰，人员的配置还没有完全到位。

3. 混改企业合作股东的选择需要制度化和战略化

完成国企混改的一个重要步骤是选择合作的非国有股东，股东的选择需要适合国有企业的长期发展，不能仅限于为了完成混改而选择，因此国有股东和非国有股东之间应维持良好的合作关系。国有企业在进行混合所有制改革前应该考虑企业未来的战略发展和组织设计，如果着眼于战略性新兴产业必然要选择一些新兴产业的民资股东。引入民资股东后，混合所有制企业的股权多元化，股东之间的权益是平等的，而目前国有企业在引入民资股东后依然存在"控制"思想，这并不利于混改后非国有股东作用的发挥。

（三）民营企业公司治理的相关问题

1. 企业股权集中度相对过高

股权集中度较高是中国公司治理存在的普遍问题，尤其是对民营企业而言。在聊城市制造业销售收入排名前十位的企业中，除国有企业外，只有冠县冠星纺织集团第一大股东的持股比例为28%，其他企业第一大股东的控股比例基本都在50%以上，有的甚至是100%控股。股权集中度较高会产生一些弊端，使治理偏向行政化，或者产生家族化治理的特点。集中体现为大股东控制，大股东控制既有"激励效应"也有"隧道效应"。在公司成立初期，企业面临的不确定性较强，大股东控制可以使决策集中化，具有一定的激励效应。但是，在公司发展的成熟期，难以吸收多元化股东造成决策风险加大，在监督不完善的情况下还可能出现大股东对中小投资者的利益侵占行为。

2. 董事会决策机制仍需完善

目前聊城市大型民营企业的治理结构也在不断完善，董事长和总经理两职分离的比例也越来越高，在聊城市制造业十强名单中，只有一家企业是两职合一的，两职合一虽然有利于决策的集中，但是董事会较难发挥监督作用，容易产生"一言堂"的现象，董事会形式化较为严重。即便是董事长和总经理两职分离，董事长一般都来自大股东单位或者直接为自然人大股东，一些企业会将董事长看作公司的"一把手"，这可能导致经理人的能力难以有效发挥，更可能造成两者之间的利益冲突。

3. 民营企业传承中存在家族化治理倾向

股权较为集中的民营企业创始人面临退休时，由于受到中国传统文化的影响，可能倾向于选择"子承父业"的方式传承企业，这可能会出现企业家族化治理的倾向。在家族企业中不乏存在"子承父业"的成功案例，如聊城市新凤祥控股集团就是家族控股的公司。集团由刘学景夫妇持股60%，刘学景的两个儿子分别持股20%，集团核心公司凤祥股份于2020年7月16日在香港联交所挂牌上市，这对新凤祥集团来讲是一次质的转变，意味着公司要建立完善的公司治理制度并接受投资者监督，这对于其他具有家族化治理倾向的企业具有借鉴意义。

4. 中小企业还没有建立较为完善的公司治理结构

中小企业由于规模较小、股权结构比较单一，因此难以建立较为完善的公司治理结构，有些企业仍然没有摆脱合伙制企业的经营模式，其中一个重要的表现是股东与经理人之间的冲突不断，一方面是股东直接干预董事会或者经理人的决策；另一方面，一些中小企业没有建立董事会或者董事会形同虚设，公司无法形成科学的决策机制。

三 提升聊城市企业公司治理的对策建议

（一）解放思想，理念先行

企业的创新发展离不开新的理念，新的理念就是要打破固有的发展认识。解放思想不仅体现在认识层面，而且需要体现在实践层面，因此企业要敢于面对企业发展的新问题，并且要着力解决这些问题。

1. 创新发展的理念

未来的竞争是创新的竞争，只有树立并深入贯彻创新发展的理念才能形成创新发展的动力。没有科技创新的引领，企业很难成为一流企业。目前在聊城市百强企业中，研发经费总计68亿元，比上年有所增长，研发强度超过5%的企业只有5家，还需要进一步提升。

2. 加大科技队伍建设

对于企业来讲，创新并非一日之功。大力吸引创新型人才是创新成功的必要条件，因此不仅要吸引成熟的高层次创新型人才，而且要吸引以应届硕博士为主的青年创新储备人才。由于地理位置等原因，聊城市吸引人才的天然优势并不突出，因此加强人才服务理念，强化人才服务配套措施，让各个层次的人才都能"引得进，留得住，干得成"。另外，大型企业可以尝试将企业的研发中心设立在大城市，保证人才的供应和先进技术的研发。

（二）明确责任边界，发挥公司治理结构的实质有效性

深化国有企业改革的一个重要途径是建立现代企业的公司治理结构，公司治理有效性的基础是公司治理结构和机制的完善，而如果没有公司治理结构形式上的完善就不可能达到公司治理结构的实质有效性。聊城市上市的国有企业都建立了形式上较为完善的公司治理结构，但是结构的健全并不意味着结构的有效，还需要在结构完善的基础上进一步推动公司治理实质有效性的提升。否则，公司治理结构就成了"烂尾楼"。提升公司治理的实质有效性需要做到以下两点：第一，明确各治理主体的责权利，确定权利边界，做到责任清晰，目标明确；第二，极大限度地发挥企业家才能。

（三）积极推动建立经理人市场，尝试建立国有企业经理人才库

完善的经理人市场不仅使企业能够选择能力较强的企业家，还能够发挥其激励与约束机制，优胜劣汰，降低企业代理成本。对于国有企业来讲，除了公益性国有企业、自然垄断性国有企业和稀缺资源类国有企业外，对于竞争性国有企业，政府在保证国有资本监督权的前提下，应该充分放权，由企业董事会通过经理人市场独立选择高能力的企业家。对于高管的来源不应该局限于其原有背景，选择成功的民营企业经理人，将给国有企业带来多元化的决策思路，有利于企业改革和创新。国有企业经理人才库的建设可以弥补现有经理人市场的不足，关于人才库经理人的人选不应该局限于政府人员或国有企业高管，对于优秀的民营企业家、职业经理人都可以纳入人才库，要建立严格的筛选标准，还要有动态的进入和退出机制，对于出现违规行为的经理人实行淘汰制，并永不加入人才库。

（四）加大中小股东权益保护力度，助力混合所有制改革

在发展混合所有制的过程中，国有企业不仅要调整所有权结构、治理结构和治理机制，还要创造一个公平竞争的市场环境，使国有资本和民营资本在市场监管和政策等方面享有平等的权利，在保护国有资本不流失的同时，公平公正地对待民营资本，使民营资本的产权得到同样的保护。中小投资者作为我国新兴资本市场的动力源泉，应努力改善中小投资者的保护水平，提高国有企业与私有企业之间的信息对称程度，通过集体诉讼和集体索赔大幅

度提高信息披露违规的成本，克服因信息不对称造成的道德风险和逆向选择，形成激励相容机制，保障中小投资者的知情权；通过累积投票、单独计票、网络投票、落实中小投资者召集临时股东大会和提案权等方式提高中小投资者的决策与监督权；尽快建立健全中小投资者的分红制度安排，保障收益权；降低中小投资者行权成本，改善维权环境；尽可能实现国有相对控股，以建立中小投资者对大股东的制衡机制，从而降低股价崩盘风险，维持股市稳定。

（五）不断激发企业家潜能，创新驱动增长

1. 探索有效的企业家自我约束机制

在现代经济社会的发展中，一个重要的方面是探索制度对绩效的影响，并寄希望于通过制度的完善解决激励的难题。经济学的研究表明，通过"完美"正式制度带来企业长久健康发展的想法不失简单，如果个体和组织缺乏有效的自律基础，制度极有可能被歪曲执行甚至利用制度漏洞而谋取私利。因此，在强调制度刚性的同时更应该重视制度的德性，同时离不开制度性的规范和非制度性规范的保障。因此，构建经理人的自我约束机制也极为重要，自我约束机制也并非是可以自动实现的，应该具备三个条件：第一，红线要清。对于企业高管而言，应该具备基本的职业道德修养，如果发生机会主义行为，将会受到严厉的惩罚。第二，考核要活。过程考核与结果考核相结合，不仅要对企业的业绩进行考核，对与进行创新活动的经理人要能容忍其失败。第三，激励要大。要对突出业绩进行较大程度的奖励，也就意味着如果不进行其相对损失就会更大。

2. 要建立反腐长效机制，重构新型政商关系

在政商关系不规范时，一种情况是，企业可以利用"关系"获得发展项目，但是其中更多的是一些短期内获利较大、较快的项目，长此以往，企业极容易形成路径依赖，当企业无法通过这一路径获得项目时，再向依赖自身能力而获得市场认可的创新型战略转型难度很大，最终将逐渐丧失核心竞争力。另一种情况是，由于企业创新具有高度不确定性和风险性，企业产品研发及上市过程中的某些环节会受到外部因素的影响，构建新型政商关系会降低企业的成本，增加创新的机会和收益，释放企业家创新的激情和动力，企业家能力将更多地向创新方向配置。因此反腐力度越大，企业越倾向于选择

进行创新型战略。

（六）积极引导和培育家族化民营企业上市，促进其转型发展

对民营企业的家族企业或者公司治理家族化的企业，应积极地引导其建立现代企业的公司治理制度。在上市公司数量上，聊城市上市公司只有六家，与省内其他地市相比还有不小的差距。因此，积极培育引领性企业通过上市的方式不断建立和完善现代企业制度是促进企业进一步发展的重要途径。因此可以开展相关培训普及现代公司治理制度的相关知识，促进企业家思想转变；通过混合所有制改革的方式，让国有股东以参股的形式进入民营企业，从而促进其公司治理结构的完善。

【聊城大学商学院（质量学院）：王健忠】

第十五章　聊城大学 MBA 教育 概况及发展思路

　　工商管理硕士（Master of Business Administration，MBA）教育于 20 世纪初起源于美国，经过百余年的发展，逐渐成为国际上通行的工商管理教育主流模式。1990 年，国务院学位委员会正式批准在我国设立工商管理硕士（MBA）学位，并于 1991 年开始招生。MBA 培养试点院校从 1991 年的九所扩大到 2020 年的 252 所，招生人数从 1991 年的不足 100 人，到 2019 年年录取人数超过 3.6 万人，全国 MBA 累计招生超过 50 万人。目前，MBA 教育已经成为我国培养高层次管理人才的重要渠道，对我国的改革开放和经济社会发展作出了重要贡献。

一　中国 MBA 教育基本情况及发展趋势

（一）中国 MBA 教育的基本概况

　　MBA 教育注重理论与实践的结合，强调能力和素养的培养。MBA 培养院校通过与企业建立密切联系或与企业联合培养，保证教学内容紧密联系企业实际。MBA 教育的目的在于培养能够胜任工商企业和经济管理部门高层管理工作需要的务实型、复合型和应用型高层次管理人才，特别强调在掌握现代管理理论和方法的基础上，通过灵活多样的教学方式，使学生接受知识与技能、个性与心理、目标与愿望等方面的挑战，提升学生更具有职业竞争的实力。所以 MBA 教育与其他学科相比，将会更加贴合实用性。另外，学生将不再仅作为一个学生参与教学，也将作为企业的高级管理人员或者是企业家积极参与 MBA 教育的改革和发展。MBA 教育通过各种课程和案例教学、企业实践项目等环节培养学生从事企业经营与管理工作所需要的战略眼光、创新意识、创业精神、团队合作能力、处理负责问题的决策和应变能力以及社会责任感。

MBA 教育的目标是培养综合性管理人才。MBA 学生在入学前应有一定的实践经验，各种专业背景的大学毕业生都可以报考 MBA，毕业生主要从事企业或经济管理部门高层管理工作。MBA 的核心课程包括经济管理理论与方法课程以及与企业管理职能相联系的专业课程，MBA 教育具有团队学习的特点，强调案例教学与互动教学，学生通过 MBA 教育不仅可以学习到系统的管理理论和专业知识，还可以与同学分享管理的实际经验，增长才干。此外，MBA 教育方式更加灵活。针对学生的多样化学习需求和在职人员的实际情况，各 MBA 院校根据学制和课程要求，能为学生提供高质量的、多样化的 MBA 教育，除了理论学习，还有案例研讨、沙盘推演、企业访问、海外游学等丰富的教学方式。

（二）中国 MBA 教育的发展趋势

1. 注重学生全面素质培养的提升

重视沟通技巧和团队合作精神的训练已成为 MBA 课程的一个主流思想。MBA 教育越来越重视对学生进行有关领导才能的"软技巧"训练，并将相关要素纳入课程内容和教学环节。

为了适应现代社会对管理者全面素质的要求，MBA 学院应该具有出色的决策能力、沟通能力，在组织中处理人际关系、组织团队作业、激励同事士气的能力，同时还要具有社会责任感。领导力和企业家精神的培养是在专业知识和管理技能训练的基础上，要求 MBA 学生综合利用所学知识，对个人的管理风格、强项及弱点以及未来目标进行自省，提升学生的团队意识、创新精神、判断力、学习能力、抱负、勇气、进取心等综合素质。优秀的领导者需要学习知识、锤炼品格、培养能力、增长智慧，多方面有机结合实现学生全面素质的提升。

2. 全球经济一体化对 MBA 发展提出的新要求

经济全球化要求企业的生产经营跨越民族心理和文化的界限，在不同的文明区域内展开运作，具有不同价值观念和信仰的人群将在全球范围内展开竞争与合作。因此，MBA 以国际化为近年的发展趋势，MBA 的培养越来越适应全球经济与市场发展的要求。教学内容越来越依据全球经济与市场发展为导向，教学方法也在不断转变，其中课程、案例加入了国际化内容，并开展了海外学习、实习、交换等活动。

3. 贴近实务，注重实践的新趋势

MBA 不同于学术型学位教育，因此近年来 MBA 的课程设计、教学方式、能力培养逐渐发展为以职业发展为导向。教学内容强调贴近企业实践、强调与时俱进，强调学习型组织，引导学生收集新信息、研究新情况、解决新问题，适应不断变化的形势。教学方式强调联系企业实际，通过问题导向的学习、合作学习、团队学习等各种方式来增强学生的实际工作能力。在教学方法方面，案例教学作为 MBA 课堂教学的有效方法得到进一步完善和广泛使用，强调利用最新的案例，并将企业当前关注的话题引入课堂。

4. 强调特色化、个性化的 MBA 教育新趋势

MBA 教育是人才市场需求的产物，管理教育面对的市场不是一个同质化的市场，各个商学院的使命存在巨大的差异，这一多元性同时也表明，管理教育可以有多种合适的途径和方法。因此，近年国内商学院开始纷纷强调特色化、个性化 MBA 教育。特色是 MBA 项目的立足之本。差异化的市场定位、差异化的产品、差异化的服务都体现为特色。项目的产业定位、国际化、培养过程、课程、管理等都是特色。根据学生的教育和工作背景以及个人目标，定制个性化的学习内容、进度和深度，强调灵活和针对性。高度个性化、学生深度参与的学习，既是 MBA 学生自我发展的需要，也是多样化人才市场的要求。

5. 开设整合性课程

拥有多学科复合型知识的人才是未来管理人才所追求的目标。整合性课程能够综合不同的课程内容，将不同的课程联系起来。国外甚至已经有不少跨学科培养的模式，用以培养复合型的管理人才。学生通过整合性课程的内容，把握知识间的复杂联系，培养多向思维能力和综合运用多学科知识解决问题的能力。

中国自改革开放以来，各项事业都取得高速发展。但在企业经营和经济管理部门高层管理的高水平教育方面却发展滞后，优秀管理人才稀缺，所以政府、企业界和教育界越来越重视这方面的问题，表现为企业界人士有强烈的学习需求。在教育方面，我国今后研究生教育的重心，也将从过去"以学术为主"转向"以应用为主"，专业学位教育将迎来发展的春天。MBA 作为培养能够胜任工商企业和经济管理部门高层管理工作需要的务实型、复合型和应用型高层次管理人才的专业学位，未来将持续得到学习者的青睐。

我们可以预见到，未来中国企业的中高层管理人才将顺应人才需求，进修并拥有 MBA 学位，并在学习与实践中，促进企业管理水平、经济管理部门高层管理水平的大幅度提升。

二 聊城大学 MBA 教育发展思路

聊城大学 MBA 教育中心依托于商学院应用经济学一级硕士点和工商管理、人力资源管理、会计学、质量管理工程、金融工程等本科专业，教学科研设施完善，师资力量雄厚，现有教授 13 人，副教授 23 人，拥有博士学位教师 30 人，多位教师有海外学习或企业工作经历。聊城大学 MBA 教育中心提供与国际国内一流 MBA 同步的课程，采用先进的教学模式，打造高端温馨的学员交流平台，响应高质量发展时代要求，秉承"经世致用、富国裕民"院训，以质量管理为特色，致力于培养国际化、本土化、差异化的复合型高级管理人才。

（一）发展基础

聊城大学是鲁西地区唯一一所综合性大学，是首批山东省高等教育名校建设工程单位。20 世纪 90 年代开始招收管理类相关专业学生，1998 年开始招收会计学本科生，2000 年设置工商管理和人力资源管理本科专业，2001 年获批产业经济学硕士点，2006 年工商管理、人力资源管理专业被确定为聊城大学特色专业，2010 年获批应用经济学和管理科学与工程一级硕士点。

早在 20 世纪 90 年代聊城大学就与清华大学、浙江大学、山东大学等国内知名高校联合举办企业总裁及高管培训班，至今已举办十余期，累计培训 1000 余人。多年来，本专业聚焦聊城企业管理问题，对鲁西集团、东阿阿胶集团、中通汽车集团进行了长期跟踪研究，开展了企业运行规律、企业领导力及企业活力三个方面的研究，并取得了一系列成果：撰写研究报告 18 份，相关政策与建议获得省级领导批示两次，获得山东省政府"企业管理创新成果奖"一项。初步形成了工商管理人才培养的区域性品牌，得到了广大企事业单位的好评和高度认可。

在我国深入推进供给侧结构性改革以及实施质量强国战略的大背景下，企业转型升级、提质增效迫在眉睫，对高层次新型工商管理人才的需求快速增加。据初步测算，山东西部经济隆起带现有规模以上企业上万家，中小企业 20 余万家，每年高层经营管理人才增量需求千余人。然而，在聊城大学所处冀鲁豫周边地区人口 5 千万人、面积 7 万平方公里的范围内，至今尚只有聊城大学一所高校获批工商管理专业硕士学位点。

（二）项目目标与定位

1. 办学定位

聊城大学工商管理专业硕士学位点坚持"服务区域经济、突出专业特色、创新人才培养模式"的建设理念，以聊城发展研究院和区域产业质量发展协同创新中心为学科平台，以山东西部经济隆起带和中原经济区企业质量管理、人力资源管理等为主要研究对象，汇聚校内外优势资源，打造高水平学科团队，凝练学科方向，着力加强质量管理理论及方法、企业家领导力及管理模式创新研究，力争把本专业建设成为山东一流、国内外享有一定知名度的特色专业。

2. 人才培养目标与定位

聊城大学工商管理专业硕士学位点的 MBA 教育坚持以结合为基础、以学生为中心、以需求为导向，以解决现实问题为出发点，积极响应高质量发展时代要求，秉承"经世致用、富国裕民"办学理念，以质量管理与公司金融为特色，提供与国际国内一流 MBA 同步的课程，采用先进的教学模式，打造高端温馨的学员交流平台，致力于激发唤醒企业家精神，提升企业家管理能力，培养具有宽广国际视野、积极创新精神、良好职业道德、卓越团队协作能力和系统工商管理的复合型、应用型高级工商管理人才。

3. 培养方向

质量管理依托聊城大学质量发展研究中心，汇聚中国检验检疫学会、山东省质监局、山东出入境检验检疫局、聊城市政府、聊城大学五方优势资源，侧重于产业质量提升、企业质量管理研究。人力资源管理侧重于信息化时代企业战略人力资源管理、人才开发与人力资本提升、和谐劳动关系构建等研究。财务管理侧重于项目融资管理、企业成本控制、税务会计与税收筹划研究，在个人所得税、地方税体系重构、地方政府债务等方面形成特色。市场营销侧重于组织市场营销和服务营销等研究，重点突出企业价值营销和品牌策划特色。

（三）MBA 项目建设设计

1. 师资队伍建设

切实保证 MBA 培养质量，不断提高 MBA 培养水平。师资力量是保证 MBA 办学质量的前提，因此 MBA 任课教师是保证 MBA 办学质量的前提，选聘 MBA 任课教师要充分发挥专家的作用，要公正合理。聊城大学 MBA 教育中心建立教师准入制度，形成了系统的教师评价标准，并构建了科学的人才评价体系，建立能上能下、有进有出的动态机制。选择有潜力的教师进入 MBA 师资队伍，同时还要注意人才引进，且要引进青年教师为后备力量，提高项目高层次人才比重，不断优化教师队伍的年龄、学历、知识结构，提高教师队伍的整体水平。

主要师资来源于三部分：一是从校内筛选的副教授以上或具有博士学位的优秀教师；二是具有政府、企业多年工作经验，并取得一定成绩，热爱教育事业的政府主管部门负责人和企业家；三是在一定领域具有较高知名度和实践经验的专家。

MBA 教师队伍的素质和水平直接决定着 MBA 教育的质量，有多高水平的教师就有多高水平的毕业生。要继续大力推进师资培训，鼓励和支持企业 MBA 教师深入企业，参加国际交流和校际交流，创造条件提高 MBA 师资队伍的整体水平。首先，通过为教师搭建产学研转化平台，增加教师实践经验，提升教师的实践水平，聘请企业中具有丰富实践经验的管理者担任项目导师，提升项目师资的实践水平。其次，为在编教师队伍提供持续进修、提升平台，积极组织教师参与各类型学术研讨会、教指委举办的师资培训会等；同时，密切与相关企业的联系，为教师提供更多产学研转化平台。

2. 课程建设

课程必须符合 MBA 项目的培养目标、方向、定位，由培养目标的指引避免同质化，形成课程的差异化，最终形成项目课程的特色。课程需要符合 MBA 教育以职业为导向的特点，实践与理论相结合，培养学生最终掌握实战知识运用到企业、经济管理部门高层管理者的管理、实践当中。课程整合需要考虑中国文化与制度，融入中国企业管理元素。

（1）课程概况。工商管理硕士（MBA）研究生的课程分为学位基础课、专业选修课和实践环节三种类别。所有 MBA 研究生应在完成 14 门学位基础课共 30 学分的基础上，再选修总计 12 学分的专业选修课程和实践环节（其中专业选修课应修满 8 个学分，实践环节应修满 4 个学分包括学术报告：文献检索、MBA 案例会议、学者或企业家讲座等形式。企业调研：结合地方经济与企业发展的热点和难点问题，进行个案研究，并提交调研报告），总共完成 42 个学分的课程学习。

（2）部分特色课程。首先是质量管理。本课程依托质量学院开设，师资由专职教师及质量管理领域的特聘专家组成。授课方式包括专职教师日常授课及专家专题讲座等；授课内容既包括质量管理理论知识，又包括国家与企业的质量文化建设实践，具有理论与实践结合紧密的鲜明特色，强调学以致用。其次是领导学。本课程依托聊城市—聊城大学校地共建智库平台聊城发展研究院开设，师资由专职教师及企业总经理、董事长等组成。本课程授课方式包括课堂讲授、情景模拟、实习实践等。课堂讲授主要以"学习知识、整合实践、训练思维、增强智慧、提升本领"思想为指导，采用围绕议题课前学生谈认识、教师授课谈体验感悟、课后学生围绕课程谈体会的顺序开展思维能力训练，促使学生由学习知识向增强智慧转变，最终达到提升本领的目的。实习实践主要是让学生通过在合作企业挂职总经理助理等职位，学习兼职导师的领导艺术与方法，这既体现了本课程的亮点与特色，也能够使学生快速掌握工商管理的专业技能。

3. 案例建设

大力促进案例教学法在 MBA 教学中的应用，从 MBA 项目发展战略的高度认识案例开发与教学的重要性，从管理机制入手制定完善的激励机制，对案例开发的奖励措施要与理论研究相当，由有实践经验的教师或邀请实践界的人士参与案例开发。此外，案例开发要立足于本土文化，突出中国的 MBA 教育研究中国企业管理实际问题的特色，要鼓励教师积极参与本土化案例开发。积极引导多渠道进行开发如培养支持企业、MBA 案例论文转化教学案例等。

4. 教育过程实施

MBA 课程设置，坚持由工具技术导向（如生产管理、营销管理、财务管理）到思想管理导向（如企业伦理、创新管理、社会责任等）。上承社会学科，下接组织与经营的时间问题，与时俱进，适应环境变化且体现 MBA 项目定位与特色。

（1）善用多种教学方法。以真实或模拟的企业运营情境为背景，以企业管理实践信息为知识载体，以学生主导的协作和交流为核心，以教师的引导和协助为依托，以培养和提高学生分析和解决实际问题的能力为目标，在课程中综合运用各类型的教学方法。要积极组织企业实践，从而使学生能够面临真实的管理问题。组织企业家进课堂，使学生能够结合企业的具体实践加深对知识的理解。

（2）推动案例教学。在案例教学过程中，学生能够在已有知识体系的基础上对决策问题进行思考讨论，对既有知识重构并掌握新知识，通过角色扮演，学生在构建情景的同时形成对情景的认知，在动态情境中加深决策以及背后机理的理解。

5. 管理规范

为切实保障 MBA 项目质量，要全面落实教指委《关于工商管理硕士（MBA）研究生培养过程中的若干基本要求》。建立有效的项目质量保障体系，包括：招生复试标准和录取规则；学生考勤制度；课程与教学环节考核标准与规定；学位授予的学术标准；规范学员行为。严格师资选聘标准和程序；制定任课教师责任与教师管理规定；建立教学质量评估制度；重塑学位论文指导、评审与答辩制度；设置持续改进教育质量的反馈机制和激励机制，以调动教师教学的积极性；细化论文答辩制度，规定试卷命题格式标准、开题报告工作标准、论文查重工作标准；细化预答辩制度与标准；同时强化毕业论文的应用性，充分考核学生解决企业实际问题的能力。教学文件齐备，文件资料及时归档保存，定期组织检查。

6. 持续提升

参加国内外 MBA 教育认证，不仅能检验自身项目是否达到国内外的高水平、高标准，在准备认证的过程中也能很好地梳理自身项目的发展思路与历程，更好地直面自身项目的优势与问题。当前，三大国际认证分别为美国 AACSB 认证、欧洲 EQUIS 认证、英国 AMBA 认证，国内认证为中国高质量 MBA 认证 CAMEA（Chinese Advanced Management Education Accreditation），又名中国高质量 MBA 教育认证，由教育部学位与研究生教育发展中心和全国工商管理硕士教育指导委员会联合组织开展，由 2012 年正式启动。认证致力于敦促从事 MBA/EMBA 培养的各家商学院在不断地自我反思、自我总结中，实现教育质量的持续改进与创新。认证流程在借鉴国际认证体系的基础上，更加强调适合中国国情及创新与特色两个要素。

MBA 项目进行国内外教育认证，是中国商学院发展新阶段的要求，以规范保质量、以特色创品牌、以认证促发展。一方面，MBA 教育需要应对快速变化的世界，既能把握新时代的变革，读懂全球化的步伐，推动行业进步，又能努力挖掘人成长的潜力；拥有足够的智慧应对社会的不确定性与复杂性。另一方面，国内外教育认证是商学院的生存和发展需要，保持定力，坚守本位，形成特色，紧跟时代，不断创新，不断变革，贡献社会，从而引领高等教育变革。认证的过程是使学院使命更深入人心的过程，是形成以学院使命驱动为发展模式的过程，通过认证能使教学科研更加有机地结合；认证过程是使商学院制度更明确、措施更有效、队伍更精干、工作更扎实的重要抓手；认证的过程也是将商学院建设成特色更鲜明、品牌更响亮、发展可持续的重要过程。以认证为抓手，重新梳理项目师资、管理、学院组织、治理结构，加强及完善建设。

三　聊城大学 MBA 项目教学支持

1. 学习环境支持

聊城大学占地面积 3000 余亩，校舍面积 75.3 余万平方米，全部教室均配备了多媒体教学设施。聊城大学图书馆现有中文纸质图书、期刊 204.9429 万册，中外文电子期刊 35082 种，各类中外文数据库 65 个。学校购置了哈佛商学院案例库、万得数据库、中国管理案例库、人民大学工商管理案例库。目前该专业学位授予点有工商管理专业相关书籍 8358 册，订购 85 种管理类相关期刊，主要有：《管理世界》、《南开管理评论》、《中国软科学》、《会计研究》、《管理学报》、《中外管理》、*Harvard Business Review* 等。

2. 办公教学条件支持

为支持 MBA 建设，学校调整了教学办公楼，并在 1 号办公楼配置独立一层 1000 余平方米作为 MBA 中心，高标准装修了智慧教室、办公室、拓展室、多功能会议室、研讨室等；新增互动式教学软件系统；为解决上下楼不便，正在申报安装电梯。

3. 办学经费支持

校长办公会讨论通过方案，前三年不收取 MBA 中心费用，三年后 70%留给中心，用于发展建设。

4. 管理运行支持

在 MBA 招生培养各个环节，在遵守国家教育部相关规定的前提下，研究生处多次加班处理 MBA 招生复试相关问题；在报名、验证、复试等环节给予大力支持。

5. 社会资源支持

动员多个企业参加组织的 MBA 论坛，并协调多位企业家担任常务理事等，为学员实训、拓展、社会师资遴选等奠定基础。

四　聊城大学 MBA 项目发展规划

未来聊城大学 MBA 教育中心将重点围绕以下几个方面积极推动工作，从而进一步提升 MBA 培养质量。①招生宣传方面，充分利用新媒体，拓展宣传渠道；挖掘合作单位潜力，发挥在校生宣介推广作用；做好招生名额争取协调工作，争取每年招生 2 个班。②备考指导方面，严格遵守教育部和教指委相关规定搞好备考指导工作；加大备考指导师资、硬件条件等资源投入，为考生提供高质量备考服务。③师资优选方面，用好学生评课结果，调整优化授课师资队伍；加大外聘优秀师资力度；用好教指委统筹的兄弟单位师资资源，签署合作协议，做好师资共享工作；每学年外聘师资比例不低于 20%。④特色课程打造方面，持续探索推进“思维训练”授课模式，先期做好《领导学》等课程的特色化、高端化工作；建立特色课程攻关团队，着力打造优势特色课程 3~4 门。⑤推动案例编制入选方面，瞄准工商管理领域前沿理论和企业管理实践，建立案例编制小组；加大投入力度，力争 3~4 个自主开发案例入选国际国内权威案例库。⑥项目特色凝练方面，在教指委的指导下，学习标杆单位经验，邀请知名专家现场指导，立足自身优势，总结亮点经验，项目特色具体化、模式化。⑦导师队伍优化方面，内部增选、调整导师队伍，建立实施导师队伍合理进出机制；加大外聘业界导师队伍力度；进一步完善业界导师长效服务机制；保证每年业界导师聘用人数增长。⑧实践教学提升方面，进一步加大实习见习合作单位、基地建设力度，提升建设质量；进一步发挥合作单位受聘人员辅助培养功能；每年 MBA 学生到合作单位活动不低于 3 次，合作单位来校讲座等活动大于 3 次。⑨拓展合作交流方面，积极参加全国教指委组织的活动，承担教指委组织的各项活动；到标杆项目单位学习交流；每年举办国家级、省级会议论坛 1 次以上。持续打造高水平学科团队，凝练学科方向，加强质量管理理论及方法、企业家领导力及管理模式创新研究，力争把聊城大学 MBA 项目建设成为山东一流、国内外享有一定知名度的特色项目。

【聊城大学商学院（质量学院）：乔美华】

第十六章　运河文化与聊城市旅游业高质量发展研究

　　旅游是传播文明、交流文化、增进友谊的桥梁，是人民生活水平提高的一个重要指标。全世界旅游活动中约有 37% 涉及文化因素，并且文化旅游者以每年 15% 的幅度增长。自 2009 年以来，我国推出了多项支持文旅融合发展的政策。2018 年，又将文化部与国家旅游局的职责整合，正式组建文化和旅游部，这标志着我国旅游经济步入文旅融合新时代。2020 年 10 月，中共十九届五中全会通过了国家"十四五"规划，明确提出了加快发展文化、旅游等服务业，并推动文化和旅游融合发展的措施。

　　大运河是聊城市的重要旅游资源。近年来，聊城市将运河文化作为文化旅游业的主打品牌，并高度重视大运河文旅融合发展工作，目前聊城市旅游业的发展质量仍存在较大提升空间。因此，本章结合近年来文旅融合发展理论的研究成果，分析了聊城市文旅融合发展现状和存在问题，并借鉴国内外文旅融合发展的成功案例，为聊城市利用运河文化促进旅游业高质量发展提出对策建议。

一　理论基础：文旅融合发展的研究综述

　　文化在旅游业发展中的作用和地位一直为专家和学者所认可，人们不断变化的文化消费促使文化旅游地成为游客青睐的对象（徐翠蓉等，2020）。文旅融合是实现旅游业高质量发展的重要途径（刘治彦，2019）。关于文化如何促进旅游业发展，国内学者主要通过论述文化与旅游的关系、文旅融合的内涵、必要性、对旅游业发展的影响及其影响要素等方面展开研究。

（一）文化与旅游的关系

文化与旅游的关系讨论一直是学者们研究的焦点（徐翠蓉等，2020）。一般认为，文化发展与旅游带动的文化交流互为因果（郁龙余，1989）。我国著名学者于光远早在 20 世纪 80 年代初就曾提出"旅游是经济性很强的文化事业，又是文化性很强的经济事业"的观点，认为旅游具有经济和文化的双重属性（于光远，1986）。其中，"旅游具有文化属性"的基本判断成为旅游与文化关系研究的基石。在此基础上，后续研究逐渐形成了"灵魂载体说"，即文化是旅游的灵魂，旅游是文化的载体。伴随旅游研究的持续深入，对两者关系的探讨逐渐延伸至相互依存性、共存的场域性、文化产业与旅游业的协同性等方面（徐翠蓉等，2020）。近期的一项研究表明，从形式上看，文旅融合体现为"以文促旅，以旅彰文"的"体""用"相互依存和相互促进关系，文化为旅游提供内容，旅游为文化提供渠道，"体"与"用"协调统一（傅才武，2020）。

张朝枝和朱敏敏（2020）梳理了中国与西方文化和旅游关系的演变过程，认为文化和旅游关系内涵经历了三个层次（见图 16-1）。其中，第一层次为文化的身份意义和旅游者追求身份认同使文化具有吸引物属性，建构文化的身份认同与集体记忆，增强其吸引物属性并使之成为旅游资源，但可能会面临关于文化工具性的批判；第二层次为通过文化的可参观性生产提升文化的展示水平，是增强旅游者文化旅游体验的重要方式，但因此而引起的文化商品化往往被批判为旅游导致了文化衰落；第三层次为文化旅游产品的进一步商业化与产业链延伸，但也可能导致过度商业化与文化体验失真的批判。

（二）文旅融合的内涵

文旅融合不是简单的"拉郎配"，而是在理念、职能、资源、产业、技术领域的深层次融合（范周，2019a）。但从本质上看，文旅融合的内在逻辑是旅游者个体参与创造文化旅游体裁的过程，是文化旅游主体与作为象征意义（符号）系统的文化旅游装置（客体）通过个体文旅消费行为进行创造、转换和连接的过程，是客体与主体之间"唤醒"与"沉浸"的统一、"索引"与"凝视"的统一，体现为"吸收符号及被符号吸收"的互动过程，该过程可以用图 16-2 表示（傅才武，2020）。

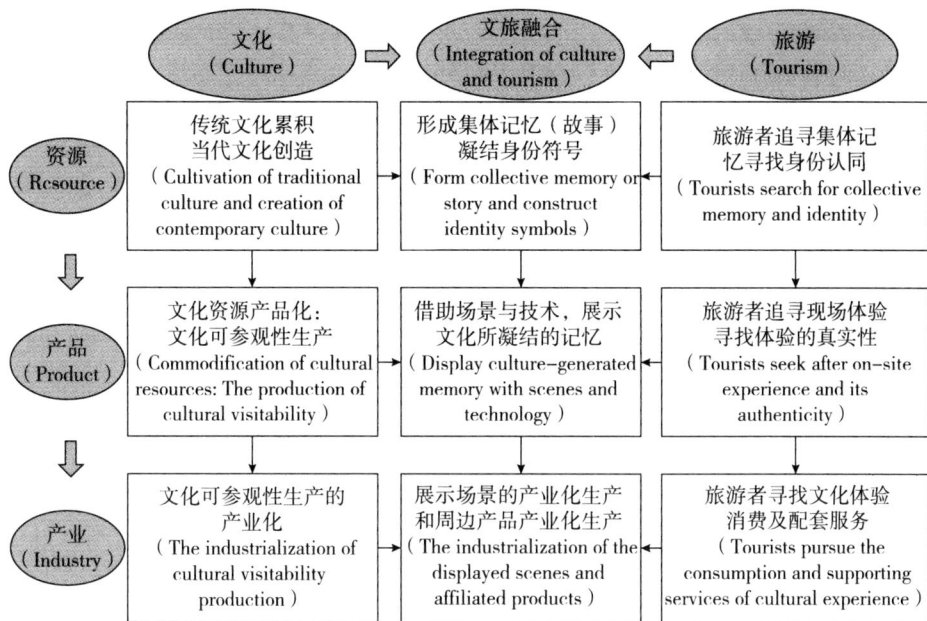

图 16-1　文化和旅游关系内涵的三个层次

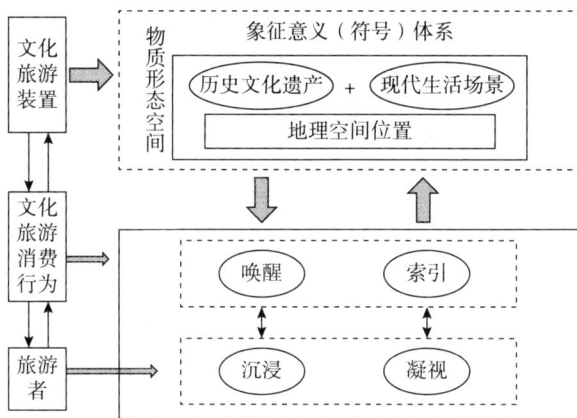

图 16-2　文化旅游融合的内在逻辑

马波和张越（2020）把"人类完美"视为文旅融合的终极目标，提出实体文化—有机文化轴系和旅游产业—旅游事业轴系，并借用象限分析工具，建构文旅融合四象限模型（见图 16-3），以之系统呈现文旅融合的总体样貌、阶段性特征和转化进程。

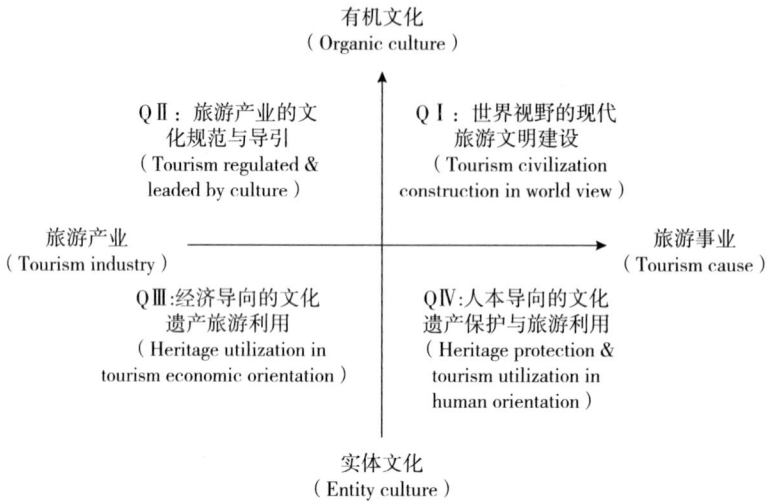

有机文化
（Organic culture）

QⅡ：旅游产业的文
化规范与导引
（Tourism regulated &
leaded by culture）

QⅠ：世界视野的现代
旅游文明建设
（Tourism civilization
construction in world view）

旅游产业
（Tourism industry）

旅游事业
（Tourism cause）

QⅢ:经济导向的文化
遗产旅游利用
（Heritage utilization in
tourism economic orientation）

QⅣ:人本导向的文化
遗产保护与旅游利用
（Heritage protection &
tourism utilization in
human orientation）

实体文化
（Entity culture）

图 16-3　文旅融合的四象限模型

如图 16-3 所示，QⅠ为世界视野的现代旅游文明建设拥有最为饱满且具有全球尺度的文旅融合，旅游推动人的全面发展、人与自然的和谐统一和人类命运共同体的构建；QⅡ为旅游产业的文化规范与导引，旅游的规模式增长让位于内涵式发展，公平公正同效益效率一并成为发展旅游的基本准则，旅游伦理观念的张扬，逐步上升到功利主义与社群主义的冲突之上；QⅢ为经济导向的文化遗产旅游利用，旅游的产业功能受到重视，各种各样的文化资源都为了旅游业而加以动员、策划、改造、利用，旅游开发沦为粗鄙的舞台化和过度的商业化；QⅣ为人本导向的文化遗产保护与旅游利用，文化遗产保护自有传统，自成体系，一致面临外部旅游需求，但是遗产保护的刚性与旅游利用的弹性是并非容易处理的一对关系。市场竞争的驱动力与先进价值观的拉动力是象限演进的两个根本动力。

（三）文旅融合对旅游业发展的影响机理

文化旅游将载有文化基因的各种特色文化资源嫁接到庞大的旅游产业链中，表现为为游客提供各种具有高文化内涵的旅游产品，是地区旅游业创新发展的重要支撑和动力源泉，也是供给侧结构性改革背景下旅游业可持续发展的新引擎与发动机（庄伟先，2017）。

文化差异可以形成旅游资源，并通过旅游活动促进文化理解与交流（李维树，1994）。当代旅游活动的各个环节都渗透和体现了文化的因素，文化旅游是未来我国旅游业发展的主要方向之一。文化旅游开发的过程，是一个文化产品化的过程。高质量的旅游业发展，必然是以文化为灵魂的发展（曹诗图、袁本华，2003）。旅游现象初期发展阶段往往以其显著的经济意义为人们所重视，在进入成熟稳定发展阶段后，其文化的意义引起更多的关注。我国旅游业在未来将进入一个丰富产品文化内涵、注重旅游者文化体验价值的新阶段（徐菊凤，2005）。

二　聊城市文旅融合发展现状

（一）聊城市旅游资源概况

聊城市旅游资源丰富，现有全国重点文物保护单位 13 处，省级文物保护单位 73 处，市（县）级文物保护单位 277 处；国家级非物质文化遗产 11 项，省级非物质文化遗产 44 项，市（县）级非物质文化遗产 674 项。按照 1992 年国家旅游局颁布的《中国旅游资源普查规范》中规定的旅游资源的分类方法，丰婷（2009）将聊城市的旅游资源归为水域风光、古迹与建筑、休闲求知健身和购物四类，并对各类旅游资源进行了枚举。不难发现，聊城市的自然旅游资源和人文旅游资源俱全，且是以人文旅游资源为主，自然旅游资源相对有限。

1994 年，聊城市被批复为国家历史文化名城，历史城区北至东昌西路，南至湖南路、西至昌润路、东至柳园南路，面积 11.25 平方公里。聊城名城格局特色为"城、市、河、湖"。"城"为古城区，是按照礼制建城的范本；"市"是位于古城和京杭大运河之间、以东关街为主要通道、具有鱼骨架肌理的传统商业地区；"河"为京杭大运河，历史上是影响聊城兴衰的重要水陆交通要道；"湖"是指东昌湖，是历史上的古城护城河水系不断挖掘而成，是古城密不可分的组成部分。

聊城是一个曾因运河而繁华的城市，借助运河漕运之利，繁荣四百多年，被誉为"漕挽之咽喉，天都之肘腋""江北一都会"。运河沿线不仅有光岳楼、山陕会馆、景阳冈、狮子楼、钞关、鳌头矶、舍利塔等著名古迹，而且遗留下浓郁的运河文化风情。《水浒传》《老残游记》等古典名著中的许多故事就发生在这里。近年来，聊城市抓住大运河国家文化公园建设的机遇，加强运河文化保护开发，加快运河文化长廊建设。

（二）聊城市运河文化文旅融合发展的机遇

大运河，由京杭大运河、隋唐大运河、浙东运河三部分构成，全长近3200公里，开凿至今已有2500多年，是中国古代创造的一项伟大工程，是世界上距离最长、规模最大的运河，其展现出我国劳动人民的伟大智慧和勇气，传承着中华民族的悠久历史和文明，是一部书写在华夏大地上的宏伟诗篇。2014年，中国大运河项目成功入选世界文化遗产名录，被国际工业遗产保护委员会在《国际运河古迹名录》中列为最具影响力的水道。此后，各级政府出台多项政策促进大运河的开发利用，其中就涉及运河文化的文旅融合。

1. 中央层面关于运河文化文旅融合发展的相关政策

2017年1月，中共中央办公厅与国务院办公厅联合发布了《关于实施中华优秀传统文化传承发展工程的意见》（以下简称《意见》）。该《意见》提出要大力发展文化旅游，充分利用历史文化资源优势，规划设计推出一批专题研学旅游线路，引导游客在文化旅游中感知中华文化。

2019年2月，中共中央办公厅与国务院办公厅又联合印发了《大运河文化保护传承利用规划纲要》（以下简称《规划纲要》）。《规划纲要》明确提出了推动大运河文化和旅游融合发展，即以高质量发展为导向，以文化旅游发展为工作重心，优化完善基础设施和配套服务，合理规划文化旅游精品线路，整体推进大运河文化旅游推广营销，培育统一的大运河文化旅游品牌，推动文化旅游与相关产业深度融合，构建享誉中外的缤纷旅游带。同时，《规划纲要》提出建设大运河文化旅游融合提升工程，主要包括旅游基础设施建设、旅游公共服务提升、文化产业重点平台建设、传统文化产业提质升级、休闲农业和乡村旅游精品工程建设以及沿线工业遗产活化利用。

2019年12月，中共中央办公厅、国务院办公厅印发了《长城、大运河、长征国家文化公园建设方案》（以下简称《方案》）。该《方案》强调，到2023年底基本完成建设任务，使长城、大运河、长征沿线文物和文化资源保护传承利用协调推进局面初步形成，权责明确、运营高效、监督规范的管理模式初具雏形，形成一批可复制可推广的成果经验，为全面推进国家文化公园建设创造良好条件。

2020年10月通过国家"十四五"规划，明确提出了推动文化和旅游融合发展，建设大运河国家文化公园的措施。

2. 山东省关于运河文化文旅融合发展的相关政策

2013年，山东省政府审议通过了《山东省大运河遗产山东段保护管理办法》，该办法大大推进了大运河遗产的永续保存和山东省"大运河历史文化长廊"的规划建设。作为大运河流经的重要省份，山东省的运河文化遗存丰富，其着力打造的"大运河历史文化长廊"，意在串起散落的历史文化遗存，从整体上保护、传承、利用好大运河，从而呈现出完整的运河文化。

2020年3月，山东省人民政府办公厅印发了《山东省大运河文化保护传承利用实施规划》（以下简称《规划》）。该《规划》指出，大运河（山东段）的规划核心区为运河主河道流经的18个县（市、区）；拓展区为沿运五个市，由北向南依次为德州市、聊城市、泰安市、济宁市、枣庄市。历史上，大运河（山东段）一直是沟通中国北方政治中心和南方经济中心的生命线，是南粮北运、商旅交通、军资调配的交通动脉，有"国家漕运江南四百万，寄径于山东漕河一线"之称。根植于齐鲁文化，融合吸纳南北文化、中外文化，大运河（山东段）形成了诚信、仁义、包容、开放、多元的鲁风运河文化特质。

（三）聊城市支持运河文化文旅融合发展的政策

在聊城市国民经济和社会发展第十三个五年规划纲要中，明确提出要做好"水"的文章，立足"河湖秀美大水城、宜居宜业新聊城"的城市定位，以东昌湖、古运河、徒骇河和县市河湖为主要节点，聚点成线、连线成面，形成河湖相连、水系相通的全域水生态系统，并指出"运河聊城段是一笔宝贵的财富，要高水平进行规划设计，着力打造运河文化旅游隆起带"。为此，聊城市委、市政府联合发文成立聊城市旅游改革发展和运河开发领导小组，并正式成立了聊城旅游综合改革领导机构。目前，聊城市制定的与运河文化文旅融合发展相关的规划有以下两个：

1. 京杭运河聊城段旅游发展及水生态体系规划

2016年，聊城市编制了《京杭运河聊城段旅游发展及水生态体系规划》，将京杭运河聊城段总体定位为世界的运河：世界文化遗产旅游目的地、国际自行车赛基地。中国的运河：国家步道、国家级水利风景区。山东的运河：聊城运河经济带、乡村旅游综合体。设计远景包括四大篇章：文化的河、流动的河、美丽的河、繁荣的河。

运河聊城段旅游形象被定位为"京杭大运河·聊城故事多"，将旅游市场锁定为"70后"到"90后"休闲度假客群及家庭亲子客群，并以临清、聊城、张秋三个组团共同发力，结合沿岸乡村，提供运河文化新体验、深体验旅游产品，打造运河旅游亮点。京杭大运河上保存最完整的复式船闸、全国重点文物保护单位周店闸拟被打造为"运河龙镇"，以葫芦产业为基础的梁水镇拟被打造为"葫芦娃镇"。

2. 京杭运河（聊城段）旅游产业综合开发区域控制性详细规划

2019年，聊城市编制了《京杭运河（聊城段）旅游产业综合开发区域控制性详细规划》，在上位规划的基础上进行了深化完善，对两城七镇的空间布局进行优化。京杭运河（聊城段）沿线生态水系项目总投资120亿元，在沿京杭运河聊城段建设旅游道、国家步道及旅游厕所、标识系统等配套设施。截至2019年4月，先期投资5亿元、约3.3公里的样板段工程已经启动建设，河道基础工程已完工，其他附属设施已建设完成85%。

此外，聊城市还专项编制了《京杭大运河聊城段李海务至梁水镇片区旅游策划》，着力打造"两城七镇"。为加强大运河国家文化公园建设，2020年8月聊城市又出台了《大运河国家文化公园（聊城段）建设保护方案》，为大运河聊城段的建设推进奠定了坚实的基础。

三 聊城市运河文化促进旅游业发展中存在的问题与困难

自2015年以来，市委、市政府确定将运河文化作为聊城文化旅游业的主打品牌。通过强化政府主导、加强顶层设计、普查非物质文化遗产、加强运河遗产保护、实施项目带动、丰富大运河文化研究等，多方努力、共同打造运河文化旅游产业隆起带。近几年来，尽管聊城市的旅游收入逐年增加，但是与山东省其他地市相比，聊城市旅游业发展质量和旅游收入的差距仍比较明显。目前，聊城市运河文化文旅融合发展存在的主要问题或困难包括三个方面：

（一）管理机制有待完善

运河沿线涉及的部门比较多，虽然聊城市在 2015 年成立了运河保护开发委员会（办公室设在市文旅局），但是缺少常设机构对接国家级层面政策，难以实现对运河开发利用的长期推进。这导致对运河文化遗产的保护利用不够，亟待完善运河文化保护开发的管理机制。

（二）支持力度有待加强

大运河济宁以北的河段早已断航，并且受南水北调等大型水利工程影响，聊城市多段运河故道被割裂、阻断，缺乏必要的连通修复，生态需水量较难保证。然而，运河文化保护与开发的资金投入大，回收期较慢，面临较大的资金缺口。在土地方面，项目建设需大量建设用地指标，建设用地指标存在严重不足。在资金、土地指标等方面的相对不足，造成聊城市运河文化创造性转化、创新性发展存在较大提升空间。

（三）文化活化利用有待优化

当前运河文化多元价值体系研究阐发滞后，与儒家文化、泰山文化等联动不够紧密，文化引领能力不足。各类文化资源活化利用形式和途径较为单一，部分优质资源长期闲置，与相关产业的融合程度较低，对遗产保护的支撑作用不足。

四 他山之石：文旅融合发展成功案例的启示

地方特色文化旅游已明显呈现出多领域、多产业和多区域融合式发展势头，如杭州的《宋城千古情》体现了旅游与文化演艺产业的融合，北京 798 艺术区体现了旅游与艺术创意产业的融合，景德镇的陶瓷文化产业园"陶溪川"体现了旅游与瓷产业和瓷文化的融合，乌镇展现了"互联网+"产业背景下古村落文化与现代时尚的融合（庄伟先，2017）。近年来，国内多地重视文旅融合发展，积累了利用文化促进旅游业高质量发展的成功经验。

（一）强化顶层设计，突出规划引领

我国目前文旅融合的主导力量是政府推动（邹统钎，2020）。加强顶层设计并以科学规划作为引领，是各级政府利用文化促进旅游业高质量发展的普遍经验，如为了利用黄河文化实现山西省旅游业的高质量发展，山西省相继出台了《山西省黄河板块旅游发展总体规划》《关于全面提升旅游服务质量和水平的实施意见》等政策，这些政策的落地实施将为黄河文化保护、传承、弘扬提供有力的规划引领和法规保障（山西省社会科学院课题组，2020）。

（二）文旅融通之道：勾兑与调和

黑龙江西部民族地区坚持把发展少数民族文化旅游作为"表"，把发挥少数民族文化传承作为"里"的基础性作用，其文旅融通之道包括：①勾兑之术——将民族文化元素适当地进行合理"勾兑"，进而打造成为少数民族文化旅游的亮点；②调和之技——该地区少数民族传统文化以游牧文化和渔猎文化两大特征为支撑，这两大文化特征的调合统一不但成为其文化旅游的闪光点，也成为该地区少数民族文化传承整合的契机（潘慧影、范晓峰，2014）。

（三）文化的活化：资源化、产品化、形象化、市场化

大多数非物质文化遗产都需要借旅游开发将其活化——资源化、产品化、形象化、市场化（朱竑、戴光全，2010），进行再创造。以广西的刘三姐歌谣为例，通过打造大型桂林山水实景演出《印象·刘三姐》，广西成功地将其举世闻名的两大文化旅游资源——桂林山水和刘三姐传说进行了巧妙衔接和有机融合，使其成为文化资源旅游深度开发的标志性事件（舒锡慧，2010）。再如，浙江省丽水市着力推进当地地域文化——"瓯江文化"与生态旅游融合发展，建设了一批体现瓯江文化的旅游景区，培育了一批旅游文化节庆活动，还将文化元素融入城乡旅游环境建设中，成为文旅融合的成功案例（刘治彦，2019）。

（四）注重文化体验

在文旅融合过程中注重文化与旅游者的互动体验，如民间老艺人（传承人）的绝招亮相、个体手工作坊操作等，提升文化品位，形成文化品牌效应，

让旅游者能在旅游活动中体会到非物质文化遗产的独特魅力,感受地区珍贵的传统文化(刘社军、吴必虎,2015)。例如,在对黄山市祁门县目连戏的保护项目中,借助祁门县红茶的资源优势,形成了"看目连戏演出—品祁门红茶—赏牯牛九龙池、徽州古戏台风景"的特殊旅游线路(关芳芳,2009),成功地将非物质文化遗产活化。

(五)突出地方的文化特色

九寨沟旅游区、海南三亚沿线旅游区、云南各旅游线路等全国大多数旅游景区除了有美丽的自然风光之外,还有文化娱乐活动和体验当地民风民俗的活动,地方特色明显(孙秀琴,2013)。

五 聊城市利用运河文化促进旅游业高质量发展的对策建议

(一)完善文旅融合管理机制,加大支持力度

文旅融合的主要推动力量是政府。聊城市需要在现有管理机制的基础上,增设专门负责文旅融合的常设机构,进一步强化政府对文旅融合工作的推动力。顶层设计与科学规划是地方文旅融合发展的重要引领。因此,文旅融合常设机构需要进一步制定、完善聊城市文旅融合发展的相关规划、政策,把国家与山东省支持文旅融合发展的政策紧密结合起来,并加强政策的落实与监督。与此同时,需要在政策引领下,不断加大对文旅融合发展所需资金、土地、人才等方面的支持力度。

(二)优化运河文化的活化利用,促进旅游业发展

文旅融合需要勾兑与调和,需要将运河文化资源化、产品化、形象化和市场化。结合聊城市运河文化文旅融合发展现状与优秀案例,对于如何优化运河文化的活化利用提出以下建议:

1. 串点成线,连线成面

聊城市现有运河文化旅游资源散布在长达100多公里的运河及其周边地区,并且多数资源尚未开发或处于初级开发状态。深入挖掘运河文化旅游资源的文化内涵是串联这些点的关键。运河文化遗产包括物质文化遗产与非物

质文化遗产，其中物质文化遗产主要包括本体文物（如河体、闸坝、桥梁、出土的古船、瓷器等）和相关建筑（如会馆、衙署、钞关等），非物质文化遗产主要包括运河号子、木版年画等。散落多处的运河文化遗产在文化内涵上具有紧密的内在联系，可以采用多种形式串联起来，实现穿点成线。

与此同时，运河文化旅游资源与聊城市其他旅游资源（如聊城古城、东昌湖、景阳冈）是密不可分的。利用运河文化促进聊城市旅游业发展需要通盘考虑，将运河文化旅游资源与其他旅游资源融合起来，连线成面，真正形成具有聊城特色的一体化旅游资源。

2. 突出重点，打造具有聊城特色的优势旅游产品

目前，聊城市现有旅游产品对国内外游客的吸引力不足，缺乏有聊城特色的优势旅游产品是重要原因。笔者对聊城市运河文化旅游资源的现状及其开发状况进行分析后发现，打造具有聊城特色的大运河国家文化公园是提升聊城市旅游业发展质量的首选之策。

根据《聊城市新旧动能转换重大工程2020年工作要点》，大运河国家文化公园正式落户会通河临清段。建议将聊城运河列入世界遗产名录的其他六处遗产点段（临清运河钞关、会通河阳谷段、张秋上闸、张秋下闸、阿城上闸、阿城下闸）与聊城市其他运河遗产作为大运河国家文化公园的分园进行建设开发，这将加速聊城市文旅融合发展的"串点成线，连线成面"。聊城的大运河国家文化公园一定要凸显聊城运河闸多、"河·城·湖"相得益彰、与国家重要水利工程联系紧密等特点，充分展示聊城种类丰富的传统工艺品和特色饮食，并注重游客的文化体验。

值得一提的是，位于聊城市东昌府区的"山陕会馆运河风情游览区"将成为最具吸引力的大运河国家文化公园的分园之一。据聊城市博物馆馆长林虎介绍，他已经向有关部门提出关于山陕会馆旅游开发的提案——暂命名为"山陕会馆运河风情游览区"。山陕会馆是目前大运河上保存最完整的会馆，又是国家级文物保护单位，旧时曾与杭州会馆、大王庙和双街构成过一个较为完整的旅游体系。"山陕会馆运河风情游览区"将结合山陕会馆门前的运河以及会馆周边的历史街区——双街，恢复其作为明清运河商业文化展示的功能，通过为游客提供水路和陆路两种游览方式，打造成一个真正富有文化内涵的且具有聊城特色的运河风情游览区。

3. 科学策划，加强聊城运河旅游的宣传

运河文化文旅融合项目建设"功"在当代，"利"在千秋。然而，由于运河文化文旅融合项目建设涉及运河遗产保护与修复、运河文化利用、景点开发、旅游营销等，为了使其真正能为后代带来"利"，需要对文旅融合进行科学策划。通过对旅游资源、旅游市场和旅游环境等要素进行调查、分析和论证，并科学设计、实施文旅融合项目，最终达到展示与宣传运河文化的效果，形成后代可长期受益的旅游项目。此外，宣传也是运河文化文旅融合项目实施取得预期成效的必然之选。除了传统宣传方式之外，网络营销、口碑营销以及情感营销等也可以作为宣传聊城市运河文化文旅融合项目的重要选择。

参考文献

丰婷：《城市旅游资源文化内涵深度挖掘探究——以山东省聊城市为例》，《经济论坛》2009 年第 14 期。

曹诗图、袁本华：《论文化与旅游开发》，《经济地理》2003 年第 3 期。

范周：《文旅融合的理论与实践》，《人民论坛·学术前沿》2019 年第 11 期。

傅才武：《论文化和旅游融合的内在逻辑》，《武汉大学学报》（哲学社会科学版）2020 年第 2 期。

关芳芳：《非物质文化遗产濒危评价及旅游开发活化研究》，《暨南大学硕士学位论文》2009 年。

李维树：《试论文化差异可以形成一种旅游资源——关于旅游资源和文化差异的几点思考》，《旅游学刊》1994 年第 9 期。

刘社军、吴必虎：《非物质文化遗产的基因差异及旅游发展转型》，《地域研究与开发》2015 年第 1 期。

刘治彦：《文旅融合发展：理论、实践与未来方向》，《人民论坛·学术前沿》2019 年第 16 期。

马波、张越：《文旅融合四象限模型及其应用》，《旅游学刊》2020 年第 5 期。

潘慧影、范晓峰：《表里融通：文化旅游与文化传承交互发展的正途——以黑龙江西部民族地区文化旅游和文化传承为例》，《黑龙江民族丛刊》2014 年第 5 期。

山西省社会科学院课题组：《山西省黄河文化保护传承与文旅融合路径研究》，《经济问题》2020 年第 7 期。

舒锡慧：《从〈印象·刘三姐〉看文化资源的旅游开发》，《今日南国：理论创新版》2010 年第 2 期。

孙秀琴：《突出文化内涵的随州旅游业发展策略研究》，《华中师范大学硕士学位论文》2013 年。

徐翠蓉、赵玉宗、高洁：《国内外文旅融合研究进展与启示：一个文献综述》，《旅游学刊》2020 年第 8 期。

徐菊凤：《旅游文化与文化旅游：理论与实践的若干问题》，《旅游学刊》2005 年第 4 期。

郁龙余：《论旅游文化》，《旅游学刊》1989 年第 2 期。

于光远：《旅游与文化》，《瞭望周刊》1986 年第 14 期。

张朝枝、朱敏敏：《文化和旅游融合：多层次关系内涵、挑战与践行路径》，《旅游学刊》2020 年第 3 期。

朱竑、戴光全：《文化遗产转化为旅游产品：理念·原则·目标》，《旅游学刊》2010 年第 6 期。

庄伟先：《传承历史文化基因视角的特色文化旅游创新发展——以粤东西北地区为例》，《广东社会科学》2017 年第 4 期。

邹统钎：《走向市场驱动的文旅融合》，《人民论坛·学术前沿》（网络首发论文），https：//kns. cnki. net/kcms/detail/10. 1050. C. 20200723. 1014. 001. html，2020 年 7 月 23 日。

【聊城大学商学院（质量学院）：刘秀红】

第十七章 莘县农产品质量竞争力
提升研究

现代农业发展呈现了由"增产导向"向"提质导向"转变的运行特点，农产品竞争逐步从低层级的数量外延式竞争向高水平的质量内涵式竞争转变。在 2017 年底召开的中央农村工作会议上，习近平总书记指出"质量就是效益，质量就是竞争力"，进一步强调了质量在提高农业发展效益和提升农产品竞争力的重要作用，因而农产品竞争进入质量竞争力的时代。2020 年 10 月，中共十九届五中全会提出构建新发展格局，"以创新驱动、高质量供给引领和创造新需求"。这为"十四五"时期我国县域农产品高质量供给指明了方向，提出了新要求。

莘县是中国北方地区典型的农业生产大县，主要种植小麦、玉米、蔬菜等作物，特产香瓜、双孢菇、小肉食鸡等，是山东聊城国家农业科技示范园区的核心区，享有"国家级生态示范区""国家级出口食品农产品质量安全示范区""中国蔬菜第一县""中国香瓜之乡""中国双孢菇之乡""中国小肉食鸡之乡""国家外贸转型升级基地（蔬菜）"等称号。2019 年莘县第一产业增加值为 65.76 亿元，占莘县地区生产总值的 30.8%，占聊城市第一产业增加值的 20.71%，是聊城市第一农业生产大县、第一瓜菜菌生产大县。在蔬菜领域形成了"东有寿光，西有莘县"的发展格局。研究莘县农产品质量竞争力提升，对于构建新发展格局下莘县实施质量兴农战略，全面开启农业现代化新征程，增强农产品区域影响力、辐射力，增加农民收入，实现农民美好生活具有重要的现实意义，对其他地区农产品质量竞争力提升也具有借鉴参考价值。

一 莘县农产品质量竞争力提升的趋势、政策与机遇

（一）提升农产品质量是满足美好生活需求和新竞争力的必然选择

随着城乡居民收入的不断增长，恩格尔系数不断下降，消费结构不断升级，呈现了从生存型向享受型和发展型转变的整体运行特点，且享受型消费增长迅速。反映在产品需求上，就是对能够满足美好生活品质的需求不断增多。中共十九届五中全会指出，"扎实推动共同富裕，不断增强人民群众获得感、幸福感、安全感"。从消费层次来看，人民群众获得感、幸福感、安全感的不断增多，建立在高品质的农产品消费基础上，这对农产品竞争力塑造和质量体系建设提出了更高的要求。

农产品质量的内涵属性愈加丰富和完善。农产品质量不仅具有满足健康需求的安全基本属性，还具有满足营养、养生等美好需求的品质的附加属性。Caswell 等（1988）从安全、营养、价值、包装和过程五个方面较为完整地阐明了食品质量的属性空间。钟真和孔祥智（2012）基于农产品质量安全属性和非安全属性的经济学特征差异，提出了农产品质量"品质"和"安全"两个方面的"全面质量安全观"，明确了农产品质量的安全问题和品质问题，为保障农产品质量安全实践提供了理论依据。2020年1月初开展的涉及山东省15个地级市38个县农产品质量安全（消费者部分）的422份抽样调查问卷研究显示，78.91%的消费者愿意为质量更加安全、更高品质的农产品支付更高的价格。其中，46.45%的消费者愿意支付20%以内的更高价格，32.46%的消费者愿意支付20%以上的更高价格（见图17-1）。由此，提升农产品质量可以成为生产者获取更大利润收入的来源，质量成为农产品市场竞争力的重要组成部分。

（二）提升农产品质量竞争力是党和国家农业经济工作的目标要求

自中共十八大以来，与农产品相关的竞争力问题和质量问题成为党和国家农业经济工作重点关注的焦点。从历年中央文件来看，我国愈来愈重视农产品竞争力提升和质量体系建设，如表17-1所示。2014年中央一号文件提出了竞争力概念，要求"培育具有国际竞争力的粮棉油等大型企业""努力走出

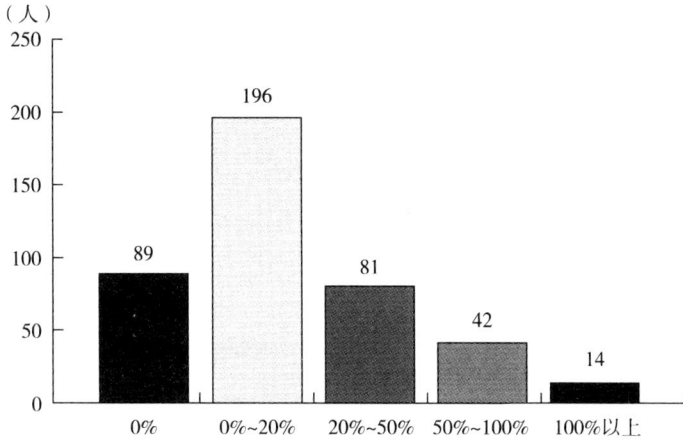

（a）愿意支付更高比率价格的消费者人数

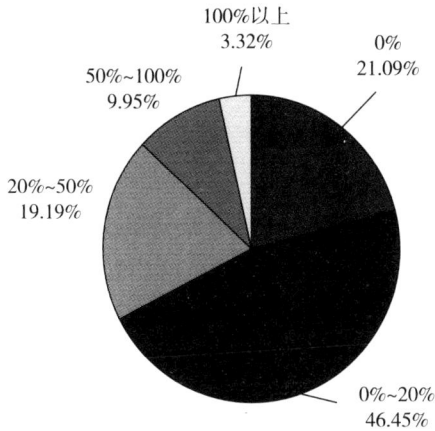

（b）愿意支付不同比率价格消费者人数占比

图 17-1 消费者为质量更加安全、更高品质的农产品支付更高比率价格的意愿情况

一条生产技术先进、经营规模适度、市场竞争力强、生态环境可持续的中国特色新型农业现代化道路"。2015 年中央一号文件首次提出提升农业竞争力，加快培育具有国际竞争力的农业企业集团。此后，在每年的中央一号文件中均有所体现。2016 年中央一号文件再次强调提高农业质量效益和竞争力，并提出了到 2020 年的现代农业建设目标，要求加快培育具有国际竞争力的现代种业企业、粮商和农业企业集团。2017 ~ 2018 年中央一号文件中"竞争力"出现频率仍然较多，2019 年中央一号提出"培育一批跨国农业企业集团"，

2020 年中央一号文件从产业的角度提出"支持各地立足资源优势打造各具特色的农业全产业链，形成有竞争力的产业集群"。

表 17-1　2013~2020 年中央一号文件中有关农产品质量竞争力内容

印发时间	中央一号文件名称	关键词（不超过6个）	涉及农产品质量竞争力的主要内容
2020年1月	《中共中央　国务院关于抓好"三农"领域重点工作确保如期实现全面小康的意见》	全面小康、脱贫攻坚、补短板、重要农产品有效供给、持续增收、治理	(1) 推进农业高质量发展。支持各地立足资源优势打造各具特色的农业全产业链，形成有竞争力的产业集群 (2) 强化全过程农产品质量安全和食品安全监管，建立健全追溯体系，确保人民群众"舌尖上的安全"
2019年1月	《中共中央　国务院关于坚持农业农村优先发展做好"三农"工作的若干意见》	脱贫攻坚、重要农产品有效供给、补短板、乡村产业、乡村改革、乡村治理	(1) 健全特色农产品质量标准体系，强化农产品地理标志和商标保护，创响一批"土字号""乡字号"特色产品品牌 (2) 实施农产品质量安全保障工程，健全监管体系、监测体系、追溯体系
2018年1月	《中共中央　国务院关于实施乡村振兴战略的意见》	乡村振兴、质量兴农、绿色发展、农村文化、乡村治理、脱贫攻坚	(1) 提升农业质量效益和竞争力。提高我国农产品国际竞争力，培育具有国际竞争力的大粮商和农业企业集团 (2) 首次提出实施质量兴农战略。完善农产品质量和食品安全标准体系，加强农业投入品和农产品质量安全追溯体系建设，健全农产品质量和食品安全监管体制
2016年12月31日	《中共中央　国务院关于深入推进农业供给侧结构性改革 加快培育农业农村发展新动能的若干意见》	农业供给侧结构性改革、新动能、提质增效、绿色生产方式、新产业新业态、农村改革	(1) 提高农业综合效益和竞争力。培育具有竞争力的现代农业企业集团，培育具有国际竞争力的大企业大集团 (2) 全面提升农产品质量和食品安全水平。坚持质量兴农，实施农业标准化战略。支持新型农业经营主体申请"三品一标"认证。抓紧修订农产品质量安全法

印发时间	中央一号文件名称	关键词（不超过6个）	涉及农产品质量竞争力的主要内容
2015年12月31日	《中共中央　国务院关于落实发展新理念加快农业现代化 实现全面小康目标的若干意见》	提高农业质量效益和竞争力、绿色发展、产业融合、城乡协调发展、农村改革、党对"三农"工作领导	（1）提高农业质量效益和竞争力。加快培育具有国际竞争力的现代种业企业，培育具有国际竞争力的粮商和农业企业集团 （2）首次提出食品安全战略。加快健全从农田到餐桌的农产品质量和食品安全监管体系。深入开展食品安全城市和农产品质量安全县创建
2015年2月	《中共中央　国务院关于加大改革创新力度加快农业现代化建设的若干意见》	转变农业发展方式、惠农政策、新农村建设、农村改革	（1）做强农业，必须尽快从主要追求产量和依赖资源消耗的粗放经营转到数量质量效益并重、注重提高竞争力、注重农业科技创新、注重可持续的集约发展上来 （2）开展农产品质量安全县、食品安全城市创建活动
2014年1月	《中共中央　国务院关于全面深化农村改革加快推进农业现代化的若干意见》	粮食安全、可持续发展、农村土地制度改革、新型农业经营体系	（1）在重视粮食数量的同时，更加注重品质和质量安全。培育具有国际竞争力的粮棉油等大型企业 （2）强化农产品质量和食品安全监管。加快推进县乡食品、农产品质量安全检测体系和监管能力建设
2012年12月31日	《中共中央　国务院关于加快发展现代农业 进一步增强农村发展活力的若干意见》	保障重要农产品有效供给、农业支持保护、组织创新、社会化服务、集体产权、乡村治理	（1）农产品需求总量刚性增长、消费结构快速升级，农业对外依存度明显提高，保障国家粮食安全和重要农产品有效供给任务艰巨。加快构建现代农业产业体系。推进国家农业科技园区和高新技术产业示范区建设 （2）健全农产品质量安全和食品安全追溯体系

质量问题是至关重要的，而且中央一号文件特别关注农产品质量安全。2013年中央一号文件第一次提出，"健全农产品质量安全和食品安全追溯体

系"，不断提升乡镇或区域性农产品质量监管机构的服务能力。2014 年中央一号文件强调，"在重视粮食数量的同时，更加注重品质和质量安全；保障进口农产品质量安全和国内产业安全"。从严格农业投入品管理、批发市场质量安全检验检测、农产品质量安全检测体系建设和工作考核等方面提出措施，要求"加快推进县乡食品、农产品质量安全检测体系和监管能力建设"。2015年中央一号文件首次提出"开展农产品质量安全县、食品安全城市创建活动"。2016 年中央一号文件首次提出实施食品安全战略，加快健全从农田到餐桌的农产品质量和食品安全监管体系。深入开展食品安全城市和农产品质量安全县创建，建立健全适应农村电商发展的农产品质量分级等标准体系。2017 年中央一号文件提出全面提升农产品质量和食品安全水平，提高农业综合效益和竞争力。支持新型农业经营主体申请"三品一标"认证，强化品牌保护；鼓励地方规范发展电商产业园；抓紧修订农产品质量安全法；实施耕地质量保护和提升行动。2018 年中央一号文件首次提出实施质量兴农战略。2019 年中央一号文件，提出实施农产品质量安全保障工程，健全特色农产品质量标准体系，强化农产品地理标志和商标保护，创响一批"土字号""乡字号"特色产品品牌。2020 年中央一号文件指出，强化全过程农产品质量安全和食品安全监管，建立健全追溯体系，确保人民群众"舌尖上的安全"。

提高农业质量效益竞争力是现代农业发展的目标导向。根据目前可以查询的公开资料，"质量效益竞争力"这一提法最早出现在 2016 年 3 月 18 日我国农业部召开的党组中心组（扩大）学习会上。农业部党组书记、部长韩长赋在会上强调，推进农业供给侧结构性改革，必须紧紧抓住从根本上提高农业质量效益竞争力这一长期目标不动摇。此后在农业部下发的通知，如农业部关于印发《实施农业竞争力提升科技行动工作方案》的通知、农业农村部办公厅关于印发《乡村振兴科技支撑行动实施方案》的通知、农业农村部办公厅关于印发《2019 年农业农村科教环能工作要点》的通知、农业农村部办公厅 国家体育总局办公厅关于印发《全国马产业发展规划（2020－2025年）》的通知，以及《农业绿色发展技术导则（2018－2030 年）》《农业农村部办公厅关于国家农业科技创新联盟建设的指导意见》等，均出现了提升质量效益竞争力的提法。

提高农业质量效益竞争力，落脚点在于提高农产品质量效益竞争力。农产品质量效益竞争力首次出现于《农业农村部 国家林业和草原局 国家发展改

革委 财政部 科技部 自然资源部关于组织开展第二批"中国特色农产品优势区"申报认定工作的通知》中。2019 年 2 月印发的《国家质量兴农战略规划（2018-2022 年）》，明确提出质量就是竞争力，一个国家农业强不强，归根结底需要用质量来衡量，明晰了农产品质量高的科学内涵和发展目标。

（三）提升农产品质量竞争力是山东省和聊城市抓农业的重点举措

山东省是全国粮食作物和经济作物重点产区，是全国蔬菜生产大省、水果生产大省和水产品生产大省。2019 年山东省蔬菜产量占全国的 11.65%，水果产量占全国的 10.36%，水产品产量约占全国的 12.65%，农产品出口约占全国的 22.8%，均居全国第一位。山东省第一产业增加值绝对值在全国 34 个省（直辖市、自治区、特别行政区）排名中常年位于第一。2019 年山东省第一产业增加值为 5116.4 亿元，占全国第一产业增加值的 7.26%。近几年来，山东省出台了一系列有关新旧动能转换、推动农业高质量发展的规划文件。2018 年 7 月山东省人民政府印发的《山东省新旧动能转换现代高效农业专项规划（2018-2022 年）》提出，培育一批具有竞争力的跨国农业企业集团、"育繁推一体化"种子企业，全面推进农产品质量安全县建设和"齐鲁灵秀地品牌农产品"品牌引领行动，建设农产品贸易强省，增强山东农产品国际影响力和竞争力。2018 年 9 月山东省人民政府办公厅印发的《山东省农业"新六产"发展规划》提出支持聊城等市承接京津农业产业转移与技术合作，打造京津冀农业产业协同发展区；支持莘县、阳谷以农业优势资源为依托，打造循环型业态，打造农业内部融合模式。2020 年 9 月山东省农业农村厅等部门联合印发的《关于印发山东省农业种质资源保护与利用中长期发展规划（2020-2035 年）的通知》，旨在提升山东农产品种业竞争力。

聊城市是山东省蔬菜生产大市，享有"中国蔬菜第一市"称号，蔬菜及食用菌产量位居山东省前列。聊城市高度重视农产品质量安全和品牌建设，建立起市、县两级全覆盖的农产品质量可追溯体系，严格投入品管理，在全市范围内禁止销售使用剧毒高毒农药，从源头上严把农产品质量安全关。积极探索开创实施农业首席质量官制度，实现"结果监管"向"过程监管"转变，保障了农产品质量合格率保持在 98% 以上。集中打造"聊·胜一筹！"农产品区域整体品牌，打响了"放心吃吧，聊城产的！"的品牌口号，旗下拥有重点农产品区域公用品牌 18 个、品牌形象店两个、授权使用品牌商标的企业

105 个，2019 年旗下农产品销售额突破 100 亿元，同比增长 28.1%。积极创建农产品质量安全市，在山东省率先提出自行创建农产品质量安全市，全市所有县市区全部创建成为省级农产品质量安全县，其中茌平、阳谷创建成为国家级农产品质量安全县，莘县、东昌府区、高唐县、东阿县被评为国家级出口食品农产品质量安全示范区。建立上海外延农产品基地八个，粤港澳大湾区"菜篮子"产品聊城配送分中心一个。截至 2019 年底，全市"三品一标"总数达到 1200 余个，基地面积累计超过 450 万亩，其中有效绿色食品数量达到 850 余个，居全省首位。

（四）构建新发展格局为莘县质量竞争力提升提供广阔的发展机遇和市场空间

中共十九届五中全会提出，构建新发展格局，以扩大内需为战略基点，加快培育完整内需体系；畅通国内大循环，促进国内国际双循环，全面促进消费，拓展投资空间。这为莘县农产品质量竞争力提升创造了广阔的发展机遇和市场空间。

1. 国内新型城镇化建设提供了莘县农产品市场发展新机遇

区别于传统的城镇化，新型城镇化坚持以人的城镇化为核心，有序推进农业转移人口市民化。一方面，国内新型城镇化建设可以通过工业和服务业的积聚，提高全要素生产率，能够增加城市就业人员的收入，进而释放城市农产品消费的潜力和活力，形成数量更多、规模更大和品质更好农产品的需求，创造出新的农产品市场需求空间。另一方面，本地新型城镇化建设有利于集约节约利用土地，提高现代农业生产的规模化、标准化、专业化、机械化和数字化水平，推动农业供给侧改革，优化莘县农产品市场供给。京津冀城市群、长三角城市群、粤港澳大湾区城市群的建设以及不断兴起的黄河流域九省区中心城市城市群和"十四五"时期户籍城镇化进程的加速，将产生庞大的优质农产品需求，为莘县农产品生产提供不断增长的国内市场需求，创造莘县农产品质量竞争力提升的发展机遇。

2. "一带一路"倡议实施助力开拓莘县农产品出口新空间

随着"一带一路"倡议深入实施，山东省与"一带一路"沿线国家之间的贸易投资往来更加频繁，经济联系进一步增强。据统计，2020 年上半年山东省对"一带一路"沿线国家进出口 2923.3 亿元，同比增长 4.4%，高出同期山东省整体增速 7.6 个百分点,占同期山东省外贸进出口总值的 30.9%,同比提高了 2.3 个百分点。其中,出口增长加快,特别是农产品出口以及其中的蔬菜、鲜干水果和坚果出口增长迅猛,表现出明显的国际市场需求增长信号。2020 年上半年山东省出口 1628 亿元,同比增长 8.9%。其中,农产品出口 86.7 亿元,同比增长 24.3%,占 11.3%。在农产品出口中,蔬菜出口 22.4 亿元,同比增长 70.2%;鲜、干水果及坚果出口 19.4 亿元,同比增长 45%。不断扩大的农产品国际市场,为莘县农产品销售提供了新空间。莘县作为国家级出口食品农产品质量安全示范区、国家外贸转型升级基地(蔬菜),在农产品出口方面,应当有新作为、新表现。

二　当前莘县农产品质量竞争力提升的做法和成效

进入 21 世纪以来,莘县县委县政府坚持以农业立县,紧紧围绕高质量发展主题,深化农业供给侧结构性改革,聚焦农产品质量链、供应链、产业链、价值链,全力建成全国"精细农产品"生产中心和集散中心。随着莘县农产品质量竞争力的不断提升,也取得了显著的成绩。

(一)构建莘县特色"43311"监管模式,实现农产品全质量链监管

质量安全是农产品竞争力的生命线,是农产品质量竞争力提升的基础。作为农产品生产大县特别是蔬菜生产大县,莘县县委县政府非常重视农产品质量安全管理,以国家级农产品质量安全县为契机,构建了具有莘县特色的"43311"监管模式,不断完善全程全域农产品质量监管体系。

一是建立农药管理四项制度,即经营许可制、购药备案制、销售处方制、包装物回收制,加强了投入品监管,实现了农药从流通到生产、回收环节的信息追溯和全程监管。

二是建立"三级"监管体系,建设了一支 1300 多人的农安监管队伍,形成了上下联动、高效运转的县、镇、村三级农产品质量安全监管体系。

三是建立"三级"检测网络,实现了县级抽检、镇级普检、基地市场自检相结合,确保质量检测全覆盖。

四是加大县级执法力度,强化源头治理。县农业执法大队 80 名执法工作

人员，每年对全县 1200 处农资经营、农药生产、肥料生产、基质生产企业不定期开展拉网式检查，净化生产源头。

五是构建可追溯体系。自 2012 年以来，莘县共投入 1.2 亿元，建立了国内领先的农产品质量安全追溯平台，在生产基地、农业投入品店、批发市场等场所建立追溯点 112 处，形成了从地头到餐桌的全程质量追溯体系。通过严格监管，2020 年莘县累计抽检、风险抽检的蔬菜、小麦、玉米等农产品样品合格率均达到 100%。

（二）推进规模化组织化标准化建设，提升莘县农产品供应链生产效率

规模经济是提高农产品质量竞争力的重要体现。莘县通过加快土地流转，推行规模连片种植，发挥了规模经济优势。目前，全县形成了精品香瓜、绿色西瓜、精致蔬菜、安心韭菜、有机山药、极品蘑菇、放心畜禽七条特色农产品种养带，建成冬暖式蔬菜大棚 27 万座，大拱棚 25 万亩。根据莘县政府工作报告公布的最新数据，2019 年莘县瓜菜菌播种面积达到 102 万亩，总产 520 万吨，瓜菜菌产量居全国县域排名第一位。

新型组织是提高农产品质量竞争力的重要主体。在组织化发展方面，莘县大力支持新型经营主体发展。截至 2019 年底，莘县农民专业合作社达到 2626 家，家庭农场 375 个，市级以上农业龙头企业达到 47 家。组织化建设推动了规模化经营。据 2020 年 1 月初开展的涉及莘县 22 个乡镇 82 个乡村 392 份抽样调查问卷研究显示，55.61% 的被调查者所在的村庄拥有 1～3 家专业合作社，11.22% 的被调查者所在的村庄拥有至少四家专业合作社。其中，25.51% 的被调查者所在村庄的农民专业合作社经营流转面积在 200～500 亩，21.43% 的被调查者所在村庄的农民专业合作社经营流转面积在 500～1000 亩，3.83% 的被调查者所在村庄的农民专业合作社经营流转面积在 1000 亩以上。

标准化是提高农产品质量竞争力的有效手段。在标准化方面，莘县积极推进标准化基地项目化建设，制定了《莘县农业生产规范》《农产品生产操作规程》等 40 多项生产标准，形成了农业标准化生产基地总数达到 230 处以上，其中省级标准化瓜菜菌生产基地 80 处以上，市级标准化生产基地 150 处以上。通过标准化建设，实行"六统一"管理，降低了产品质量风险，优化了经济成本，提高了生产效率。

（三）强化科技支撑，推动一二三产业深度融合，不断拓展农产品产业链

科技是提高农产品质量竞争力的内在关键，是一二三产业深度融合的强力支撑。一是科技服务平台与现代种植业融合。莘县以创建聊城国家农业科技园区、省级现代农业产业园为契机，组建了莘县农业科技专家顾问团，建设院士工作站、博士后工作站、山东农业大学莘县蔬菜研究院等合作科研平台，与中国农科院、中国农大等科研院所签订产学研协议。目标瞄准制种育种，重点实施种业育繁推一体化、设施蔬菜地展园、种苗谷示范基地等项目，培育建设鲁西种苗谷，拓展莘县农业链向研发延伸。二是科技成果助推标准化生产设施建设。莘县强化高效集约蔬菜温室标准化建设，全县蔬菜设施整体达到国内先进水平。三是科技成果助推制造业与农业深加工融合发展。莘县积极引进并依托青岛波尼亚、浙江华统、华莱士等农产品深加工龙头企业利用先进加工技术和管理经验，提升当地农产品深加工水平，推动嘉华股份、盛大食品、冠华肠衣等传统企业技术改造，延伸拓展加工链条。四是现代数字技术成果助推农产品物流、仓储、交易融合发展。借助人工智能（AI）、5G 和移动互联网技术，中原农产品物流中心将被打造为冀鲁豫地区农产品集散中心、农产品信息中心、农产品价格形成和指导中心。五是科技成果助推观光旅游与农业融合发展。现代农业嘉年华、董杜庄西瓜博物馆、燕店香瓜博物馆、柏庆生态农庄等一批科技基地的建成和运营，体现了现代农业科技、传统耕种历史和文化的深度交汇。农业作为产业载体，被赋予了科技、文化、旅游等多重功能。

（四）不断扩大农产品品牌影响力，推动莘县农产品价值链迈向中高端

品牌是提高农产品质量竞争力的外在表现。在品牌建设方面，莘县大力推进品牌培育战略，实施"三品一标"奖补政策，不断提高商标注册、运用、保护和管理水平。截至 2020 年 11 月底，全县"三品一标"数量达到 296 个。充分发挥"中国蔬菜第一县"和地理标志证明商标"莘县蘑菇""莘县香瓜""莘县西瓜""莘县韭菜"以及集体商标"莘县蔬菜"的品牌效应，积极塑造莘县农产品整体品牌形象，确立了"莘县蔬菜"为莘县农产品区域公用品牌。

其中，"莘县香瓜""莘县蘑菇""莘县西瓜"三大品牌入选全国农产品区域公用品牌排行榜，"莘县蔬菜"入选中国农产品区域公用品牌价值百强。积极融入聊城市"聊·胜一筹！"区域公共品牌，拥有"聊·胜一筹！"品牌企业24家。规范使用"莘县蔬菜"品牌标识，第一批授权企业数为20家。

在品牌宣传方面，开展了一系列莘县品牌农产品宣传推介活动，在中央电视台、新华网、山东电视台等16余家新闻媒体做专题广告。连续举办六届中国莘县国际瓜菜节、冀鲁豫西瓜节，成功举办了两届山东（莘县）瓜菜菌博览会、莘县香瓜电商节等节会活动，2020年举办了第三届山东聊城（莘县）瓜菜菌博览会云端展会暨莘县农产品区域公用品牌发布会。积极参加"中国农交会"等各类推介活动，在北京新发地、上海农产品批发中心举办系列大型推介会，设立莘县蔬菜专销区、鲜活农产品配送直供站200余家。在品牌营销方面，构建线上线下并重的销售格局。积极发展"互联网+农业"，引进阿里巴巴农村淘宝、京东商城等项目，建立了莘县农产品电商交易平台，成立了莘县电子商务协会，形成了"专业合作社+基地+超市（农产品市场）+电子商务"的农村电子商务模式。实施"净菜进京"工程，建有上海外延蔬菜基地，设立粤港澳大湾区"菜篮子"产品聊城配送分中心。经过实施品牌战略，莘县农产品品牌市场价值和市场影响力不断提升。

三 莘县农产品质量竞争力提升的差距、压力和困境

从发展历程的自我纵向比较来看，莘县农产品质量竞争力确实不断在提高，但从放眼全球全国的横向比较来看，与典型地区农产品质量竞争力相比，莘县还存在比较大的差距。在全国农产品质量竞争力不断提升和乡村振兴战略实施的趋势下，莘县发展遇到的压力越来越大，一方面是全国农产品面临供大于求的压力，另一方面是同质竞争的市场压力愈演愈烈，迫切需要加快提升农产品质量竞争力。同时，在农产品质量竞争力提升过程中，莘县也面临着从业者文化素质不高、缺少大型龙头企业带动等现实困境。

（一）与部分先进国家、典型市县的差距

1. 国外差距

在农产品生产经营方面，美日欧形成了具有各自特色的优势，呈现了不

同的特点。美国由于耕地资源丰富，现代农业生产高度发达，成就了规模化精准作业的大农场模式，成为全球最大的谷物出口国。日本由于四面环海，山多地少，耕地比较分散，规模较小，注重专业化发展，机械化程度较高，成就了精细农业模式。德国推出"数字农业"解决方案，法国农业合作社服务水平较为先进。荷兰、以色列在高科技农业和出口方面较为突出。

（1）荷兰以精准农作温室技术和农产品出口享誉全球。荷兰国土面积 4 万多平方公里，耕地面积 2900 万亩，约为我国的 5%。农业自然条件不如我国，农作物成长面临低洼潮湿、光照不足的难题。为克服这一难题，荷兰农业采取了以高科技和创新为基础的精准农作温室技术。荷兰玻璃温室面积达到 16.5 万亩，约占全世界温室总面积的 1/4。玻璃温室约 60% 用于花卉生产，40% 主要用于果蔬类作物（主要是番茄、甜椒和黄瓜）生产。温室蔬菜占蔬菜生产总值 3/4 左右，其 86% 的产量会销往世界各地。现代化栽培技术发达，在荷兰设施栽培中，无土栽培比例高达 80%，而设施园艺的无土栽培比例高达 90%。病虫害防治以农业防治、物理防治、生物防治为主，化学农药使用比例较小，在 10%~20%，物理和生物防控比例基本在 60%~80%，因此有机农业面积占比较高。在销售方面，主要采取订单农业和拍卖模式。从 20 世纪五六十年代起，荷兰逐渐成为全球农业强国。荷兰中央统计局数据显示，2018 年荷兰农产品出口额达到 903 亿欧元，占全部商品出口总额的 18%，位列全球第二，仅次于美国；花卉、蔬果出口量位居世界第一。

（2）以色列以高效利用资源、先进科技和出口闻名遐迩。以色列是一个缺水的国家，国土面积 2 万多平方公里，境内 2/3 是沙漠和山地，2017 年全国总耕地面积为 589.5 万亩，约为国土面积的 19.33%，人均耕地面积不到 0.9 亩。水资源极度匮乏，降雨量稀少，约有一半的耕地必须通过灌溉供水。人均可再生淡水资源 91.3 立方米，仅为世界平均水平的 1.5%。在这样的条件下，以色列依赖于科学的不断创新和推广应用，最大限度地利用了耕地资源、水资源，实现了农业的自动化、智能化和数字化运作，极大地提高了劳动生产率，以不到全国 3% 的农民数量养活了整个国家的人口。农产品不仅能够实现自给自足，而且能大量出口。据统计，以色列农产品已占据了 40% 的欧洲瓜果、蔬菜市场，并成为仅次于荷兰的第二大花卉供应国，被誉为"欧洲果篮"。以色列不仅出口农产品，而且出口农业技术。目前，以色列在育种技术、生物杀虫技术、节水技术、灌溉技术、仓储技术、信息化养殖技术、土壤研发技术、温室技术、无土栽培技术、沙漠养鱼技术以及农产品加工技术等领域保持着世界领先地位。

2. 国内差距

（1）涪陵区以榨菜生产加工悠久的历史和市场品牌价值闻名于世。涪陵榨菜自从 1898 年诞生并推向市场，已经经历了百余年发展。在 1915 年的巴拿马国际食品博览会上荣获金奖，让涪陵榨菜与德国的甜酸甘蓝和欧洲的酸黄瓜被誉为世界三大名腌菜。涪陵榨菜是国内县域单位单一农作物品种种植面积最大、产业化程度最高、辐射带动力最强的地方优势特色农产品。涪陵已成为全国规模最大、品质最优、销售最广、品牌最响、效益最好的榨菜生产加工基地。已建成青菜头种植基地 72.5 万亩，产量 160 万吨，年产销成品榨菜近 50 万吨，青菜头种植面积和产量、成品榨菜产销量位居全国第一，并成长为百亿级产业，带动当地 60 万农民增收致富。2008 年 6 月，"榨菜传统制作技艺·涪陵榨菜传统制作技艺"被国务院评为"国家级非物质文化遗产"。经中国农业品牌研究中心与国家农业部信息中心评估，涪陵榨菜位居 2013 年中国农产品区域公用品牌价值排行榜第一，品牌价值达到 125.32 亿元。《涪陵区实施榨菜产业振兴行动方案（2018-2020 年）》提出，到 2020 年建成全球最大的集"品种选育、种植加工、文化旅游"于一体的世界榨菜之乡。

（2）寿光市以国内设施蔬菜发源地、标准化制定和市场品牌影响为显著特征。寿光是中国设施蔬菜的发源地和全国最大的蔬菜集散地，享有"中国蔬菜之乡"美誉。自 20 世纪 80 年代起，寿光先后探索出蔬菜产业的生产、销售、技术、会展和标准输出等改革经验，主要解决了蔬菜生产产业化的问题，创造了业内公认的"寿光模式"。目前，寿光设施蔬菜种植面积约 60 万亩，年产量达 450 万吨，菜农亩均纯收入超 3 万元，每年接待为菜而来的客人超过 200 万人次。基于寿光蔬菜的市场影响力，全国蔬菜质量标准中心于 2018 年在寿光设立。寿光比较注重产业组织化建设和品牌经营。目前，果蔬类合作社达到 2092 个，市级以上农业龙头企业 153 家，其中省级 16 家，国家级 3 家。其中，作为蔬菜标准的积极推动者和寿光蔬菜产业发展的龙头，寿光蔬菜产业控股集团主导蔬菜品牌七彩庄园荣获中国驰名商标和山东名牌农产品；52 个蔬菜品种获国家农业部三品认证。2019 年，寿光成功注册"寿光蔬菜"区域农产品公共品牌，并创建为地理标志集体商标。目前，全市拥有国家地理标志农产品 16 个，"三品"认证农产品 309 个，中国驰名商标 2 个。

（3）安丘市以国外出口、农产品加工和品牌认证为突出亮点。安丘市是全国蔬菜出口第一大县级市，拥有外贸经营资格的农产品加工企业260家，重点农产品出口企业148家，畅销日韩、欧美等80多个国家和地区。农产品年加工出口量达到40多万吨，出口货值多年保持在潍坊的一半以上、全省的1/5以上，是日韩的菜篮子、出口的示范区。2020年1~7月，安丘市农产品出口24.14万吨，出口额17.76亿元，同比增长8.0%。安丘拥有国家级农业龙头企业1家、省级11家，注册"安丘农耕"农产品区域公共品牌；发展"三品一标"农产品449个，其中国家地理标志产品8个；67家企业通过HACCP、英国BRC、德国IFS等国际认证，多个农产品标准化生产基地通过欧盟GAP和日本JAS有机食品认证，"安丘大姜""安丘大葱"被纳入欧盟地理标志产品保护范围。2020年9月，安丘市成功举办了首届中国安丘出口农产品博览会。

（4）诸城市以国内农业产业化的发源地和农业龙头企业发展为典型。自改革开放以来，诸城先后探索出商品经济大合唱、贸工农一体化、农业产业化、中小企业产权制度改革、农村社区化发展、统筹城乡一体化发展等成果，主要解决了农业生产、加工、流通脱节的问题，创造了"诸城模式"。在农业化的过程中，壮大了一批农业龙头企业。目前，全市各类农业龙头企业达1200多家，其中规模以上的农业龙头企业280家以上，过百亿元的企业三家。其中，诸城外贸、得利斯、万年食品三家企业被评为国家级农业龙头企业。由农民日报社组织评定的《2020中国农业企业500强》中，诸城三家企业上榜，即诸城外贸有限责任公司位列第29、得利斯集团有限公司位列第30、诸城兴贸玉米开发有限公司位列第47。龙头企业的发展极大地推进了产业化进程，通过推行"龙头企业+合作组织+农户"等产业化发展模式，形成了涵盖肉食品、粮油、蔬菜、茶叶四大系列400多个品种的产业链，90%的农产品实现就地加工转化。

（二）省内农产品特别是蔬菜生产大县竞争态势明显

随着蔬菜产业的经济效益、生态效益和社会效益愈加明显，山东省农产品特别是蔬菜生产大县纷纷加大了蔬菜产业投入，推动了山东省蔬菜产量持续增加。从产量来看，2012~2018年山东省主要蔬菜大县滕州市、兰陵县、平度市、金乡县、莘县、阳谷县等产量出现整体增长趋势，其中滕州市、兰陵县、平度市蔬菜各年度产量均高于莘县；金乡县蔬菜产量年均增幅高于莘县；阳谷县、安丘市年度产量尽管低于莘县，但表现出了较猛的增长势头，阳谷县与莘县蔬菜的产量差距由 2012 年的 41.9 万吨减少到 2018 年的 29.23 万吨。单县蔬菜产量有所下降，但总体比较稳定，年产量保持在 160 万吨以上。山东省主要蔬菜大县寿光市、岱岳区、章丘区蔬菜产量出现下降趋势，但寿光市蔬菜产量仍然高居山东省第一位（见表 17-2）。尽管寿光市蔬菜产量有所下降，但由于增加了科技投入，品牌效应突出，附加值仍然较高。

表 17-2　2012~2018 年山东省和河南省蔬菜主要生产大县（市）产量情况

单位：万吨

年份 市县	2018	2017	2016	2015	2014	2013	2012
寿光市	366.32	398.18	414.67	415.42	417.98	424.46	418.91
滕州市	333.80	326.44	291.34	288.78	284.44	273.79	264.11
兰陵县	322.99	310.83	289.10	273.66	248.23	238.35	232.28
平度市	292.15	268.58	257.47	244.93	251.17	239.81	233.93
金乡县	242.83	221.68	178.48	178.43	167.84	152.94	150.91
莘县	227.29	211.70	238.82	240.21	225.72	216.66	210.80
阳谷县	198.06	175.41	179.29	172.47	168.97	160.52	168.90
岱岳区	193.81	196.46	247.36	251.31	250.36	244.72	244.56
章丘区	178.28	177.38	184.73	189.67	190.04	189.07	185.02
安丘市	178.01	173.32	167.21	167.45	158.72	159.10	163.01
青州市	169.74	179.67	190.97	179.44	160.13	147.26	136.80
单县	162.30	164.56	163.36	163.43	166.40	166.08	165.71
河南扶沟	106.69	—	—	—	—	—	—
河南新野	—	194.87	—	—	—	—	—

资料来源：山东省各县数据取自山东省统计局；河南省各县数据取自所在市统计年鉴。

（三）莘县农产品质量竞争力提升面临的问题与困境

莘县农产品质量竞争力在不断提升的过程中，也存在一些问题与困境。首先，莘县蔬菜产业链体系尚不健全，价值链处于中低端。囿于产业发展规律的制约，产业链健全的次序性和价值链升级的梯度性，决定了产业发展是一个循序渐进的过程。任何国家和地区发展蔬菜产业，都可以缩短某一个产业发展阶段的时间，但不能超越产业发展阶段、违背产业发展规律，因而只能遵循客观规律。目前，不可忽视的现实客观问题是莘县蔬菜产业链体系尚不健全，特别是育种育苗、精深加工、品牌建设等关键链条。例如，育种问题是莘县蔬菜产业发展的一大难题，也是国内整个行业发展的通病。解决产业链体系的问题，绝非一日之功、一蹴而就，其需要高强度的投入，才能实现产业基础高级化、产业链现代化。

其次，市场内生发展力量仍然不强。在品牌建设认识方面，多次调查研究显示，受访者仍然存在"谈起来重要""做起来不重要"的情况，如图 17-2 和图 17-3 所示。在农民组织化建设方面，专业合作社与农户之间以及专业合作社与专业合作社之间联结运行机制尚需进一步加强，农民的组织化程度需要进一步提升。在市场主体方面，产业化重点龙头企业数量较少，市场内生发展动力不足。

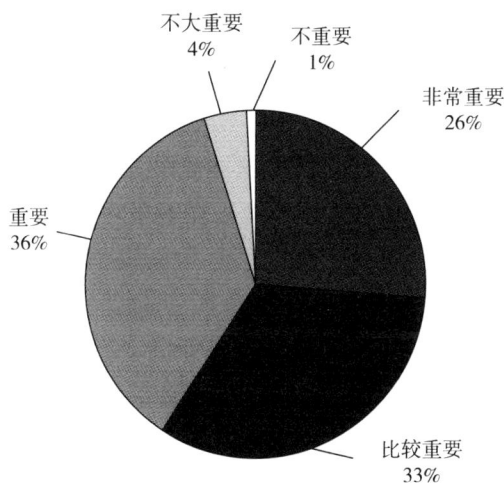

图 17-2　您认为蔬菜瓜果的品牌建设是否重要

（人）

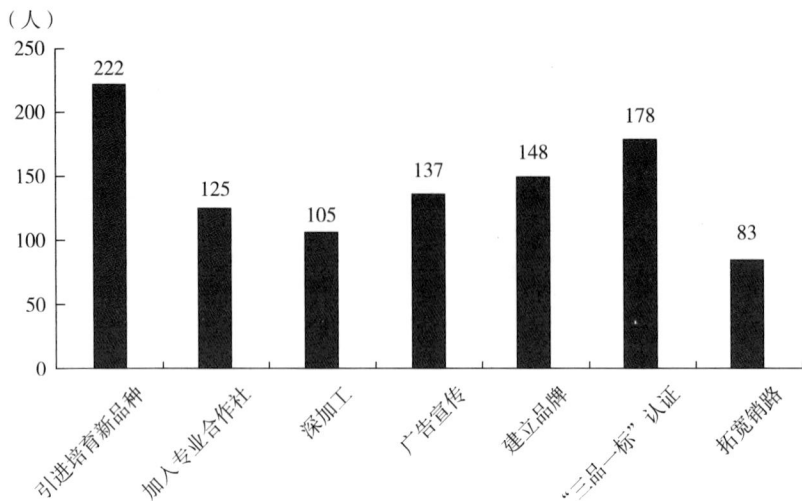

图 17-3　您认为采取什么措施能够增加蔬菜收益

在企业家精神方面，还存在一定的小农意识，其思想保守，创新精神不够。如图 17-4 所示，根据"您认为莘县蔬菜发展最缺乏的文化精神是什么"的调查统计，首先有 60.46% 的受访者选择了"闯荡开拓创新精神"，其次是"团队精神"（41.84%），最后是诚信精神（25.77%）、开放包容精神（23.72%）、勤劳吃苦精神（23.21%）。其中，"闯荡开拓创新精神""团队精神"与企业家精神密切相关，是企业家精神的核心内容。

最后，政府公共服务尚需进一步优化，做到精准施策，提升政策服务效果。根据"近年来政府有没有进行过蔬菜品牌建设的各类宣传活动"调查统计，仅有 9% 的受访者表示"经常开展，比较频繁"；25% 的受访者表示"开展有间隔，不很频繁"；40% 的受访者表示"偶尔开展"；4% 的受访者表示"从未开展"；还有 22% 的受访者表示"不清楚"。根据"您听说过莘县农产品产销网、中国北方瓜菜菌网吗"调查统计，仅有 49.5% 的用户表示"听说过"，没有超过半数（见图 17-5）。再比如，根据"您知道莘县已经被称为'中国蔬菜第一县'称号吗?"调查统计，有 73.98% 的受访者表示"听说过"，还有 26.02% 的受访者表示"没有听说过"。这些具体调研结果表明，当地蔬菜品牌建设、销售网络建设宣传的深度和密度还存在进一步加强的空间。

（人）

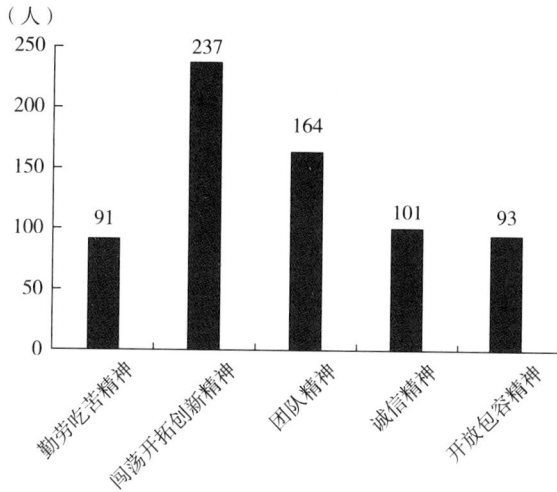

图 17-4　您认为莘县蔬菜发展最缺乏的文化精神是什么

（人）

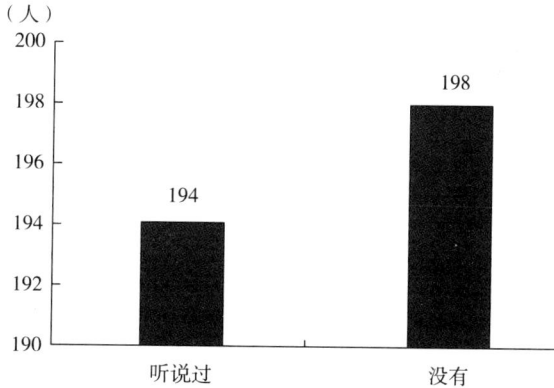

图 17-5　您听说过莘县农产品产销网、中国北方瓜菜菌网吗

四　莘县农产品质量竞争力提升的政策建议

农产品质量竞争力提升是农产品质量安全、质量价值、质量生态和质量文化四维度全方位升级的过程。农产品质量安全是农产品质量竞争力提升的基础和根本。质量安全程度高的农产品，才能在市场上站稳脚跟，受到消费

者的青睐，从而表现出更高的市场价格。农产品质量价值是农产品质量竞争力提升的目标和方向，内在表现为品种、技术和管理决定的产品品质，外在表现为农产品品牌、市场价格和区域影响力。农产品质量生态是农产品质量竞争力提升的环境和条件，包括自然生态环境、政策制度环境和相关硬件设施。农产品质量文化是农产品质量竞争力提升的精神力量，内在表现为历史传承的农耕文化、改革进取的企业家精神，展现形式为文化符号、文化设施以及新的文化业态。

因此，在发展逻辑上，莘县农产品质量竞争力提升必须遵循改善农产品质量生态—弘扬现代农产品质量文化—保障农产品质量安全—提高农产品质量价值的内在机理。在发展路径上，莘县既要加强农产品质量制度创新、优化农产品公共服务生态、推进农产品质量治理体系和治理能力现代化，又要夯实市场内生发展力量、推进农业基础高级化和供应链现代化，不断提高莘县农产品质量生态竞争力、质量文化竞争力、质量安全竞争力和质量价值竞争力。

（一）更好发挥政府作用，加强莘县农产品供给制度创新，推进农产品质量治理体系和治理能力现代化

充分利用国家科技园区、省部共同打造乡村振兴齐鲁样板示范县即率先基本实现农业农村现代化试点县等政策机遇，积极探索适合莘县农产品供应链、产业链、创新链升级的新模式，走出一条适合莘县农业高质量发展、提高莘县农产品质量竞争力的制度创新之路。

1. 完善供应链基础设施建设，加快农产品供销平台大数据建设，打造现代农业产业园集群

在后疫情时代，供应链畅通是农产品质量价值得以实现的前提和条件。以中原农产品物流中心为基础，打造莘县农产品交易流通基地，健全莘县农产品物流、商业流、信息流、资金流供应链。推进乡镇物流园建设，构造莘县农产品供应链网络，打造鲁西第一大蔬菜物流园，打造冀鲁豫三省交接的农产品集散中心、销售基地。

加强供应链数字化进程，建设农业大数据供销平台，发展智慧农业。以腾讯云莘县数字产业基地为抓手，推动数字技术与农业农村加速融合，加快农产品供销平台大数据建设，建立鲁西蔬菜销售价格指数，逐步在全国农产

品销售体系中掌握价格话语权。加强农产品供销平台大数据与农产品质量监管数据的衔接，充分整合利用数据反馈决策系统，积极探索反馈价格最佳、质量最佳的种植环境、管理方式和经营模式。

大力打造现代农业产业园集群。在整体推进国家科技园区、省级现代农业产业园建设基础上，推动现代技术与装备集成应用，促进农业"新六产"发展，建设"国家级现代农业产业强镇"，力争3~5年全县市级以上产业园达到10处以上，力争成功创建国家级现代农业产业园。

2. 强化大数据监管，严格质量安全管理，提升莘县农产品质量安全竞争力

质量安全是农产品质量竞争力的基础、根本和生命线，必须持之以恒推进严格质量安全管理工作，确保莘县主要农产品质量安全监测合格率保持在99.5%以上，禁限用农药检测合格率达到100%。

加强组织化标准化建设，夯实质量安全保障。一是抓好蔬菜组织化建设。狠抓专业合作社建设，成立专业合作社联合社，增强合作社内部以及合作社之间的联系。推动农业产业化龙头企业、"新六产"示范企业、农产品加工示范企业等企业组织发展。二是坚持标准引领。加强标准化建设、标准化生产管理、标准化认证，完善质量追溯体系。未来3~5年，全县建设10处以上标准化蔬菜示范基地。

完善数字化质量监管体系，提升质量安全监管效率和反馈效率。数字化监管通过人工智能、信息技术，能够实现动态实时监管，大大提升了质量安全监管的效率，是现代质量安全管理的新趋向、新手段。建议莘县在现有农产品质量安全管理和可追溯系统的基础上，进一步完善农产品质量大数据中心硬件建设，健全蔬菜生产、加工、流通各个环节的质量安全监管数据信息采集，强化质量安全信息披露。

3. 借鉴先进地区经验，强化推进农业基础高级化的政策引导作用，提高莘县农产品质量价值竞争力

一是吸收借鉴涪陵区、寿光市品牌建设的经验。在推进区域公共品牌的同时，建立对企业品牌建设的奖励机制，增强品牌建设的内生力量。莘县在区域公共品牌建设方面，大力宣传"莘县蔬菜、健康生态"，进行了较大的投入，打造了"莘县蔬菜"等农产品区域公用品牌。下一步，莘县农产品品牌建设的着力点，在坚持打造区域公用品牌的同时，应加大对企业品牌建设的奖励支持力度，推动企业品牌蓬勃发展。一方面，对品牌申报成功的企业给予一定的奖励。另一方面，推进农产品重点企业品牌建设，推动农产品重点企业上市。

二是吸收借鉴寿光市打造中国蔬菜种业硅谷的有益做法。利用3~5年的时间，打造出具有较强竞争力优势的"鲁西种苗谷"。在健全供应链、延伸产业链的基础上，加强产学研资源共享、技术合作，让育种科技确实发挥出真正的效力，让莘县育种业在世界农产品育种的黄金产业中占有一席之地。建议莘县出台农产品种业扶持政策，设立一定的专项资金，引导社会资金进入，推进育繁推一体化。

4. 营造良好营商环境，使莘县成为人才、投资、工商活力迸射的沃土，提升莘县农产品质量生态竞争力

在一二三产业深度融合发展的今天，农业产业链只有深入地嵌入到具有较高附加值的第二产业和第三产业的整个现代化产业链体系中，才能实现供应链稳固和价值链升级。中共十九届五中全会提出，"十四五"时期，推动形成工农互促、城乡互补、协调发展、共同繁荣的新型工农城乡关系。莘县只有建立较为发达的第二产业和第三产业基础，推动二三产业基础高级化，才能更好地反哺农业，形成良好的新型工农城乡关系。

推动二三产业基础高级化，需要现代先进生产要素聚集莘县，需要高级人才支撑莘县发展。2020年12初的调研显示，莘县包括高铁在内的硬件基础设施逐步完善，但企业本科学历人才以及相关高素质人才难以留住的问题成为制约企业发展的一大难题。与先进地区相比，莘县产业化龙头企业数量较少，聚合带动经济发展整体实力较弱，仍需要进一步加强招商引资力度。

建议莘县在国家政策允许的范围内，向南方先进县城学习，勇于探索，积极变革，营造良好营商环境。一是基础设施人性化。在公共交通、照明、公园等具体设施方面满足功能需求的同时，注重心理需求，充满人文关怀。二是公共服务人性化。大到简政放权断舍离，小到窗口服务一体化，充满热情，充满激情。三是加大双招双引力度，既要开通"绿色通道"引得来，又要真心真意留得住。四是构建新型亲清政商关系，打造市场化、法治化的优良环境。有了优良营商环境和亲清政商关系，企业才能"以恒心办恒业"，为莘县产业基础高级化、产业链现代化积蓄基本力量。

（二）充分发挥市场对资源配置的决定性作用，增强内生发展力量，提升莘县农产品质量文化竞争力和价值竞争力

提升莘县农产品质量竞争力的推动力在政府部门，要害在市场主体。行业齐全、数量更多、更具活力的市场主体是莘县农产品供应链产业链健全的基础和关键，是莘县农产品质量文化持续繁荣、质量价值不断彰显的根本。有了更多市场主体，才能更好地形成产业链条分工，加强品牌建设，发展农产品数字科技、文化旅游等新业态。

1. 进一步解放思想，弘扬企业家精神，激发农业发展活力

烟台苹果、潍坊蔬菜、蓬莱葡萄酒、烟台蓝莓产业集群发展的经验表明，企业化经营是农产品质量安全标准化、质量价值提升的内生模式。然而要推进企业化经营，必须有一大批企业家活跃在农产品产业链条的各个环节，必须用经营工商的思想经营农业。因此，需要在全县范围内进一步解放思想，推崇奋发进取、开拓创新，进一步尊重企业家、重视企业家。通过制度创新，推动企业家参与涉企政策制定，提高企业家的政治地位和社会地位。通过舆论宣传、典型报道，弘扬诚实守信、守法经营、勇于担当、善于创新、临危不惧、坚忍不拔和积极承担社会责任的企业家精神。鼓励更多企业家进入莘县农业生产经营，并成为莘县农产品产业链现代化发展的领军人物。

2. 培育和引进更多市场主体，推进第一、第二、第三产业深度融合

当地农业企业家要做创新发展的探索者、组织者、引领者，积极运用大数据、云计算、物联网、区块链、人工智能等前沿科技，克服当地人才不足、资金周转等现实问题，勇于推动生产组织创新、技术创新、市场创新，努力把企业打造成为强大的创新主体。

充分利用本地农业资源优势，加大招商引智力度。在引进青岛波尼亚、浙江华统、华莱士等省级以上农业产业化重点龙头企业基础上，通过大型招商会，继续引进农业产业化重点龙头企业，引进先进的经营理念、管理模式和资金技术，激活当地第一、第二、第三产业融合发展的竞争活力。继续吸引科研院所在莘县建立研究基地，推动官产学研资源共享，提高产学研合作运行效率。

3. 积极推进企业品牌建设，促进企业品牌与农产品区域公共品牌互动

充分运用现有农产品资源优势和品牌优势，加强重点企业品牌建设力度。

一方面，通过"莘县蔬菜"农产品区域公共品牌建设，增强企业品牌建设意识，提升企业品牌建设的积极性，加强企业品牌建设。另一方面，农产品企业根据所处的产品生命周期阶段，积极实施品牌战略，加大品牌建设投入，积极参加全国各地举办的农产品博览会，逐步形成企业优势品牌。农产品区域公共品牌建设驱动企业品牌建设，众多企业品牌支撑农产品区域公共品牌发展，形成企业品牌与农产品区域公共品牌互动发展的良好格局。

4. 依靠现代科技，大力发展农产品科技文化、采摘文化、节日文化等新业态

在提升农产品质量安全竞争力的基础上，挖掘农产品质量文化功能，营造莘县农产品质量文化氛围。积极打造莘县农业科技示范基地，建设鲁西综合性农业科技试验示范推广基地，加强国字号、山东省和聊城市农业科研、教学、规划机构合作交流，形成科研基地、示范棚、推广棚、产品追溯等产学研一体化经营模式和科技文化传播模式。

积极推广"莘县中原现代农业嘉年华—柏庆温泉度假村—美丽苏堂绿色采摘休闲游线路"文化旅游模式，以建设"河店香瓜小镇""燕店香瓜小镇""董杜庄西瓜小镇""十八里蔬菜小镇"等美丽"农业特色小镇"为载体，发展观光游览、采摘休闲、科技教育等农产品质量文化新业态。

运用现代科技，采用线上直播、线下结合等多种方式，大力发展品牌营销文化。继续办好莘县瓜菜菌博览会、董杜庄西瓜节、王奉山药节、燕店香瓜电商节等节庆活动，形成积极推介莘县瓜菜菌产品、打响"莘县蔬菜、健康生态"金字招牌的节日文化。

【聊城大学商学院（质量学院）：臧鑫鑫、张宪昌】

第十八章　聊城市地方债务与金融稳定
良性互动路径和对策

聊城市经济迈入高质量发展阶段，正值经济结构调整、经济转型升级的关键时期，地方政府和金融机构需共同发力、良性互动、协调发展，充分发挥地方政府调控职能，提升金融机构服务水平。地方债务和金融稳定的耦合协调度如何？其良性互动的有效路径及对策有哪些？对于以上问题的回答，对聊城市地方债务与金融稳定的良性互动有效路径与对策的提出、加快新旧动能转换、预防债务风险和金融风险的爆发、促进本地区经济与社会持续健康发展具有重要的现实意义。为此，本章先剖析了地方债务与金融稳定的耦合机制，在测度出地方债务以及金融稳定综合评估值的基础上，进一步测度了聊城市各县市区地方债务与金融稳定的耦合协调度。

一　地方债务与金融稳定的耦合机制分析

地方债务主要指的是某地区财政系统的偿债状况，金融稳定主要指的是银行等金融机构运行的稳定性。从本质上看，地方债务反映了地方财政系统的风险状况，金融稳定反映了金融系统的风险状况。金融系统和财政系统有着内在的伴生关系，尤其是在金融市场化程度还在进一步加深的聊城市，在面临经济结构转型升级的关键期，这一关系则表现得更为紧密。财政、金融两者交织，使目前既有可能出现财政风险金融化，又有可能出现金融风险财政化，进而出现财政风险和金融风险的交叉传染，加剧了问题的复杂性。地方债务与金融稳定的耦合协调关系主要体现在两大方面：一方面是金融系统对财政系统的风险传导，另一方面则为财政系统对金融系统的风险传导。

首先，就金融系统对财政系统的风险传导来看，金融系统风险的暴露会通过锐减财政收入和激增财政支出来增加对财政系统风险的传染。一方面，当银行金融风险暴露，经营效益下滑，银行的贷款损失准备和专项拨备无法覆盖银行资产损失，导致银行大量不良贷款产生，且对不良贷款的核销，进一步侵蚀了银行利润。按照现行税法的规定，亏损可由利润弥补，从而银行业上缴税费大量减少，财政收入由此大幅下滑。此外，银行业盈利减少，其对当地企业扶持力度减少，从而加剧企业经营恶化，再次减少地方政府的财政收入。同时，在企业经营面临困境时，地方政府会提供大量优惠的减税政策，必然以政府补贴、奖励和税收优惠政策给予企业扶持，财政收入减少。另一方面，一旦区域金融风险爆发，为维护经济平稳运行和社会稳定，地方政府乃至中央政府都会拿出巨额的财政资金去救助，如为防止风险出现而提供的财政补助，为化解区域金融风险以及核销银行不良贷款而给予的财政救助，从而财政支出增加，财政赤字扩大，政府偿债压力加剧，潜在的金融风险也会进一步转化为现实的财政风险。此外，地方政府为涉政债务的隐性担保，导致银行机构认为一旦与政府关联的信贷资产发生违约，地方政府便会理所当然为此买单，使银行的放贷行为出现逆向选择，加剧地方政府偿债压力。

其次，就财政系统对金融系统的风险传导来看，近年来，地方政府债务激增对金融系统的冲击越来越受到重视，尤其是地方隐性债务风险。这种传导主要体现在两大层面：一是地方融资平台贷款的违约风险对金融风险的传导。自2009年开始，国家就开始实施积极财政政策和货币政策，为使政策落地实施，地方政府基于融资平台等方式举借债务。融资平台贷款的主要用途是投资基础设施建设，资金使用周期长，经营现金流少，但商业银行认为平台是政府设立的，会由于融资平台具有超强信用而为其提供大量贷款。因此融资平台的大量债务都来源于银行。但平台债务往往面临恶性竞争、贷款太集中、违规担保等诸多问题，在当前宏观经济下行、财政收入减少、银根收紧、流动性趋紧等现实背景下，平台贷款有较大可能无法到期偿还，也不大可能借新还旧进行债务展期，造成商业银行潜在不良贷款风险的增加。而且商业银行不良贷款增加，又会导致财政兜底化解不良贷款，财政压力增大。二是在土地财政背景下，地方融资平台所得资金增加，会加剧地方财政风险对金融系统风险的传染。1994年分税制改革和1998年住房商品化改革将土地财政与地方政府债务联系起来。地价上升，债务抵押品价值上升，地方融资平台以土地为抵押品所获得的信用支持也大幅度提升，一旦地价下降，一方面地方融资平台所获得的资金减少，另一方面在地价上升期所得到的大量信用支持也将面临违约，由此导致银行不良贷款增加，金融系统的风险加大。

由此来看，金融系统所产生的风险和财政系统所产生的风险就如同图 18-1所示的传染闭环，金融系统会通过激增财政支出和锐减财政收入将风险传染至财政系统，而财政系统则会通过地方融资平台和土地财政将风险传导至金融系统。财政系统和金融系统任何一方都不能孤立地存在，两大系统要相互配合、协调同步地向前发展，才能最大可能地降低风险传染和爆发。

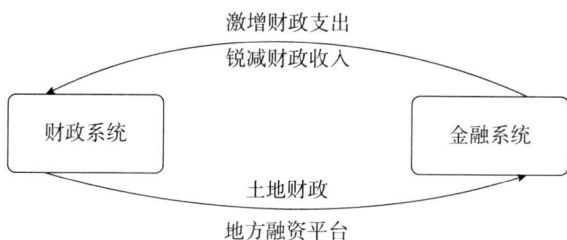

图 18-1　财政系统和金融系统风险的闭环传导

二　地方政府债务与金融稳定的综合评估值的测度

（一）指标体系构建、区域概况及数据来源

聊城市地方政府债务和金融稳定性是一个复杂的系统，为科学准确地定量测度两个系统的实际情况，本部分遵循指标设计的整体性原则、结构性原则、客观性原则、数据可得性原则、准确性原则等，从财政系统和金融系统两大方面建立指标体系。具体指标如表 18-1 所示。

表 18-1　财政系统和金融系统评价指标体系

系统	指标	释义	方向	权重
财政	财政收入	衡量各县市区政府收入	负向	0.0257
	财政支出	衡量各县市区政府支出	正向	0.0816
	财政缺口率	衡量各县市区财政入不敷出的程度	正向	0.0522

245

续表

系统	指标	释义	方向	权重
金融	存款额	衡量各县市区存款规模	负向	0.0066
	贷款额	衡量各县市区贷款规模	正向	0.0313
	存贷比	衡量各县市区存款与贷款的占比	负向	0.0247

资料来源：Wind 数据库、聊城市统计局网站以及财政局等相关网站。数据样本期为 2009～2018 年。

财政系统的评价指标主要包含财政收入、财政支出、财政缺口率，分别衡量各县市区政府收入、支出以及地方财政入不敷出的程度，其中财政收入是负向指标，财政支出和财政缺口率都是正向指标。金融系统的评价指标主要包含存款额、贷款额以及存贷比，分别衡量各县市区的存款规模、贷款规模以及存贷占比，其中存款额是负向指标，贷款额是正向指标，存贷比是负向指标。

鉴于聊城市内部各县市区财政和金融系统的差异性，本部分并没有将聊城市作为统一整体来测算，而是分别考虑了聊城市的各县市区，分别为东昌府区、阳谷县、莘县、茌平区、东阿县、冠县、高唐县、临清市。

表 18-2 分析了 2009～2018 年所选指标的描述性统计。从中可以看出，2009～2018 年，聊城市存贷款总额呈现上升趋势，2017 年之前存贷比呈现上升趋势，只有 2018 年存贷比有所回落，表明存款的增长幅度要高于贷款，2018 年存款增长幅度低于贷款；样本考察期内，聊城市财政收支规模均呈现上升趋势，财政缺口率则在 2012 年之前较高，2013～2017 年均较低，2018 年财政缺口率有所增加，这表明近年来财政支出的增长幅度逐渐高于财政收入，地方政府收不抵支，举债动机增加。

（二）综合评估值的测度方法说明

为测算聊城市财政系统和金融系统耦合协调度的大小，首先需确定财政系统和金融系统两大系统的综合评价值。当前常用的综合评价值的测度方法主要是德菲尔法、层次分析法、主成分分析法和熵权法。与前两者相比，后两者主要是根据数据的离散程度来确定指标大小，能够比较好地避免指标赋权过程中主观性所带来的偏误，具有较强的客观性，因而受到研究者的青睐。

表18-2　指标描述性统计分析

年份	存款		贷款		存贷比		财政收入		财政支出		财政缺口率	
	均值	标准差	均值	标准差	均值	标准差	均值	标准差	均值	标准差	均值	标准差
2009	1286398.00	993.21	963897.50	810.86	1.38	0.63	48147.75	167.31	104793.88	164.20	1.67	1.10
2010	1523824.00	1095.40	1149592.13	890.77	1.34	0.59	59604.13	179.71	141425.13	178.48	1.82	1.08
2011	1708013.75	1136.04	1386691.75	1016.62	1.28	0.58	80775.25	208.20	179237.13	227.28	1.59	1.02
2012	2109616.75	1286.44	1611495.25	1145.29	1.36	0.56	96597.50	235.45	221594.00	248.37	1.72	1.06
2013	2432192.38	1434.55	1827143.25	1255.87	1.35	0.54	169437.88	386.13	322936.25	470.94	1.20	0.89
2014	2861187.50	1535.54	2124385.50	1385.10	1.39	0.55	195243.00	423.23	357450.63	529.33	1.05	0.80
2015	3240352.75	1621.80	2340408.38	1470.26	1.44	0.52	219917.50	457.38	436942.13	597.33	1.25	0.89
2016	3790600.40	1791.45	2666828.23	1628.51	1.55	0.75	234372.88	465.91	447262.75	608.32	1.14	0.87
2017	4090418.75	1839.61	2910016.00	1719.68	1.51	0.59	233139.63	448.88	475784.88	627.67	1.26	0.93
2018	3956336.13	1945.90	3080267.38	1803.81	1.36	0.79	242837.88	474.74	511510.00	706.12	1.30	0.98

本部分将采用熵权法来为两大系统的各指标赋权，并进一步计算其综合评价值。其主要步骤如下：一是指标的正向化，凡是能体现出风险增加的指标为正向指标，将体现风险减少的指标转化为体现风险增加的指标；二是数据标准化，将各指标大小标准化为0~1，减少量纲对实证结果的影响；三是根据熵权法计算各指标的权重；四是计算各县市区财政系统和金融系统面临风险的综合评估值。

（三）综合评估值的测度结果及描述

表18-1汇报了根据熵权法测算出的各指标的指标权重。从表18-1中可以看出，从总体来看，正向指标的所占权重较大，负向指标所占权重较小，这表明正向指标对风险的贡献要大于负向指标。从分部分来看，财政支出对风险的贡献最大，其次是财政缺口率和贷款额，在负向指标中，对风险贡献度从大到小依次是财政收入、存贷比和存款额。上述情况表明，在对两大系统进行风险甄别时，财政系统的指标更要关注，尤其是财政支出和财政缺口率，金融系统的指标要着重关注贷款规模，防止呆账、坏账产生的不良贷款对金融系统造成损失。

根据熵权法，测算的财政系统、金融系统及其整体的综合评价值，如图18-2至图18-4所示。

图18-2汇报了聊城市各县市区财政风险综合评估值的变化趋势。从图中可以看出，整体来看，财政风险较高的县市区为莘县、冠县、阳谷县和东昌府区，其中，莘县、冠县、阳谷县的财政风险综合评估值在0.2以上，且在经历了2015年的风险小高峰之后，财政风险整体上呈现下降趋势，表明这三个县的地方政府偿债压力较小，偿债压力基本上较为稳定。然而东昌府区的财政风险综合评估值则呈现出波动性上升态势，由2009年的0.079上涨至2018年的0.37，表明政府的财政支出相对较多，财政收入相对较少，财政债务压力较大。财政风险较低的主要是东阿县、临清市、高唐县、茌平区，财政风险的综合评估值虽然呈现波动性变化，但变化幅度都比较小，基本维持在0.05~0.2，表明这些县的财政压力较小，其中东阿县的财政风险综合评估值在2009~2012年以及2015年财政压力较大。

图18-3汇报了聊城市各县市区金融风险综合评估值的变化趋势。从图中可以看出，2009~2018年，金融风险综合评估值较大的有东昌府区、茌平区、

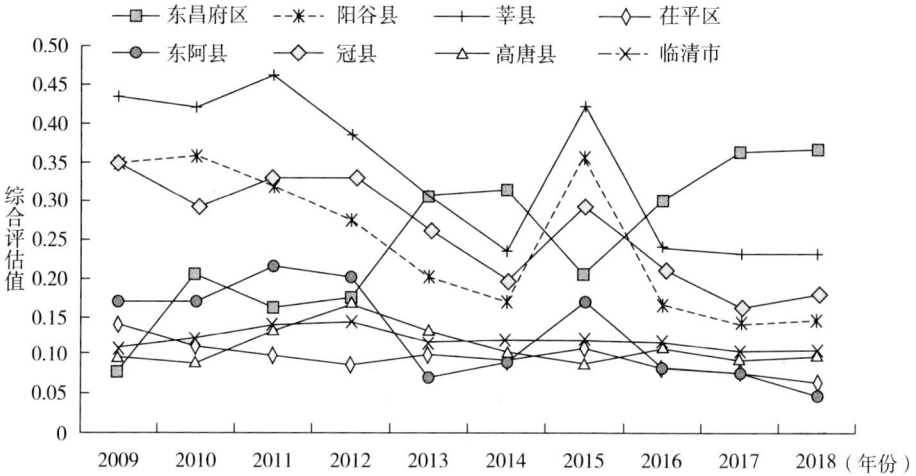

图 18-2　各县市区财政风险综合评价值的变化趋势

临清市和高唐县，其金融风险评估值整体在 0.2 以上，表明这些县市区贷款金额相对存款金额较高，金融系统面临的风险较其他县市大。其中，东昌府区的金融系统面临的风险最高，其风险综合评估值在 0.35～0.5，且2009～2018 年呈现出波动性上升态势，阳谷县的金融风险综合评估值在经历了 2015 年的高峰之后，整体呈现下降趋势，只在 2018 年出现小幅上升趋势，应注意防止阳谷县出现的金融风险反弹现象，其余各县金融风险综合评估值在2009～2018 年呈现波动性下降趋势，且面临的风险基本保持稳定。

图 18-4 汇报了聊城市各县市区财政系统和金融系统整体风险综合评估值的变化趋势。从图中可以看出，整体上来看，除东昌府区之外，其余各县市区两大系统面临的整体风险样本期内呈现波动性下降趋势，平均由 2009 年的0.4 左右下降至 2018 年的 0.2 左右，风险由高到低依次为冠县、莘县、阳谷县、茌平区、临清市、高唐县和东阿县，这可能由于这些县市区财政系统和金融系统的协调度比较高。东昌府区两大系统整体风险综合评估值在样本考察期内呈现出上升态势，从 2009 年的 0.3769 上升至 2018 年的 0.7401，表明东昌府区的两大系统面临的风险较大，应防止两大系统风险交叉传染而扩大危害性。

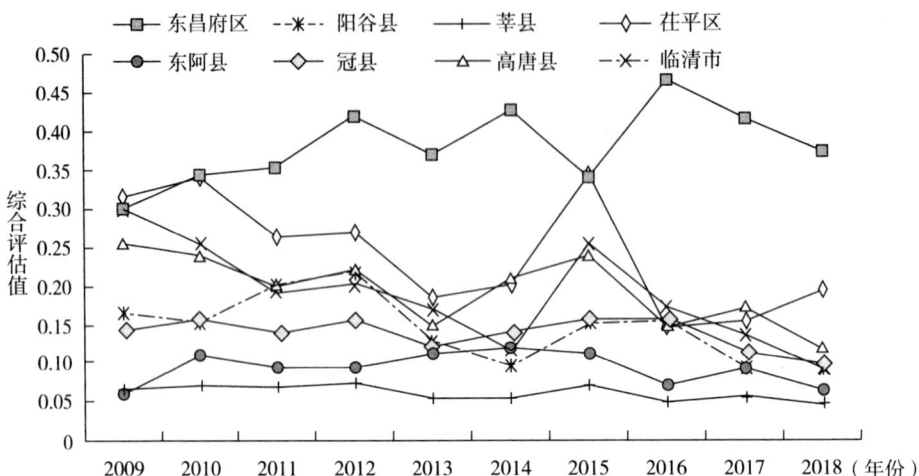

图 18-3　各县市区金融风险综合评价值的变化趋势

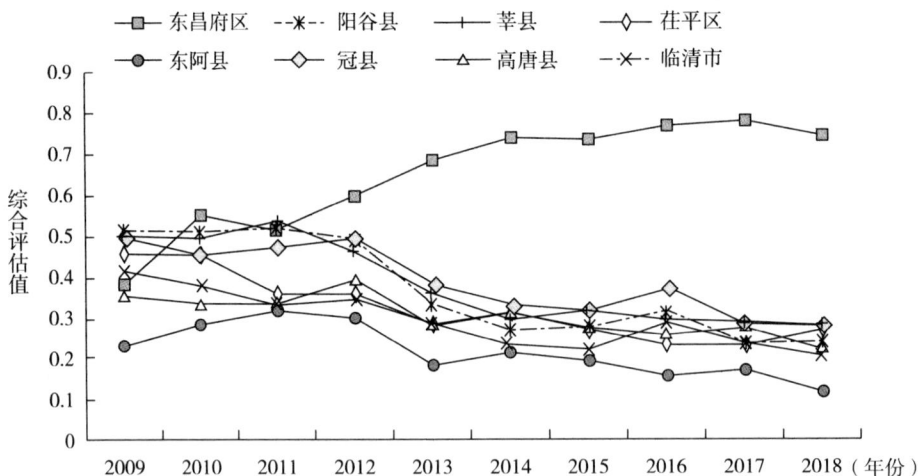

图 18-4　各县市区两大系统整体风险综合评价值的变化趋势

三　地方债务与金融稳定耦合协调度的评估

在测度出聊城市各县市区财政系统、金融系统以及两大系统整体面临风险的综合评估值之后，本部分进一步估计聊城市各县市区财政系统和金融系统耦合协调度，采用的模型主要是复杂系统理论中的耦合协调度模型。耦合协调度模型的基本原理主要是：为实现聊城市各县市区财政系统和金融系统协同发展的提升，财政系统和金融系统在整体中处于基本相同的位置，发挥着同等重要的作用，即在两者发展水平相当时，两者才具有较高的协调度。已有研究表明，耦合协调关系涵盖了两方面不可缺少的部分，即发展的"量扩"以及协调的"质升"，发展注重系统内部的变化过程，协调强调了系统之间彼此依托、协同发展的程度。因此，这里重点采用系统耦合模型测算财政系统和金融系统耦合协调度。其步骤为：首先，采用系统发展模型计算财政系统和金融系统两大系统的综合指标发展度；其次，计算两大系统的相互协调、相互依托、相互发展的协调度，然后采用系统耦合模型计算各县市区的系统耦合协调度；再次，遵循"厚古薄今"的思想，确定时间权重；最后，对各县市区财政系统和金融系统协调度进行时间加权，进而计算总体耦合协调度。

接下来将汇报聊城市整体及其各县市区耦合协调度的变化情况。

首先，图18-5汇报了2009~2018年聊城市财政系统和金融系统发展度及其协调度随时间推移而变化的趋势。从图中可以看出，聊城市财政系统和金融系统的发展度在2009~2018年呈现波动性上升的趋势，且水平较高，整体上处于0.4~0.5，这表明聊城市两大系统在体量上获得了较大发展；聊城市财政系统和金融系统在2009~2018年的协调度整体上呈现下降趋势，且协调度水平较低，整体处于0.25~0.3，只在2009~2012年和2015年出现上升趋势，其余年份下降趋势明显，尤其是2016~2018年，协调度呈现直线下滑的态势，这表明聊城市财政系统和金融系统虽然在量上得到扩大，但是两者的协调发展程度有待进一步提升。

其次，计算聊城市各县市区的耦合协调度。参考以往学者的研究，采用均匀分布函数法划分耦合度区间和等级，具体如表18-3所示。其中，D为财政系统和金融系统耦合协调度。从表中可以看出，耦合协调度小于0.5的属于失调类型，失调类型划分为五个等级，分别为极度失调、严重失调、中度失调、轻度失调以及濒临失调，大于0.5的属于协调类型，也分为五个类型，分别为勉强协调、初步协调、中度协调、良好协调以及优质协调。

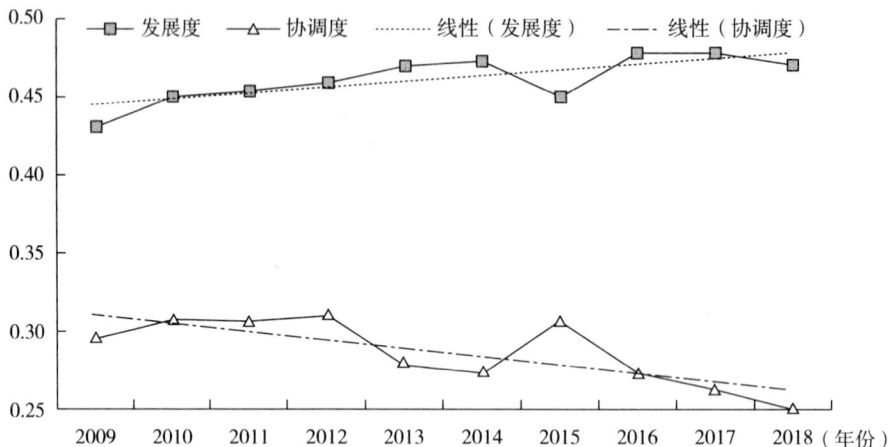

图 18-5　聊城市财政系统和金融系统耦合度及其协调度的变化趋势

表 18-3　耦合协调度的判别标准及划分类型

负向耦合（失调发展）		正向耦合（协调发展）	
D	类型	D	类型
0.00~0.009	极度失调衰退	0.50~0.59	勉强协调发展
0.10~0.19	严重失调衰退	0.60~0.69	初步协调发展
0.20~0.29	中度失调衰退	0.70~0.79	中度协调发展
0.30~0.39	轻度失调衰退	0.80~0.89	良好协调发展
0.40~0.49	濒临失调衰退	0.90~1.00	优质协调发展

　　根据系统耦合协调度模型测算聊城市各县市区财政系统和金融系统的耦合协调度，计算结果如表 18-4 所示。从表中可以看出，横向来看，东昌府区的两大系统的耦合协调度由 2009 年的 0.2756 上升至 2018 年的 0.4301，总体呈上升趋势，其余县市区的耦合协调度呈现小幅下降趋势，结合上述的实证结果，虽然东昌府区的偿债压力和金融风险均相对较高，但东昌府区两大系统的耦合协调度较高，其余县市区偿债压力和金融风险相对较低，但是其两大系统的耦合协调度相对较低，这表明，东昌府区较高的耦合协调度使东昌府区具备较强的风险承受能力，其余县市区相对较低的耦合协调度使得这些地区的风险承受能力较低。纵向来看，基于耦合协调度的均值，聊城市各县

市区两大系统的耦合协调基本处于失调状态，其中东昌府区失调程度最低，其次是冠县和阳谷县，处于轻度失调类型，茌平区、临清市、高唐县、莘县和东阿县属于中度失调类型。因此，为提高各县市区的抗风险能力，增强经济运行稳定性，需积极促进两大系统的协调健康发展。

表 18-4 聊城市各县市区财政系统和金融系统耦合协调度

地区	2009 年	2010 年	2011 年	2012 年	2013 年	2014 年	2015 年	2016 年	2017 年	2018 年	均值
东昌府区	0.2756	0.3637	0.3450	0.3677	0.4099	0.4272	0.3637	0.4326	0.4413	0.4301	0.3857
阳谷县	0.3460	0.3419	0.3562	0.3488	0.2832	0.2526	0.3419	0.2792	0.2391	0.2390	0.3028
莘县	0.2915	0.2946	0.3005	0.2921	0.2541	0.2374	0.2946	0.2341	0.2390	0.2301	0.2668
茌平区	0.3233	0.3101	0.2832	0.2759	0.2598	0.2602	0.3101	0.2353	0.2313	0.2346	0.2724
东阿县	0.2244	0.2619	0.2676	0.2623	0.2093	0.2277	0.2619	0.1953	0.2064	0.1671	0.2284
冠县	0.3349	0.3279	0.3279	0.3376	0.2981	0.2865	0.3279	0.3014	0.2616	0.2572	0.3061
高唐县	0.2806	0.2696	0.2842	0.3098	0.2651	0.2689	0.2696	0.2515	0.2526	0.2329	0.2685
临清市	0.2999	0.2962	0.2860	0.2906	0.2639	0.2412	0.2962	0.2663	0.2436	0.2254	0.2709

四 结论与政策启示

本章从激增财政支出和锐减财政收入视角分析了金融系统对财政系统的风险传染，从土地财政和地方融资平台视角分析了财政系统对金融系统的风险传染，并在测算出聊城市各县市区财政系统、金融系统及其两大系统整体的风险综合评估值的基础上，测度了两大系统的耦合协调度，所得结论如下：从风险综合评估值来看，东昌府区的财政系统风险、金融系统风险以及整体风险均存在较高的风险，其余县市区风险相对较低，且基本保持稳定；从耦合协调度来看，东昌府区的耦合协调度较高，其余县市区的耦合协调度较低，这也是东昌府区相对于其余县市区风险防御能力较强的主要原因。

根据上述研究，提出以下几点对策建议：

一是加强并规范聊城各县市区政府债务的管理，研究表明：地方政府对土地财政的依赖以及地方融资平台举借的大量隐性政府债务，势必会对当地银行业产生影响。聊城市政府需协调相关部门尽快对各县市区地方政府债务进行摸底盘查，对地方政府债务较高、违约风险较大的地方进行重点关注与防范，防止地方政府债务违约风险对金融稳定的冲击。此外，需加强招商引资，培育优势企业并辅助其上市，减少地方财政收入对土地的依赖，减少并规范融资平台举债，弱化风险的滋生和传染。

二是增强聊城市政府及金融机构等风险防控意识，规范各类融资行为，进一步加强风险的监测和预警，科学防范和化解金融风险。其一，区域内银行应积极转变经营方式，努力开拓非利息收入的盈利渠道，增强自身抵御风险的能力；其二，市相关部门应积极推进本地区内金融科技的融合发展，合理化、规范化银行贷款流程，减弱涉政贷款的政府隐性担保和刚性兑付"预期"，降低贷款各个环节面临的潜在风险；其三，需重力构建全面系统科学的违约风险预警系统，动态连续地监测可能出现的债务违约情况，避免债务损失进一步扩大而造成更大危害。

三是聊城市需积极扭转财政系统和金融系统失调发展的局面，促进形成两大系统相互配合、相互促进和谐发展的良性循环。提升区域关联度，积极向周边其余地区学习相关协同发展经验，在聊城市内形成协同合作，同时结合自身现实情况，因地制宜地推动本区域内财政系统和金融系统的协同发展，缩小财政金融协调发展的区域差距，避免区域间风险扩散而增大区域金融风险爆发的概率。

【聊城大学商学院（质量学院）：张影、刘琛君】

第十九章 国资大讲堂促进聊城市国资国企改革发展路径

2015 年,党中央、国务院颁布了《关于深化国有企业改革的指导意见》(以下简称《指导意见》),并先后出台了 30 余个配套文件,形成了"1+N"政策体系,构成了国企改革的顶层设计和总体框架。2020 年 6 月,中央全面深化改革委员会第十四次会议通过《国企改革三年行动方案(2020—2022年)》,将国企改革的目标、时间表、路线图进一步明确,将进一步加速国企改革的步伐。

当前,虽然中央企业和地方国企都结合实际制定了改革措施,并取得了一定进展,但是聊城市国资国企深化改革仍面临诸多问题和挑战。

一 国资大讲堂项目背景与运作模式

(一)国资大讲堂研究项目背景

截至 2018 年底,聊城市国有企业共 220 户,独资、控股、重点参股国有企业资产总额达到 999.89 亿元,实现营业收入和利润分别为 395.42 亿元、64.95 亿元,上交税费总额 28.90 亿元,其中营业收入和利润分别在全省列第五位、第四位。总体来说,与山东省其他地市相比,聊城市国有经济占比较高,且为聊城市经济发展做出了突出贡献。随着国资国企改革进入深水区和攻坚期,中央深化国企改革的"1+N"政策体系也在不断推动地方国资国企进一步深化改革,聊城国资国企也迎来深化改革的窗口期。

据此,根据聊城国资国企实际,聊城市国有资产监督管理委员会(以下简称聊城国资委)与聊城发展研究院努力寻找一种产学研合作模式攻关聊城国资国企深化改革中的重点和难点问题,通过多种形式调查研究,并与国资研究一流专家座谈讨论，确定以"国资大讲堂"研究项目探索有效路径，助推聊城国资国企深化改革任务落实落地。

（二）国资大讲堂研究项目的"131"运作模式

在经济下行宏观环境和政策强力推动下，国资国企改革形势不等人、态势逼人。在这种情况下，聊城国资委和聊城发展研究院针对聊城国资国企实际，反复讨论研究国资大讲堂研究项目的运作模式，以逐步解决深水区问题，最终探索出了"131"运作模式。

"131"模式以中央深化国企改革"1+N"文件精神为指导，以研究解决问题中的问题为宗旨，以产学研合作为路径，以理论与实践结合、产学研结合、专家行家企业家结合为方法。

"131"模式具体内容是围绕一个中心问题，开展三个环节工作，形成一个研究报告。具体实施是围绕问题搞调研，带着问题寻专家，开展碰撞性座谈，形成纪要、报告或参阅件。

"131"模式实施过程分为三个阶段：第一阶段，由聊城国资委和聊城发展研究院共同组成联合课题组，围绕聊城市国资国企发展实践明确研究主题。第二阶段，聊城发展研究院围绕本次中心问题开展三个环节工作：开展深入调研，并提出问题；围绕问题精准聘请省内外、国内一流专家，由专家结合调研问题做讲座。第三阶段，汇集聊城国资国企相关产学研代表，与专家进行碰撞性座谈，对形成的思想火花总结提炼，形成纪要、报告或参阅件。

（三）国资大讲堂对国资国企改革的推进作用

1. 为深化国资国企改革解放思想

思想是总开关、总闸门，没有思想上的解放，就难言行动上的突围。自2020年以来，聊城市开展了解放思想大讨论，以解放思想为先导，提出各项工作在全省争创一流、走在前列的目标，通过高标定位，促进各级干部解放思想、加压奋进、干事创业。国资大讲堂研究项目通过邀请省内外、国内一流专家、行家和企业家走进课堂，并与聊城国资国企有关负责人开展座谈，能够在国家政策、发展形势、改革经验和操作措施方面进行思想引领和思想碰撞，为聊城市深化国资国企改革解放思想。

2. 为国资国企深化改革提供经验借鉴

认真领会和正确吸收国资国企改革的经验，对于推动聊城市国资国企改革有着重要的意义。国资大讲堂研究项目通过对国内先进地区国资国企部门和聊城一批先进国有企业调研，总结经验教训，形成调研报告，供大讲堂专家作报告参考，使专家报告更有针对性，为聊城国资管理、国企改革提供经验参考。

3. 为国资国企深化改革提供思想碰撞平台

思想在交流中碰撞，在碰撞中产生火花，在火花中产生干事创业的新想法和新思路。国资大讲堂研究项目通过组织聊城国资国企有关负责人就相关问题与专家、行家、企业家进行思想碰撞，在碰撞中形成的新想法、新思路，将在干事创业者的努力下变成现实，成为深化国资国企改革的有力助推器。

4. 为国资国企深化改革提供决策参考

全面翔实的基础数据和分析研究报告能够为科学决策提供依据。国资大讲堂研究项目是一个研究性大讲堂，在"131"模式指导下，以问题为导向，围绕聊城国资国企改革的热点难点问题形成调研报告、座谈会纪要、报告参阅件，为聊城国资国企深化改革措施提供科学决策依据。

二　国资大讲堂项目关于聊城市国资国企基本情况调研

（一）聊城市国资管理基本情况

聊城市管国有企业目前共有 11 户，已有的"混改"主要集中在商业一类企业的鲁西集团和昌润集团。

其中，鲁西集团 2011 年引入鼎晖投资基金和管理层团队持股，2018 年鼎晖基金退出，引进中化集团资本。鲁西集团由以化肥生产为主变更为以化工新材料为主的综合性化工生产企业，销售收入及净利润分别由 2011 年的 93.35 亿元、4.21 亿元增长到 2018 年 219.46 亿元、31.45 亿元。

昌润集团为市级国有资本运营平台公司，现有权属企业 12 户，参股公司 9 户。其中，日发纺机原为昌润纺机，2005 年引入浙江日发控股集团公司控股实现"混改"，企业发展进入快车道，即将在主板上市；鑫亚公司 2013 年引入裕昌集团增资扩股，投入资金 7 亿元并引入技术团队，国有资产得到保值增值；昌润金刚石以引进人才和渠道资源"混改"取得了良好的"混改"效果。

（二）聊城市国资国企"混改"工作规划

市国资委在已有"混改"实践的基础上，指导各市管企业根据自身功能定位，按照存量资产分类分层推进"混改"的原则，拟定 2019～2021 年三年"混改"计划，积极有序深化混合所有制改革。

1. 商业一类企业

共 3 户，分别为鲁西集团、昌润集团、东元公司，所属各级权属企业共 61 户，目前属混合所有制企业 48 户，列入三年"混改"计划 12 户，基本实现能改尽改。

2. 商业二类企业

共 5 户，分别为财信公司、财金公司、旅发集团、土储集团、保安公司，所属各级权属企业 41 户，目前混合所有制企业 5 户。本次列入三年"混改"计划企业 6 户。

财金公司权属企业 10 户，已实现"混改"的 2 户，其余企业中的 3 户列入三年"混改"计划。旅发集团权属企业 12 户，拟对 3 户进行"混改"。财信公司、土储集团、保安公司，权属企业共 19 户，根据公司定位和实际情况，暂无企业列入三年"混改"计划。

3. 公益类企业

共 3 户，分别为水务集团、公交集团、粮储公司，各级权属企业 20 户，其中水务集团、公交集团分别拟定 1 户、2 户处于充分竞争领域的权属企业进行"混改"。

（三）聊城市国资监管的基本经验和做法

1. 依法公开监管

依法依规每月公开市属国有企业经济运行情况，包含企业资产总额、净资产、营业收入、利润、净利润等主要经济效益指标；每半年度发布市管国有企业财务等重大信息公告，披露业绩考核结果、负责人重大变动、年度薪酬等信息。

2. 积极推进国企改革

一是对控股的一级企业鲁西集团，拟改造为国有参股的混合所有制公司，并已经取得实质进展；二是对参股的中通客车与东阿阿胶两家上市公司，积极推进资产重组；三是积极推进市管企业法人治理结构建设；四是积极推动市属公益性国企成为完全市场主体；五是推动资本平台公司增强金融担保功能，服务本地企业金融需求。

3. 推进集中统一监管

对聊城市8个县（市、区）、3个市属开发区已经实现了国有资产统一监管，对30户企业完成产权划转。

（四）聊城市国资国企管理存在的问题和不足

1. 国企改革发展方面

一是聊城市国有企业经济总量仍较小，存在"一企独大"问题，国有资本布局结构不优，新兴产业占比较低。二是企业盈利能力不够强，利润增长基础不牢固。企业自主创新能力不强，缺少核心竞争力。三是县（市、区）域之间国有企业经济总量不均衡。四是推进混合所有制改革、组建国有资本投资运营公司等重点领域关键环节改革成效还不显著。五是规范的公司法人治理结构还不够完善。六是国资监管体制有待完善，权责边界不够清晰，以管资本为主的监管职能转变还未到位，国资监管力量薄弱。

2. 国资监管方面

（1）国资监管的组织功能作用发挥不充分。国资委作为国有资产管理机构，面对所有者高度集中、国有资产大面积分散的现状，在工作实施中难免存在监督管理上的空当，因而组织功能不能充分发挥。现在的"国资监管机构—国资经营机构—企业"组织模式，中间层即资本营运主体是国企和国资监管组织功能发挥作用的关键环节，其与国资委和企业的组织定位有待于重新界定。

（2）国有资产如何发挥规模效应并取得更多效益亟待突破。聊城市的国资规模和质量在山东省位于前列，当前国有资产如何发挥优势，产生规模效应，提高产业集中度，走入具有竞争价值及优势的行业新领域，一直以来是一个亟待突破的问题。其中，企业家精神如何有效激发是一个关键因素。加强正向激励，激发和保护企业家精神，关键是如何把企业家才能资本化，并在国企和国资监管工作中以人力资本的视角选拔任用和有效正向激励企业家和企业干部。

（3）国企"混改"的推进有待提速。目前，国企"混改"在央企和省属国企层面已经全面突破。由于《指导意见》及后续出台"N"项指导文件并未对"混改"范围和"混改"比例有很明确的界定，国企"混改"的具体路径依旧不明确。聊城市的国企和国资存量较大，在坚定推进"混改"信心的同时，也存在一些方法和路径的困惑。表现为对外来参与"混改"的投资主体和参与主体如何评价，以及国企和国资现有高管团队和骨干员工的历史和现实贡献的科学合理评价等，有待于进一步探索。国企高管团队和骨干员工，在已实质参与企业价值创造的现实情况下，如何以人力资本参与价值评价和机制分配，并通过参与员工持股分享改革和发展的成果，进而持续激发企业活力，保障国资保值增值。

三　国资大讲堂项目关于聊城市国有企业混合所有制改革达成共识

2019 年 12 月 12 日下午，作为本次国资大讲堂（第一期）活动的组成部分，国务院国有资产监督管理委员会经济研究中心副主任彭建国、聊城市国有资产监督管理委员会负责同志、聊城发展研究院研究人员、聊城市主要国企负责人共 30 余人在聊城发展研究院二楼会议室就进一步推进聊城国有企业混合所有制改革进行座谈，达成了基本共识。

第一，聊城市国有企业混合所有制改革进入新阶段。近几年来，以中央深化国企"混改"系列文件精神为指导，在市委市政府的高度重视、市国资委的大力支持和国有企业的共同努力下，聊城市国企"混改"进行了积极和有益的探索。目前，聊城市管国有企业共有 11 户（不包括刚刚成立的铁投公司及直接或间接参股的中通集团、东阿阿胶），各级权属企业 122 户，属于混合所有制企业的市管一级企业 1 户（即鲁西集团），各级权属"混改"企业56 户。已有的"混改"实践，主要集中在商业一类企业鲁西集团和昌润集团。通过"混改"，鲁西集团及其 42 家权属企业管理体制和机制发生了深刻积极变化，由合资前以化肥生产为主变更为以化工新材料为主的综合性化工生产企业，销售收入及净利润分别由 2011 年的 93.35 亿元、4.21 亿元增长到

2018 年的 219.46 亿元、31.45 亿元，年均增长 12.99%、33.28%。昌润集团昌润纺机 2005 年引入业内实力民企浙江日发控股集团公司控股，即将在主板上市，国有资本获得了近 20 倍的增值；鑫亚公司 2013 年通过增资扩股，引入民企裕昌集团，公司由控股 75% 降低到参股 24%，走出了以资本为纽带、以创新人才驱动的"混改"路子，国有资产得到保值增值。

第二，推进混合所有制改革，必须严格贯彻落实中央文件精神，充分发挥基层首创精神。深化国有企业改革，发展混合所有制经济，培育具有全球竞争力的世界一流企业是中共十九大对国有企业改革作出的重大部署。深化国有企业改革，完善中国特色现代企业制度；形成以管资本为主的国有资产监管体制，有效发挥国有资本投资、运营公司功能作用，是中共十九届四中全会提出的新要求。在当前全国整体经济下行的形势下，地方国有企业担负着重大的职责使命，需要在混合所有制改革、混合所有制企业员工持股、落实董事会职权等领域充分发挥基层首创精神，积极开拓，勇于探索，主动纳入改革试点，勇当改革先锋。同时，进一步增强国企改革长期性和艰巨性的认识，正确处理好出资人、实际控制人、行业管理部门三者之间的关系，正确处理好政府、国企和职工之间的利益分配，切实解决好当前改革中存在的困难和问题，最大程度地降低改革的阵痛和成本，全力以赴地打好这场改革攻坚战。

第三，坚持党对国有企业的领导是重大政治原则，必须一以贯之；建立现代企业制度是国有企业改革的方向，也必须一以贯之。认真贯彻落实国务院《关于推进国有资本投资、运营公司改革试点的实施意见》精神，明确国有资本投资、运营公司在国有资本市场化运作的功能定位，明确党组织、董事会、经理层、监事会在公司章程中的职责定位，坚持政企分开、政资分开，进一步健全现代公司治理制度，着力提升国有资本控制力和影响力，实现国有资本合理流动和保值增值。严格贯彻落实国务院《关于国有控股混合所有制企业开展员工持股试点的意见》精神要求，坚持混合所有制企业员工持股改革的正确方向，在保证国有资本控股地位的前提下，采取增资扩股、出资新设方式开展员工持股，不搞全员持股、平均持股、福利持股，也就是平均主义。参与持股人员应为在关键岗位工作并对公司经营业绩和持续发展有直接或较大影响的科研人员、经营管理人员和业务骨干。通过员工持股，建立长效的激励约束机制。

第四，推进国有企业混合所有制改革，必须敢于担当，勇挑使命，不负重托。加强中央文件精神学习领会和贯彻落实，充分认识到国资国企所承担的职责使命，既要有忧患意识，又要增强国企"混改"信心。正确认识、科学评估当前经济形势下提高国有资本收益上缴公共财政比例对国有企业改革和发展造成的压力和困难，牢固树立忧患意识，敢于担当，敢于作为。在中央加强顶层设计的框架下，充分发挥地方国企改革的积极性、主动性和创造性，释放地方国企改革发展的活力和创造力，吸收地方国企改革的实践经验。因此，对未来前景又要充满信心，不能辜负聊城市委市政府和各地各单位对国企的信任和期望，不能辜负国企肩负的责任和使命。

第五，借助平台优势，扎实推进各项"混改"落实落地。在聊城市委市政府的牵头下，进一步健全完善聊城大学发展研究院与聊城市国资委的合作机制，发挥项目合作的示范带动作用，最大限度地运用好、实现好产学研平台优势。通过聊城国资大讲堂、聊城大学发展研究院，让著名的专家学者和世界一流的企业走进聊城对接，让聊城的企业家走近管理前沿，走向世界一流。

四 国资大讲堂项目关于聊城市国资国企"十四五"发展规划探讨

（一）高度重视聊城市国资国企"十四五"发展规划

"十四五"期间，国内外经济形势将发生巨大变化，国家经济朝着高质量方向发展，企业经营方式和经营效率也将与数字化、网络化和智能化相结合。因此，国资国企在制定"十四五"规划时，要明确规划的背景是什么、抓手是什么、要解决什么问题。地方国企国资规划要在整个国家的发展思路和发展理念下进行。国有企业规划的项目或者定位要契合国家、省市、"十四五"规划，要考虑利用国家、省、市战略规划为企业发展。

国有企业发展规划是国有企业的重要任务和重要职责，也是未来经济审计责任的重要依据。同时，我们的国有企业规划也是市委市政府制定重大规划和解决方案的重要依据。当前国有企业存在规划可行性不好以及重视程度不够，而导致国资国企项目储备少，成熟项目少，具备条件的项目更少。因此，国有企业要多储备项目，在上报项目时，争取更多项目入选到各级规划中。

（二）要处理好国资国企改革四个方面关系

国资国企改革，要处理好四个方面的关系：一是处理好国有资本的优化布局中产业之间的关系。在符合国有资本布局前提下，围绕市委市政府会议精神、"新时代兴聊十大工程""十二大攻坚任务"，围绕聊城和市委市政府规划布局国有资本。聊城市国资国企按照三个方面思路布局国有资本：第一，优先发展工业，制造业仍然是聊城市经济支柱产业，国有资本应该仍然围绕聊城市制造业布局，且主要围绕制造业数字化服务布局。第二，坚持服务农林产业。聊城市是农业大市，但不是农业强市，产量过低，附加值不高，在国民经济中占的比重有限，且主要卖初级产品。国有资本可以围绕农业做大做强服务布局。第三，优化企业集团布局。让国有公司都做成集团公司，不再新增国有企业，而是在现有的基础上进行优化，要么转型，要么重新定位自己的功能，主要将国有企业打造为几大企业集团，如农业集团、工业集团、城市建设集团、城市建设运营集团、铁路交通集团、能源集团、金融集团等。二是处理好国资监管和国有企业之间的关系。明确国资委主要是监管国有资产，集团公司主要搞资本控股和资本运作，二级公司、三级公司主要搞实体经营。重点是处理好企业股权的监管问题，要重视国有企业、国资监管，履行经济审计责任。监管的一个重要方面就是如何通过企业资产的经营和企业资本的运营实现国有资产的保值增值。三是处理好企业内部关系，进一步厘清企业的战略定位，发展方向和发展目标。四是处理好企业集团与子公司的关系，包括企业集团与子公司的关系，集团公司和子公司责任和权利。

（三）进一步完善国有企业治理结构和激励约束机制

地方政府要推动建立服务于企业发展的产业生态系统。我国进入到高质量发展阶段，对于地方政府来讲，要建立一个生态系统，特别是产业生态系统，服务于各个企业家。国资国企的布局问题、股权结构改革问题和考核奖励问题也是每个市级政府要考虑的国资、国企改革的重要问题。对于国有企业来讲，经营方式可能会有改变，光靠政府投资是不行的，而更多的是通过运作来解决，一定要思考怎么利用国家、省、市的战略来发展。每个企业要根据自身特点打造公司治理的结构，从激励和约束两个方面优化公司高管及中层的治理机制问题。另外，国有企业面临融资难的问题，需要进一步拓宽融资渠道，充分利用国家相关政策。政府要把权力给企业，使企业有资产可以再融资，融资之后可以再发展，发展之后还可以滚动式支持相应的企业。

（四）企业家的引领性创新和政府的推进性创新结合

首先，国有资本布局的优化要围绕国际资本，围绕着成长性，围绕引领性，要实现流动性，要按照竞争性和公益性的分类来进行布局。其次，要注重创新，紧跟数字经济的步伐，将企业家的引领性创新和政府的推进性创新结合在一起，是提振经济发展动力的突破点。

五　国资大讲堂项目关于聊城市国资国企改革的研究共识与启示

（一）围绕发展搞混合所有制改革

从中共十八大以来国务院国资委的工作重点看，主要围绕两大任务来开展：一是抓国企发展，二是抓国企改革。在抓国企发展方面，主要是国有企业稳定增长和力争国有企业实现利润并保持稳定增长，最终实现提质增效。在抓国企改革方面，主要是围绕国有企业改革重点、难点问题，尤其是在混合所有制改革方面，要围绕发展混合所有制经济的重点和难点积极进行试点，并在取得经验后尽快推开。聊城市国有企业混合所有制改革应明确当前的重点和难点问题，可以围绕国有企业发展中的职业经理人竞聘、引进战略投资者、实施分类改革等重点难点问题，推进混合所有制改革。

（二）明确国有资产和国有资本定位

国有资本是权属问题，利用资本可以界定企业的性质，到底是国有企业、民营企业还是混合所有制企业。国有资产是归属问题，所有的资产在法律上都归属于一个具体企业，并不归属于直接由国家某一个部门或者派出几个人来管理。因此，在法律上，所有资产都归属于企业，只有资本才有权属问题，资产是一个归属关系。国有企业改革的前提是要弄清国有资产和国有资本的区别，要明晰国有资本管理从事的是资本运营，侧重于管股权，而国有资产管理则从事的是业务经营，侧重于管企业。只有如此才能明确定位国有资产和国有资本的功能，才能建立以国有资本为线索的现代企业管理模式。

（三）进一步优化国有企业布局

在新一轮国企改革中，要进一步明确国有企业布局方向，推动聊城市国有企业布局结构战略性调整，主要目的是有效解决同质化问题，使市属企业进一步聚焦主业、聚焦高新技术产业和亟须发展的产业，精准发力，加快建立现代企业制度，在公平的市场环境下不断提升企业竞争力，增强对战略投资者的吸引力，为聊城市经济发展做出贡献。

（四）进一步明确国有企业功能与分类

根据《中共中央　国务院关于深化国有企业改革的指导意见》（中发〔2015〕22号）有关要求，准确界定不同国有企业功能，有针对性地推进国有企业改革。聊城市根据国有企业实际和发展目标，按照资产功能将国有企业分为商业类和公益类，其中商业类国企以增强国有经济活力、放大国有资本功能、实现国有资产保值增值为主要目标，按照市场化要求实行商业化运作，依法独立自主开展生产经营活动，实现优胜劣汰、有序进退。公益类国有企业以保障民生、服务社会、提供公共产品和服务为主要目标，必要的产品或服务价格可以由政府调控；要积极引入市场机制，不断提高公共服务效率和能力。另外，还应根据中央所属国有企业、省属国有企业、市属国有企业进行分类，制定相关管理规定。通过界定功能、划分类别，实行分类改革、分类发展、分类监管、分类定责、分类考核，提高改革的针对性、监管的有效性、考核评价的科学性，促进国有企业经济和社会效益的有机统一。

（五）激发管理团队的积极性和国有企业发展活力

企业活力和管理团队的积极性是提升国有企业质量和效益的重要保障。为此国有企业要进一步完善激励约束机制，实施股权激励、新增利润分配改革，进一步建立完善中长期激励机制，充分调动管理团队和核心人才队伍的主动性和积极性，激发企业内生活力。

【聊城大学商学院（质量学院）：布茂勇】